U0663587

# 体育健康促进研究的行为理论与方法

司 琦 著

ZHEJIANG UNIVERSITY PRESS
浙江大学出版社

# 前　言

　　高水准的生命质量为人人所向往,以积极的价值观为先导,以强健的身体为条件。的确,它是良好生活方式的体现。对于任何人来说,良好生活方式的塑造是终生的任务。健康和体育科学研究的目的就是帮助人们获得机会、知识、技能和资源,消除或减少不良行为方式,建立和增强良好行为方式。而这一切离不开行为理论和方法的支撑。

　　行为问题远非我们所想象的那么简单,其背后蕴藏着深刻的社会、文化、心理和行为根源。"社会生态"模型将行为现象理解为是人与环境互相作用的产物。前者包括人所具有的生物属性、社会经济地位、观念、意识和行为等,后者包括环境条件、社会结构、文化和群体行为等。社会行为的视角特别关注以上两个"活"的方面,分别从人的意识、行为和社会环境变化方面诠释健康现象。行为改变的个人说则强调在个体层面上探索行为发生的动力,涉及观念、意识、态度等。行为改变的环境说侧重行为发生、维持和改变的环境线索和条件。明智的做法是:改变可改变的,优先改变易于改变的以及成本效益高的条件和制约。

　　行为理论分可为个体理论和群体理论两种。个体理论大多为认知理论。可谓"播种一种观念,收获一种态度;播种一种态度,收获一种行为;播种一种行为,收获一种习惯;播种一种习惯,收获一种性格"。性格决定命运,胸怀决定布局。个体理论助力于解释和改变个体行为。群体理论助力于解释群体行为,行为改变指向多数人。可谓广种薄收,但总体效益高。

　　文化是行为的社会"基因"。任何行为现象的发生和终止都离不开特定的文化和社会情境。目前的行为理论均来自西方世界,将西方的理论引进来只是第一步,更重要的是要进行文化适应性修正和创新,因此迫切需要发展本土理论框架,用以指导在中国文化语境下的相关理论研究。众所周知,目前行为研究的一个制约瓶颈是缺乏有力的研究机制与平台,这个问题在两个方面表现尤为突出。一方面,我国的许多研究并不是建立在对事物属性的质的理解方面,缺乏理论的指导。显然,没有理论指导的行动不会有令人渴望的效果。有些工作虽然应用了理论,但"错误地使用了理论",也是一场悲剧。如,我国的大部分健康行为研究都是建立在"知—信—行"的模式上。该模式假设,如果人们知道了一个行为对健康有害,就足以改变自己的行为。知道"有害",就可解决问题,多么美妙的想法!许多基于这个模式假设的干预并没有得到令人渴望的效果,可许多类似的做法还层出不穷,即使针对医学人员的控烟项目仍在使用这种模式。另一方面,中国文化在很大程度上仍然属于农业社会意识形态,这就意味着人群行为的中国式塑造模式和西方社会不同。举例来说,在公开场合阻止别人不要吸烟在西方是常见的,但在儒家文明的内敛观念下却是件难事,因此我们必须探索独特的社会行为规范并采取合适的方法。要解决中国问题必须要懂得中国。

西方常用的健康行为理论是在21世纪初由本人引入本土。那时,在国内很难看到英文原著。借助当时本人在美国工作的条件,对这些理论进行了系统学习、思考和消化,使得有了一定程度的把握。记得,那种学习呀!真是如饥似渴!每个词和表达都要反复思考和斟酌。令人可喜的是,这些理论引入后就得到广泛的应用,也解决了不少现实问题,提高了研究水平。应用不限于健康领域,扩散到了管理学、体育等领域。特别是体育领域已开展了很多研究和实践,其中不乏很优秀的著作。司琦副教授的研究为代表之一。她思维敏捷,善于创新,严谨而务实,为一位难得的优秀中年学者。她将健康行为的理论和方法尝试应用于体育锻炼行为的研究,应用最多的莫过于使用行为分阶段改变理论研究锻炼行为,也有应用心理压力理论来分析体育锻炼效果的。这些努力都值得称颂。

国外的经验告诉我们,高质量的行为研究首先要有基本的理论的支持,理论不但是指导思想,而且提供研究的框架和思路。这是一本体育行为研究的学术著作,为体育研究提供系统的理论参考和操作方法,是非常有益的尝试,也为目前社会所急需。学术专著向读者提供的不应是死的教条及形式上的条条框框,尤其像体育行为这样的专业,观点和方法不存在绝对的正确与错误之分,重要的是向读者提供基本的原理和方法的"脉搏",让他们去感受、在思考中获得属于自己的东西。也许这就是司琦副教授撰写这一专著的指导思想。

浙江大学　杨廷忠

二〇一七年六月二十五日

# 目 录

# 1. 健康行为和体育健康促进行为

2016年10月25日,中共中央、国务院印发了《"健康中国2030"规划纲要》,国家将实现国民健康提到了前所未有的高度。健康不仅是促进人全面发展的必然要求,更是国家富强、民族振兴的重要基础。我国在加速经济发展,提高国民生活水平的同时,也因为全球化、城镇化、工业化、生态环境以及生活方式改变等,给维护和促进健康带来了新的挑战。

体育锻炼(physical activity)是与生活方式相关的、最关键的健康决定因素(health determinants)之一。它在促进不同群体生理、心理和社会适应健康方面的效应已得到了广泛验证。尽管如此,体育锻炼之于公共卫生、国民健康,乃至社会、国家的关键性仍没有得到应有的重视;体育锻炼作为一种低投入/高收益(low cost/high benefit)的健康行为(health behavior),之于国民、国家的意义仍处于相对狭隘的境地。

健康行为是什么? 健康促进(health promotion)是什么? 体育锻炼是什么? 体育健康促进行为(health enhancing physical activity)又是什么? 同时,上述因素之间存在怎样的关系? 有什么样的理论用于阐述上述因素之间的关系? 对于指导实践又具有怎样的作用呢?

## 1.1 健康行为和体育健康促进行为

### 1.1.1 核心概念界定

(1) 健康行为的定义

从广义上讲,健康行为指的是个体、群体或团体的行为以及行为的决定因素(determinants)、相关因素(correlations)和结果(consequences)。结果包括社会变化、政策发展和实施、应对策略以及生活质量变化等。健康行为不但包括可观察的、外显的行为，同时也包括可报告和测量的精神变化、情绪变化等心理状态。

不同学者对健康行为的认识存在差异。有学者认为，健康行为可以分为四类：

第一类为个体与维持健康、康复或健康促进有关的行为。不但包括个体的心理过程，如性格、信念、价值、动机；也包括外显的行动、行为方式和习惯。此种对健康行为的解释与"健康相关行为"（health-related behavior）基本相同。

第二类为指向健康或被健康结果所强化的行为。此种对健康行为的解释与"促进健康行为"（health-promoted behavior）类似。

第三类认为，健康行为指主观认为自身健康的个体为增进健康、预防疾病而采取的行为。此种对健康行为的解释与"预防性健康行为"（preventive health behavior）的解释相似。

第四类认为，健康行为指个体在生理、心理、社会适应等诸方面均处于安宁（well-being）状态时的一种理想状态。

本书所研究和讨论的健康行为更接近于其广义定义，即第一类对健康行为的解释。

（2）健康促进的定义

世界卫生组织（WHO）对健康促进的定义是：健康促进是一个控制和提高健康的过程。它不仅仅是个体的相关行为，同时也表现为社会和环境变化对行为起到的干预作用。1986年11月17-21日，第一届国际健康促进大会在加拿大渥太华召开，大会在结束时发表的《渥太华宪章》（The Ottawa Charter for Health Promotion）指出："实现健康促进有六个主要的途径，分别是制订健康公共政策、创造支持性环境、加强社区行动、促进个体相关技能发展、适时调整健康服务，以及面向未来。"

由此可见，影响健康行为，实现健康促进，是一个综合的过程，需要个体、群体以及环境等诸多因素共同参与。其中环境包括微观环境、中观环境和宏观环境，即个体所处环境、学校环境、工作单位环境、社区环境、自然环境、社会环境等；而支持则包括政策、立法、组织等各个系统。因此，健康促进的内涵包括个体行为改变和政府行为改变（社会环境）两方面，并重视发挥个体、家庭和社会的健康潜能。

（3）体育锻炼和体育健康促进行为的定义

学者对锻炼行为（exercise behavior）、体育锻炼（physical activity，又称身体

活动或体力活动)行为的认识也经历了一个漫长的过程。早期的文献和研究报告中,多使用锻炼行为一词,意指为了达到某个特殊的目的(如改善外表、增强心肺功能、消除压力、增加乐趣等)而实施的一系列休闲体育锻炼。而体育锻炼则指的是所有引发能量消耗的身体移动,包括日常生活中的一切行动,如洗碗、洗衣等家务劳动。体育锻炼行为所指的范畴更为广泛。因此,锻炼行为可以认为是一种特殊的体育锻炼。鉴于目前国内的学术界对上述两个概念的区别尚未达成统一认识或共识,有关概念的翻译和使用也尚未达到统一。因此,**本书不加区别地使用锻炼行为和体育锻炼行为两个概念,但其含义统一为骨骼肌收缩或运动而引发的身体能量消耗增加。**

体育健康促进这一概念经常在探讨通过体育锻炼获得健康收益时使用。而体育健康促进行为可以被理解为,任何一种形式的、以促进健康增强功能能力(functional capacity)为目的的,而又没有风险或不会造成不必要伤害的体育锻炼行为。

## 1.1.2 体育锻炼和体育健康促进行为的分类

之所以对体育锻炼行为进行分类,旨在明确其功能、用途和特征,为有针对性地对各类人群提供所需的体育锻炼建议奠定基础。

(1) 按代谢水平的高低进行分类

体育锻炼行为被定义为高于基础代谢水平,由于骨骼肌收缩或运动而引发的身体能量消耗增加。而身体的活动可以依据代谢水平的高低分为基线活动和健康促进行为两类:

基线活动(baseline activity)指日常生活中的低强度活动,包括站立、慢走和拿起轻的物体等。如果个体只进行类似上述的基线活动,我们就有理由认为其处于体育锻炼不足(physical inactivity)或久坐不动(sedentary)的状态。

**体育健康促进行为所指的行为是,在基线活动基础上增加的、用于获得健康收益的活动,包括跳绳、舞蹈、举重、跑步、游泳等众多形式的体育锻炼行为。**

(2) 按目的进行分类

按参与体育锻炼的目的,可以将其分为健康相关体育锻炼和成绩相关体育锻炼两类。

健康相关体育锻炼(health-related physical activity),指以增进健康,尤其以提高心血管适能和肌肉适能为目的的体育锻炼行为。

成绩相关体育锻炼(performance-related physical activity),指专业运动员以提高运动成绩、运动表现或专项适能为主要目的而进行的体育锻炼行为。在本书中,由于不涉及此类体育锻炼行为,因此不再赘述。

(3) 按水平进行分类

按个体参与体育锻炼的持续时间或强度变化,可将体育锻炼行为区分为不锻炼(inactive),低强度锻炼(low intensity activity),中等强度锻炼(moderate intensity activity)和高强度锻炼(vigorous intensity activity)。具体差异见下表(表1-1)。

①不锻炼:日常生活过程中,无超过基线水平的锻炼活动。

②低强度锻炼:虽然有超过基线水平的锻炼活动,但远远达不到每周累积150分钟中等强度体育锻炼或等量75分钟的高强度体育锻炼的标准(HHS, 2008)。

③中等强度锻炼:每周参与累积150分钟至300分钟中等强度的体育锻炼或等量75分钟的高强度体育锻炼。

④高强度锻炼:每周累积超过300分钟中等强度的体育锻炼。

表1-1　按水平体育锻炼行为划分表

| 锻炼水平 | 按建议参与锻炼的持续时间 | 锻炼强度 | 锻炼的健康收益 | 建议 |
|---|---|---|---|---|
| 不锻炼 | 无超过基线水平的活动 | 1.0梅脱左右 | 无 | 不锻炼是不健康的。 |
| 低强度锻炼 | 锻炼超过了基线水平,但累积锻炼时间少于每周150分钟 | 1.0~3.0梅脱 | 有一些 | 锻炼不足以产生足够的健康收益。 |
| 中等强度锻炼 | 锻炼时间每周累积150分钟至300分钟 | 3.0~6.0梅脱 | 足够 | 锻炼的持续时间越长,强度越大,可获得越多的健康收益。 |
| 高强度锻炼 | 锻炼时间每周超过300分钟 | 超过6.0梅脱 | 可获得额外的健康收益 | 目前研究结果尚未确定获得健康收益的锻炼持续时间和强度的上限是什么。 |

(4) 按功能分类——针对青少年儿童

针对仍处于生长发育过程中的青少年儿童,体育锻炼可以按照其功能划分为:有氧活动(aerobic activity),增强肌肉力量活动(muscle-strengthening activity)和增强骨骼活动(bone-strengthening activity)三类。

①有氧活动：指有节奏地运动大肌肉群的活动。包括跑步、跳跃、跳绳、游泳、跳舞以及骑自行车等活动。有氧活动有助于增强心肺适能。

②增强肌肉力量活动：增加肌肉运动的各类活动，即通过抗阻力或一定量的负荷来实现增加肌肉力量的目的。对于青少年儿童而言，增强肌力的活动可能是非组织的活动或玩耍，例如攀爬运动场上的各类器械、拔河；或是有组织的、利用健力带(resistance bands)所进行的各类锻炼活动。

③增强骨骼活动：促进骨骼生长和力量的活动。例如通过青少年儿童自身和地面撞击而产生力量的各类活动，以达到增进骨骼健康的目的，如跑步、跳绳、网球、篮球、跳房子、跳皮筋等。通过举例可知，增强骨骼的体育锻炼也可以是有氧活动和增强肌力的活动。

（5）按类型进行分类

按类型可以把体育锻炼分为四类，交通性体育锻炼(commuting physical activity)，职业性体育锻炼(occupational physical activity)，家务性体育锻炼(domestic physical activity)和休闲性体育锻炼(recreational physical activity)。上述体育锻炼行为的划分方法，主要是依据日常生活中，为实现不同目的而在交通、职业性工作、家务劳动以及休闲性活动过程中所出现的能量消耗活动。

# 1.2 健康行为的基础理论

## 1.2.1 理论、研究与实践间的关系

研究健康行为的主要目的是为了深入了解该行为，并将相关知识转化为有效的干预策略或政策、措施以实现健康促进的目的。因此，理论来源于实践，又在实践检验下进一步完善、改进。在健康促进和疾病预防领域，理论、研究与实践的关系被认为是一个由基础研究(如决定因素的研究、方法的研究)，到干预研究(如，以实现改变为目的研究)，监测研究(如，跟踪监测不同人群的变化趋势，以及维持改变的研究)，至应用和项目推广研究(如，有效、成熟健康促进项目的应用及推广)的循环。在这个循环中，处于中心位置的是"知识的综合"(knowledge synthesis)。正如Larry Green所说："如果我们需要以实证为基础的实践，那我们就要有以实证为基础的证据。"

　　基于理论、研究和实践的知识，有利于我们更进一步深入理解健康行为，并在此基础上设计有效的行为改变或干预措施，最终实现行为改变、维持行为改变的目的。

　　阅读文献过程中，尤其是在研究健康促进相关理论过程中，经常会看见理论（theory）或是模型（model）的表述，例如大家耳熟能详的社会认知理论（the Social Cognitive Theory）、合理行为理论/计划行为理论（the Reasoned Action Theory/ the Planned Behavior Theory）健康信念模型（Health Belief Model）、阶段变化模型（Stage of Change Model）和社会生态模型（Social Ecological Model）等。那么，理论和模型存在怎样的差异呢？

**理论**

　　所谓理论是指用于展示自然和社会事件、现象变量之间的特殊关系，并实现解释和预测功能的一组相关概念、定义或命题。理论首先是可被重复验证的；同时，它也是抽象并具有普遍意义的。对于健康行为领域内的研究，只有理论被赋予具体的研究主题、研究目的和研究问题时，它才可能鲜活起来。那么，理论对指导研究和实践，为什么如此之重要呢？

　　这首先体现在，理论可以帮助我们回答"是什么"、"为什么"和"怎么样"的问题。以促进青少年参与体育锻炼为例。理论可以指导我们回答，在实现促进青少年参与体育锻炼这个研究目的之前，我们需要知道什么。其次，理论可以帮助我们去寻找"青少年为什么不参与或为什么参与体育锻炼"的答案。最后，基于此，形成行为干预策略，我们还可以回答"怎么样"让青少年真正动起来的问题。因此，理论可以帮助我们解释行为，并指导我们寻找用以实现行为改变的途径。

　　近年来，在健康行为研究领域，新的理论"层出不穷"。那我们究竟在什么时候，才决定接受新的理论呢？不同学科领域的标准可能有所不同，但如果新的理论可以解释前期理论所解释的所有现象，并且还能够解释前期理论无法解释的现象，同时在特定条件下，已经有了一定量的前期研究结果验证和支持该理论，并有不同学科的学者进行跨学科验证时，该理论就会开始慢慢进入更多研究者的视野了。

**模型**

　　由于我们的研究问题极其复杂，例如体育健康促进。如何促进不同人群参与到体育锻炼中来，就是一个极其复杂的研究问题。此时，由单一理论对其进行解释、说明和预测存在局限性，于是模型就出现了。所谓模型，是一组理论的组合,用以帮助我们在一个特定的环境或情景下,理解一个特定的问题。模型经常由多个理论,或由前期实证研究结果构成。例如大家所熟知的阶段变化模型和社会生态模型等。

### 1.2.2　有关于健康行为的基础理论

健康行为是人类行为的一种类型,了解、解释人类行为的基础理论,有利于对健康行为的理解和认识。

（1）行为主义理论

自冯特时代以来,"意识"一直是心理学的主要研究问题。而行为主义则认为心理学的研究问题应该是"人类存在的行为或活动"。行为主义理论的代表人物华生认为,行为是有机体应对环境的一切活动。其将行为和引起行为的环境影响分为了两个简单的共同要素,即刺激(stimulus)和反应(reaction)。刺激引起个体行为的内、外部变化,而反应则是构成行为最基本成分的肌肉收缩和腺体分泌。华生认为,研究心理学,即人类的行为,就是要确定刺激和反应之间的联系规律,以便预测行为和控制行为。

（2）学习理论

托尔曼的学习理论被称为早期认知学习理论。他通过一系列动物实验,首先提出了符号学习理论(或符号—完形—期待理论,sign-gestalt-expectancy theory)。即行为并非如强化论主张者所强调的,按一系列尝试错误的行动,以达到目的;而是具有"认知"的特点,把认知到的特点作为力求达到目的的"符号",并表现出期待,在头脑中形成"符号—完形—期待"。他认为,学习者所学的东西并不是简单的、机械的运动反应,而是学习达到目的的符号及其意义。

（3）社会学习理论

多拉德和米勒拉开了社会学习理论的序幕。他们认为,行为受社会条件的制约;学习所获得的是学习所赖以产生的社会情境条件的函数。一切习得的行为,均服从内驱力—刺激—反应—强化这一学习规律。20世纪60年代后,班杜拉创立了现代社会学习理论。他认为,人的社会行为是通过观察学习(observational learning)获得的,环境在这一社会学习的过程中起决定性影响作用。

# 1.3  健康行为的改变

行为改变是一个异常复杂的过程。只有在充分理解行为改变过程的基础之上，我们才可能使用正确的行为改变技术或设计相应的干预策略，以最终实现行为改变。前期研究结果证实，干预对行为改变的影响作用并不尽如人意。要最大限度增强干预的有效性，则需要对行为改变有一个基于理论的理解。理论在其中的重要性主要体现在以下三方面：(1)为干预明确和定位行为改变的前因(antecedents)以及引发行为改变的决定因素(causal determinants)，为行为改变技术的选择、精练和量身定制提供指导；(2)证实行为改变机制的可验证性，为如何发挥干预的有效性获取更加深入的理解；(3)为如何实现不同人群、不同行为和不同环境下的行为改变积累知识。

## 1.3.1  健康行为改变的相关理论

经Davis及其同事的研究发现，有关行为改变的理论有82种之多。这其中有我们耳熟能详的健康信念模型、保护动机理论(the Protection Motivation Theory)、自我决意理论(Self-determination Theory)、自我效能理论(Self-efficacy Theory)、合理行为/计划行为理论和阶段变化模型等。也有至今没有引起学者关注，并进一步进行相关研究的理论(见表1-2)。其中，最广受关注的理论或模型依次分别为：阶段变化模型、计划行为理论、社会认知理论、信息-动机-行为技能模型(Information-Motivation-Behavioral Skills Model)、自我决意理论、健康行为过程模式(Health Action Process Approach)和社会学习理论。

表1-2  有关行为和行为改变的理论

| 编号 | 理论名称 | 第一作者 | 提出年度 |
| --- | --- | --- | --- |
| 1 | An Action Model of Consumption | Bagozzi | 2000 |
| 2 | Affective Events Theory | Weiss | 1996 |
| 3 | AIDS Risk Reduction Model | Catania | 1990 |
| 4 | Attitude-Social Influence-Efficacy Model | DeVries | 1998 |
| 5 | Behavioral Ecological Model for AIDS Prevention | Hovell | 1994 |

**续表**

| 编号 | 理论名称 | 第一作者 | 提出年度 |
| --- | --- | --- | --- |
| 6 | Change Theory | Lewin | 1943 |
| 7 | Classical Conditioning | Pavlov | 1927 |
| 8 | COMB Model | Michie | 2011 |
| 9 | Consumption of Social Practices | Spaargaren | 2000 |
| 10 | Containment Theory | Reckless | 1961 |
| 11 | Control Theory | Carver | 1981/1982 |
| 12 | Diffusion of Innovations | Rogers | 1983 |
| 13 | Differential Association Theory | Sutherland | 1947 |
| 14 | Ecological Model of Diabetes Prevention | Burnet | 2002 |
| 15 | Extended Information Processing Model | Flay | 1980 |
| 16 | Extended Parallel Process Model | Witte | 1992 |
| 17 | Feedback Intervention Theory | Kluger | 1996 |
| 18 | General Theory of Crime | Goffredson | 1990 |
| 19 | General Theory of Deviant Behavior | Kaplan | 1972 |
| 20 | Goal Directed Theory | Bagozzi | 1992 |
| 21 | Goal Framing Theory | Lindenberg | 2007 |
| 22 | Goal Setting Theory | Locke | 1968 |
| 23 | Health Action Process Approach | Schwarzer | 1992 |
| 24 | Health Behavior Goal Model | Gerbhardt | 2001 |
| 25 | Health Behavior Intemalization Model | Bellg | 2003 |
| 26 | Health Belief Model | Rosenstock | 1996 |
| 27 | Health Promotion Model | Pender | 1982 |
| 28 | Information-Motivation-Behavioral (IMB) Skills Model | Fisher | 1992 |
| 29 | IMB Model of ART Adherence (extension of IMB) | Fisher | 2008 |
| 30 | Integrative FactorsInfluencing Smoking Behavior Model | Flay | 1983 |
| 31 | Integrative Model of Health and Attitude behavior Change | Flay | 1983 |
| 32 | Integrative Factors Influencing Smoking Behavior and the Model of Attitude and Behavior Change | Flay | 1983 |
| 33 | Integrative Model of Behavioral Prediction | Fishbein | 200 |
| 34 | Integrated Theory of Drinking and Behavior | Wagennar | 1994 |

| 编号 | 理论名称 | 第一作者 | 提出年度 |
|---|---|---|---|
| 35 | Integrated Theoretical Model for Alcohol and Drug Prevention | Gonzalez | 1989 |
| 36 | Integrated Theory of Health Behavior Change | Ryan | 2009 |
| 37 | Model of Pro-environmental Behavior | Kolmuss | 2002 |
| 38 | Motivation Opportunity Abilities Model | Olander | 1995 |
| 39 | Needs Opportunities Abilities（NOA）Model | Gatersleben | 1998 |
| 40 | Norm Activation Theory | Schwartz | 1977 |
| 41 | Operant Learning Theory | Skinner | 1954 |
| 42 | Precaution Adoption Process Model | Weinstein | 1988 |
| 43 | Pressure System Model | Katz | 2001 |
| 44 | PRIME Theory | West | 2006 |
| 45 | Problem Behavior Theory | Jessor | 1977 |
| 46 | Prospect Theory | Kahneman | 1979 |
| 47 | Protection Motivation Theory | Rogers | 1975 |
| 48 | Prototype Willingness Model | Gibbons | 1995 |
| 49 | Rational Addiction Model | Becker | 1988 |
| 50 | Reflective Impulsive Model/Dual Process Theory | Strack | 2004 |
| 51 | Regulatory Fit Theory | Higgins | 2000 |
| 52 | Relapse Prevention Theory | Marlatt | 1980 |
| 53 | Risks as Feelings Model | Lowenstein | 2001 |
| 54 | Self-determination Theory | Deci | 2000 |
| 55 | Self-efficacy Theory | Bandura | 1977 |
| 56 | Self-regulation Theory | Kanfer | 1970 |
| 57 | Six Staged Model of Communication Effects | Vaughan | 2000 |
| 58 | Social Action Theory | Ewart | 1991 |
| 59 | Social Action Theory | Weber | 1991 |
| 60 | Social Change Theory | Thompson | 1990 |
| 61 | Social Cognitive Theory | Bandura | 1986 |
| 62 | Social Consensus Model of Health Education | Romer | 1992 |
| 63 | Social Development Model | Hawkins | 1985 |

续表

| 编号 | 理论名称 | 第一作者 | 提出年度 |
|------|----------|----------|----------|
| 64 | Social Identity Theory | Tajfel | 1979 |
| 65 | Social Influence Model of Virtual Community Participation | Dholakia | 2004 |
| 66 | Social Ecological Model of Walking | Alfonzo | 2005 |
| 67 | Social Ecological Model of Behavior Change | Panter-Brick | 2006 |
| 68 | Social Learning Theory | Miller | 1941 |
| 69 | Social Norms Theory | Perkins | 1986 |
| 70 | Systems Model of Health Behavior Change | Kershell | 1985 |
| 71 | Technology Acceptance Models 1, 2 and 3 | Venkatesh | 1989,2000, 2008 |
| 72 | Temporal Self-regulation Theory | Hall | 2007 |
| 73 | Terror Management Health Model | Goldenberg | 2008 |
| 74 | Terror Management Theory | Greenberg | 1986 |
| 75 | Theory of Normative Conduct | Cialdini | 1991 |
| 76 | Theory of Interpersonal Behavior | Triandis | 1977 |
| 77 | Theory of Normative Social Behavior | Rimal | 2005 |
| 78 | Theory of Planned Behavior/Reasoned Action | Ajzen | 1985 |
| 79 | Theory of Triadic Influence | Flay | 1994 |
| 80 | Transcontextual Model of Motivation | Hagger | 2003 |
| 81 | Transtheoretical/Stages of Change Model | Prochaska | 1983 |
| 82 | Value Belief Norm Theory | Stern | 1999 |

注：参考自 Davis, R., Campbell, R., Hildon, Z.,et al. Theories of behavior and behavior change across the social and behavioral sciences: A scoping review[J]. Health Psychology Review, 2015, 9(3): 323-344.

## 1.3.2 健康行为改变的相关技术

从广义上讲,基于心理学的原理、原则和方法,来实现促使行为改变的技术,都可以被称为行为改变技术。它不仅可用于对不良适应行为的矫正,也可用于良好行为的塑造和促进。目前有关于行为改变的技术和方法众多,从文献中有据可查的技术或方法就超过200种。其中,有大家熟悉的、基于行为主义的行为改变技术,例如强化和刺激控制。根据行为主义的观点,个体习得或维持的行为都是强化的结果。强化是建立在操作性条件作用基础之上的,包括有正强化(positive reinforcement)、负强化(negative reinforcement)、惩罚(punishment)、消退(extinction)、差别强化(differential reinforcement)和塑造(shaping)等几种基本方法。

认知行为改变技术也是行为改变技术和方法中影响最大的技术之一。它是通过改变思维、信念和行为的方法来改变不良认知的技术,是认知理论和行为理论的整合。具有代表性的认知行为改变技术有艾利斯的合理情绪行为疗法(Rational Emotive Behavioral Therapy),贝克的认知疗法(Cognitive Therapy)和梅肯鲍姆的认知行为矫正技术(Cognitive Behavior Modification)等。

由于方法众多,行为改变技术在使用过程中也存在:(1)名称不统一;(2)同一名称方法,使用不同行为改变技术;(3)定义模糊、不统一,以至于影响研究的重复性和可验证性;(4)系统分散、不明确,以至于产生事倍功半的效果等问题。学者就如何对行为改变技术和方法进行有效分类进行了大量研究。近期Michie及其同事,基于德尔菲法对93种行为改变技术进行分层分类后,将其聚类为以下16类(见表1-3)。

**表1-3 行为改变技术分层聚类结果**

| 类别 | 包含的具体技术 | 类别 | 包含的具体技术 |
|---|---|---|---|
| (1) | 预定结果(Scheduled consequences)<br>惩罚(Punishment)<br>消退(Extinction)<br>辨别训练(Discrimination training)<br>塑造(Shaping)<br>负强化(Negative reinforcement)<br>反条件化(Counter-conditioning) | (9) | 目标和计划(Goals and planning)<br>行动计划(Action planning)<br>问题解决/应对计划<br>　(Problem solving/Coping planning)<br>承诺(Commitment)<br>结果目标设置(Goal setting outcome)<br>行为合同(Behavioral contract)<br>行为目标设置(Goal setting behavior) |
| (2) | 奖励与威胁(Reward and threat)<br>社会奖赏(Social reward)<br>物质奖励(Material reward)<br>自我奖励(Self-reward)<br>威胁(Threat)<br>刺激(Incentive)<br>非特异性奖励(Non-specific reward) | (10) | 社会支持(Social support)<br>实践社会支持(Social support practical)<br>社会支持(Social support general)<br>情绪社会支持(Social support emotional) |

续表

| 类别 | 包含的具体技术 | 类别 | 包含的具体技术 |
|---|---|---|---|
| （3） | 重复和替代<br>（Repetition and substitution）<br>行为替代（Behavior substitution）<br>习惯消除（Habit reversal）<br>习惯养成（Habit formation）<br>过度矫正（Overcorrection）<br>行为演练（Behavioral rehearsal）<br>任务分级（Graded tasks） | （11） | 行为比较（Comparison of behavior）<br>行为范式（Modeling of the behavior）<br>他人认可<br>（Information about others' approval）<br>社会比较（Social comparison） |
| （4） | 前因（Antecedents）<br>物理环境再构建（Restructuring the<br>physical environment）<br>社会环境再构建（Restructuring the<br>social environment）<br>逃避（Avoidance）<br>分心（Distraction） | （12） | 自我信念（Self-belief）<br>自我对话（Self-talk）<br>关注过往成功（Focus on past success）<br>口头说服（Verbal persuasion）<br>心理演练（Mental rehearsal） |
| （5） | 关联（Associations）<br>辨识性线索（Discriminative cue）<br>逃避学习（Escape learning）<br>暴露（Exposure）<br>经典条件反射<br>（Classical conditioning）<br>消退（Fading）<br>提示（Prompts） | （13） | 结果比较（Comparison of outcomes）<br>具有说服力的论据（Persuasive argument）<br>均衡决策（Pros and cons）<br>未来结果的比较想象（Comparative imag-<br>ining of future outcomes） |
| （6） | 内隐学习（Covert learning）<br>替代强化（Vicarious reinforcement）<br>内隐致敏（Covert sensitization）<br>内隐条件作用（Covert conditioning） | （14） | 认同（Identity）<br>角色自我认同<br>（Identification of self as role model）<br>自我肯定（Self-affirmation）<br>行为改变认同（Identity associated with<br>changed behavior）<br>重新建构（Reframing）<br>认知失调（Cognitive dissonance） |
| （7） | 自然结果（Natural consequences）<br>健康结果（Health consequences）<br>社会和环境结果（Social and<br>environmental consequences）<br>结果显著性（Salience of consequences）<br>情绪结果（Emotional consequences）<br>情绪结果的自我评价（Self-assess-<br>ment of affective consequences）<br>预期后悔（Anticipated regret） | （15） | 知识建构（Shaping knowledge）<br>再归因（Reattribution）<br>前因（Antecedents）<br>行为实验（Behavioral experiments）<br>行为执行建议（Instruction on how to per-<br>form a behavior） |

续表

| 类别 | 包含的具体技术 | 类别 | 包含的具体技术 |
|---|---|---|---|
| (8) | 反馈和监督(Feedback and monitoring)<br>行为反馈(Feedback on behavior)<br>生物反馈(Biofeedback)<br>他人监督［Other(s) monitoring with awareness］<br>行为结果的自我监督(Self-monitoring of outcome of behavior)<br>行为的自我监督<br>(Self-monitoring of behavior) | (16) | 调节(Regulation)<br>消极情绪调节<br>(Regulate negative emotions)<br>心理资源贮存<br>(Conserving mental resources)<br>药理支持(Pharmacological support)<br>矛盾疗法(Paradoxical instructions) |

注：参考自 Michie, S., Richardson, M., Johnston, M., Abraham, C.C., Francis, J., Hardeman, C.W., Eccles, M.P., Cane, J., & Wood, C.E. The behavior change technique taxonomy(v1) of 93 hierarchically clustered techniques: Building an international consensus for the reporting of behavior change interventions[J]. Annual of Behavioral Medicine, 2013, 46: 81-95.

# 1.4　体育健康促进行为的基础理论

　　体育锻炼被广泛证实为健康的重要决定因素之一。它在促进人体生理、心理和社会适应健康方面的证据越来越多(见表1-4)。流行病学的研究结果也证实规律性体育锻炼可以带来众多健康收益。同时，大家已熟知，久坐不动或体育锻炼不足已成为引发多种慢性疾病的风险因素。尽管人们对体育锻炼之于公共健康重要性的科学和学术理解越来越深，但不可否认的是宏观政策认识和环境的改变仍需加强。体育锻炼作为一种高收益/低投入的健康行为，需要"组合拳"去深入推进。

表1-4　体育锻炼的健康收益——主要研究发现

- 规律性体育锻炼会减少众多消极健康后果的风险；
- 锻炼优于不锻炼；
- 对大多数健康结果，当体育锻炼增加强度、提高频率、延长持续时间时，会带来额外健康收益；
- 绝大多数健康收益发生在坚持参与每周150分钟中等强度体育锻炼时，例如快步走。增加体育锻炼将获得额外收益；
- 有氧锻炼、力量练习等均有益健康；
- 无论儿童青少年，还是青年人、中年人或老年人，也无论民族或种族，参与体育锻炼即获得健康收益；
- 残疾人参与规律性体育锻炼也可获得健康收益；
- 参与体育锻炼的健康收益远大于其可能带来的危害。

注：参考自 The U.S. Department of Health and Human Services(HHS). 2008 Physical Activity Guidelines for Americans.

体育健康促进研究领域作为一个交叉研究领域,存在众多母学科,如心理学、体育学、行为科学、流行病学等等。上述母学科的基础理论或模型均已应用于体育健康促进领域或行为的研究,目前最广泛使用的基础理论有健康信念模型、自我效能理论、合理行为/计划行为理论、阶段变化模型和社会生态模型等。但遗憾的是,体育锻炼作为一种比吸烟、乳腺癌筛查等单一行动更为复杂的行为,不同于饮酒、使用药物等的戒除行为,它是一种接纳行为(adoption behavior)。"阻力最小"或惯性是这种行为所缺乏的,它不是一种必需行为(例如健康饮食),但完成它需要时间保障(相对于刷牙、防晒行为)。体育锻炼进行过程中出现的生理反应,如肌肉酸痛,虽可以适应,但这些生理反应却可能引发压力、饮酒和使用药物等消极行为。是否参与/坚持体育锻炼不是一次性的暂时决定(相对于癌症筛查),并且它必须在安静代谢水平之上才可能完成。上述特点足以说明,体育锻炼是一个异常复杂的行为。任何忽视体育锻炼复杂性和特殊性的研究尝试或理论都可能缺乏力量。

前期研究结果发现,体育锻炼的相关因素如下:年龄、性别、受教育程度、收入、种族、体重、气候、吸烟状况、健康状况、态度、主观控制感、自我效能、意图、动机、承诺、主观障碍、相关知识、运动技能、到健身设施的距离、环境美观程度、是否有家庭锻炼设备、公园数量、户外活动时间、配偶社会支持、孩子的个数、性格、神经质(个性特征之一)、体育锻炼的强度和形式、团体凝聚力、团体规范、班级规模、肌肉纤维类型和遗体素质。上述因素可归为人口统计学相关因素、个体相关因素、社会相关因素和环境相关因素等几类,但目前仍没有基于此的降阶模型或有序结构模型产生。

基于已有理论或模型的行为干预研究结果被证实效果有限;而干预和相应行为改变结果之间的中介效应检验也被证实陷入了同样的困境。目前体育健康促进领域的研究亟须其中对应的理论进行整体性、方法性和测量性的检验,否则在推进该领域研究时将可能遇到诸多问题。借自母科学的理论虽可解研究的燃眉之急,但却极可能因为"水土不服",而导致对体育锻炼行为说明、解释、预测和干预效力的下降。近年来,多层次模型—社会生态模型虽越来越受到关注,但研究者也因其内涵宽泛缺乏聚焦、作用机制缺乏验证和理论根基不足而备受考验。

# 1.5  体育健康促进行为的改变

为了实现对各类行为的有效干预,例如体育健康促进行为、健康饮食行为等,2008年,Abraham 及其同事基于合理行为/计划行为理论、社会认知理论、信息—动机—行为技能模型,以及控制理论、相关目标理论(e.g., Austin & Vancouver, 1996; Gollwitzer, 1999; Locke & Latham, 2002)、操作条件作用、社会比较理论、与社会支持相关的健康行为、压力管理和行为改变的预防复发技术(e.g., Marlatt & Donovan, 2005)等,总结提炼出了26个与体育健康促进相关的行为改变技术,对其定义进行了统一和说明并进行了检验(见表1-5)。

表1-5  26个行为改变技术的定义和理论基础

| 技术(理论基础) | 定 义 |
|---|---|
| 1. 提供行为改变的信息(IMB) | 有关行为风险的普适性信息 |
| 2. 提供结果信息(TRA,TPB, SCogT, IMB) | 有关锻炼或不锻炼的收益及弊端的信息 |
| 3. 提供他人赞许的信息(TRA,TPB, SCogT, IMB) | 他人对个体行为的评价信息以及他人是否赞同被推荐行为的改变的信息 |
| 4. 促进意图形成(TRA,TPB, SCogT, IMB) | 鼓励个体决定行动或设置普适性目标 |
| 5. 促进障碍认同(SCogT) | 认同存在的行动障碍并计划克服办法 |
| 6. 提供普适性鼓励(SCogT) | 为个体的努力或表现给予赞美或奖励 |
| 7. 设置分级任务(SCogT) | 设置简单任务,逐渐增加难度直至目标行为发生 |
| 8. 提供指导(SCogT) | 告诉个体如何行动 |
| 9. 行为模型(SCogT) | 专家告诉个体如何正确实施某个行为 |
| 10. 促进针对性目标设置(CT) | 详细计划个体的行动 |
| 11. 促进行为目标评价(CT) | 回顾或重新考虑之前设置的目标 |
| 12. 促进行为自我监督(CT) | 针对性行为的记录 |
| 13. 提供行为表现反馈(CT) | 根据标准或他人表现,提供记录行为或评价表现的相关资料 |
| 14. 提供有条件奖励(OC) | 对针对性行为的表现提供明确关联的赞美、鼓励、物质奖励 |
| 15. 教会使用线索或提示(OC) | 教会个体辨识可提示其实施行为的环境线索 |

续表

| 技术(理论基础) | 定义 |
|---|---|
| 16. 行为合同认同(OC) | 针对性行为是否被实施的合同或协议 |
| 17. 促进实践(OC) | 促进个体排练、预演或重复行为 |
| 18. 使用跟踪提示 | 在干预的主体部分结束之后仍与个体保持联系 |
| 19. 提供社会比较机会(SCompT) | 提供机会观察他人的表现 |
| 20. 社会支持计划或社会改变(社会支持相关理论) | 促进个体接受他人可以为自己的行为改变提供帮助或支持 |
| 21. 促进角色认同 | 展示个体如何可能成为范例及影响他人的行为 |
| 22. 促进自我对话 | 鼓励个体使用自我指导和自我鼓励来支持行为改变 |
| 23. 预防复发(预防复发治疗) | 在最初的行为改变产生之后,帮助确定可能导致重新选择风险行为或无法保持行为改变的情况,并帮助避免或管理上述情况 |
| 24. 压力管理(压力相关理论) | 多种技术未必指向目标行为,主要用于减少焦虑和压力 |
| 25. 动机性访谈 | 促进个体对自己的行为进行自我鼓励的陈述和评价,以减少对行为改变的抵制 |
| 26. 时间管理 | 帮助个体为行动创造时间 |

注:参考自 Abraham, C., & Michie, S. A taxonomy of behavioral change techniques used in intervention[J]. Health Psychology, 2008, 27(3): 379-387.其中 IMB=信息－动机－行为技能模型;TRA=合理行为理论;TPB=计划行为理论;SCogT=社会认知理论;CT=控制理论;OC=操作条件作用;SCompT=社会比较理论。

随后,2011年,Michie 及其同事又对上述体育健康促进行为改变技术进行了精练和完善,在去除重复,重新聚类或分类之后,又有14种技术被加入进来,重新提出了一个具有40项体育健康促进行为改变技术的框架。

## 参考文献

[1] 车文博. 西方心理学史[M]. 杭州:浙江教育出版社,1998.

[2] 华西医科大学. 健康行为学[M]. 北京:人民卫生出版社,1993.

[3] 司琦. 锻炼心理学[M]. 杭州:浙江大学出版社,2008.

[4] 谭晓东. 社会医学和健康促进学[M]. 北京:科学出版社,2000.

[5] 杨廷忠. 健康行为理论与研究[M]. 北京:人民卫生出版社,2006.

[6] 约翰·布鲁德斯·华生. 行为主义[M]. 李维,译. 杭州:浙江教育出版社,1998.

[7] 中共中央,国务院,"健康中国2030"规划纲要[R]. 2016-10-25.

［8］ Abraham, C., & Michie, S. A taxonomy of behavioral change techniques used in intervention［J］. Health Psychology, 2008, 27(3): 379-387.

［9］ Davis, R., Campbell, R., Hildon, Z., et al Theories of behavior and behavior change across the social and behavioral sciences: A scoping review［J］. Health Psychology Review, 2015, 9(3): 323-344.

［10］ Earp, J.A., & Ennett, S.T. Conceptual models for health education research and practice［J］. Health Education Research, 1991, 6(2): 163-171.

［11］ Glanz, K., Rimer, B.K.,& Viswanath, K. Health behavior and health education: Theory, research and practice［M］. Fourth edition San Francisco Jossey-Bass, 2008.

［12］ Gochman, D.S. Health behavior research: Definition and diversity［M］ D.S Gochman(ed.). Handbook of health behavior research, Vol. I. Personal and Social Determinants. New York: Plenum Press, 1997.

［13］ Green, L.W., & Glasgow, R.E. Evaluating the relevance, generalization, and applicability of research: Issues in external validation and translation methodology［J］. Evaluation and the Health Professions, 2006, 29: 126-153.

［14］ Hiatt, R.A., & Rimer, B.K. A new strategy for cancer control research. Cancer, Epidemiology, Biomarkers and Prevention, 1999, 8: 957-964.

［15］ Kasl, S.V., Cobb, S. Health behavior, illness behavior, and sick-role behavior: II. Health and illness behavior［J］. Archives of Environmental Health, 1966b, 12: 531-541.

［16］ Kasl, S.V.&Cobb, S. Health behavior, illness behavior, and sick-role behavior: I Health and illness behavior［J］. Archives of Environmental Health, 1966a, 12: 246-266.

［17］ Kerlinger, F.N. Foundations of behavioral research［M］.(3rd ed.). New York: Holt, Rinehart & Winston, 1986.

［18］ Michie, S., Abraham, C., Whittington, C.,et al. Effective techniques in healthy eating and physical activity interventions: A meta-regression［J］. Health Psychology, 2009, 28: 690-701.

［19］ Michie, S., Ashford, S., Sniehotta, F.F., et al. A refined taxonomy of behavior change techniques to help people change their physical activity and healthy eating behaviors: The CALO-RE taxonomy[J]. Psychology and Health, 2011, 26 (11): 1479–1498.

[20] Michie, S., Richardson, M., Johnston, M., et al The behavior change technique taxonomy(v1) of 93 hierarchically clustered techniques: Building an international consensus for the reporting of behavior change interventions[J]. Annual of Behavioral Medicine, 2013, 46: 81–95.

[21] Parkerson, G., et al. Disease-specific versus generic measurement of health-related quality of life in insulin dependent diabetic patients[J] . Medical Care, 1993, 31,629–637.

[22] Rhodes, R.E., & Nigg, C.R. Advancing physical activity theory: A review and future directions[J]. Exercise and Sport Sciences Reviews, 2011, 39(3): 113–119.

[23] Sallis, J.F., Owen, N., & Fotheringham, M.J. Behavioral epidemiology: A systematic framework to classify phases of research on health promotion and disease prevention[J]. Annuals of Behavioral Medicine, 2000, 22: 294–298.

[24] The U.S. Department of Health and Human Services(HHS). Physical Activity Guidelines for Americans[R].2008

[25] World Health Organization Regional Office for Europe. Steps to health: A European framework to promote physical activity for health[R]. 2007.

[26] World Health Organization. The Ottawa Charter for Health Promotion [RLOL] . http://www.who.int/healthpromotion/conferences/previous/ottawa/en/index2.html. May, 2017.

# 2. 体育健康促进的个体理论

虽然体育锻炼在促进健康方面的重要作用已得到越来越多的证实,但大部分人仍没有参与到其中去。是这些人没有认识到体育锻炼的健康效益,认识不足,还是其他什么原因? Godin 等人(1984)对参与体育锻炼的群体和不参与的群体对体育锻炼健康效益的认识及掌握相关知识的程度进行比较后发现,两个群体在上述因素上并不存在差异。那么,现在的问题变成了,应该如何解决"知而不行"的问题,即如何真正促使人们参与到体育锻炼中去。正如在第一章中讨论过的一样,研究与体育健康促进相关的理论,是我们解决这一问题行之有效的途径。

虽然体育健康促进研究领域内,没有一个针对体育锻炼行为而提出的理论模型,但借自母科学的相关理论却超过80个。我们为什么要如此执着于研究理论?主要原因体现在以下几方面:(1)不同理论侧重点不同,因此,其适合解决的问题和适用人群也不同。例如,研究妇女接受乳腺癌筛查可能遇到的主观障碍问题时,健康信念模型无疑是最佳选择。而研究如何从个体生态子系统,即改变个体层面因素促进不同人群参与体育锻炼的干预问题时,可能不得不考虑阶段变化模型。当我们明确妇女接受乳腺癌筛查的主观障碍因素,并试图干预、影响个体以使其接受乳腺癌筛查的行为发生时,健康信念模型与阶段变化模型组合可能更有利于研究目的的达成。(2)不同理论的适合性不同。例如,有的研究者强调缩小理论与实践的距离,因此选择理论时侧重理论的外部效度;有的研究者强调理论的有效性,因此在选择理论时侧重理论应用结果的一致性、稳定性和普适性。(3)不同研究者的研究目的、研究问题不同,因此,选择理论时侧重的理论意义与实践意义也存在差异。

基于此,我们研究理论、实现体育健康促进的最终目的,都是要改变个体的体育健康促进行为。尽管个体可能属于不同的团队、机构、组织、社区或国家,但上述群体都由个体组成。因此,我们有必要深入理解个体在体育健康促进过程中所扮演的角色、发挥的作用。本章所介绍的理论均着重关注个体的体育健康促进行为。

# 2.1 健康信念模型

健康信念模型是经过修改、最早运用于研究健康行为的理论模型之一。今天,它仍是健康行为领域最广为人知的理论框架。20世纪50年代,当时为美国公共卫生组织(U.S. Public Health Service)工作的社会心理学家 Godfrey Hochbaum, Stephen Kegels 和 Irwin Rosenstock 最早介绍了该模型。最初,该模型关注于解释人们极低的预防性健康检查问题。Rosenstock 等人假设:除非个体拥有健康相关的知识和动机,主观认为他们具有受到潜在的、被病毒威胁的可能性,觉得病情严重,确认预防有效,并且认清接受预防检查的困难和障碍时,才有可能接受该类检查。如果个体认为自己易受到某种情况的影响,认为该情况将会引发严重的后果,相信一系列的行动将既减少易感性,又能缓和结果的严重性,并且相信采取行动的预期收益将大于可能遇到的障碍时,他们将极可能采取行动以降低患病的风险。

针对已患病的情形,健康信念模型被重构为:对诊断的接受性,对疾病严重后果的预期以及对疾病易感性的预期等。1958年,Hochbaum 研究了个体是否相信自己是肺结核的易感人群,以及对早期接受肺结核筛查可能给自身带来益处的主观感知。在对肺结核病的易感性和早期接受肺结核筛查的好处均有认知的个体中,82%的个体至少自愿接受了一次胸部的X光检查;而在对易感性和益处均没有认知的个体中,仅有21%的个体在研究期间自愿接受了胸部的X光检查。随后,健康信念模型被应用于医疗、健康、饮食和体育锻炼行为等方面,是一个解释、预测人们实施各种预防性健康行为的模型框架。

## 2.1.1 健康信念模型的构成

健康信念模型最初是由以下4个基本部分构成,即:主观易感性(perceived susceptibility)、主观严重性(perceived severity)、主观收益(perceived benefits)和主观障碍(perceived barriers),主要用于说明人们做好采取健康行为的准备程度。这4个部分还受到社会心理因素、人口统计学因素和"行动线索"(cues to action)的调节(如年龄、性别、个性、大众传媒、亲近朋友的发病、他人的相关建议等等)。1988年,Rosenstock 等人又尝试将自我效能因素加入了该模型,用以补充说明由吸烟、运动不足和过量饮食等不健康行为向健康行为转变时所引发的挑战。

如果采取一个行动就可以避免疾病的话,个体至少在实施这个行动之前就已确信他/她是那个疾病的易感个体。对于疾病或是某种状况的主观易感性存在着明显的个体差异,个体主观认为的易感性与多种健康行为的实施,诸如免疫接种、定期牙科检查和肺结核检查等有密切的联系。至于体育锻炼,如果个体认为自己有患冠心病的风险,那么就有可能开始锻炼以减少自身对该疾病的主观易感性。

健康信念模型的构成因素、定义和应用实例如表2-1。

表2-1　健康信念模型的主要构成因素、定义和应用实例

| 构成因素 | 定义 | 应用 |
| --- | --- | --- |
| 主观易感性 | 对可能经历风险遭遇患病及患病的信念 | ·定义个体是否有风险及风险的水平<br>·基于个体的性格和行为自定义风险<br>·将主观易感性和个体实际面临的风险相对应 |
| 主观严重性 | 对某种状况及其后果严重性的信念 | ·明确风险和状况的结果 |
| 主观收益 | 对采取行动以有效减少风险或影响的严重性的信念 | ·定义怎样、何处、何时采取行动;明确预期的积极效果 |
| 主观障碍 | 对采取行动可能付出的有形的、心理的代价的信念 | ·通过再保证、纠正错误信息、激励和支持来明确和减少主观障碍 |
| 行动线索 | 激活"准备性"的策略 | ·提供怎样做的信息,增强意识,使用适当的提醒系统 |
| 自我效能 | 对自身行动能力的自信水平 | ·为采取建议的行动而提供训练和指导<br>·使用循序渐进的目标设置<br>·给予口头强化<br>·示范所需的行为<br>·减少焦虑 |

**主观易感性:**指个体对遭遇某种状况或患病可能性的信念。例如,个体A必须相信,女性有患乳腺癌的可能性,由此她才可能接受乳腺检查。

**主观严重性:**主观认为感染某种疾病或置之不理的严重性,包括对医学和临床结果的评价(如,死亡、残疾和疼痛),以及可能的社会后果(如,对工作、家庭生活和社会关系的影响)。主观易感性和主观严重性又常被联系起来称为"主观威胁"(perceived threat)。

**主观收益：**尽管个体主观感受到了严重健康状况可能带来的威胁，但这种认知是否会导致行为改变，还取决于个体对采取行动减少患病风险可能获得收益这一问题的认识。另一些与健康无关的认知，如戒烟是为了减少花销，进行乳腺检查是为了取悦家人等，也会影响行动决策。因此，尽管个体表现出对易感性和严重性的积极认知，也未必会实施建议的健康行为，除非他们同时认识到减少威胁可能给自身带来的潜在收益。

**主观障碍：**某一特定健康行为存在的消极内容——主观障碍——也会成为阻碍个体实施健康行为的因素。个体会无意识地针对某一健康行为对可能获得的收益和弊端进行比较分析——"它确实能帮我，但它可能很贵，有副作用，令人不快，不方便，或花费大量时间"。

**行动线索：**健康信念模型的不同版本中均包括了行动线索这一因素。Hochbaum认为，尽管个体已做好准备采取行动（感受到了主观易感性和主观收益），但也只有在有线索，特别是具有激发行动的线索时，如身体反应和环境变化（如媒体宣传），行动才可能变为现实。线索可以是一个喷嚏，或仅仅是对一张海报的关注。

**自我效能：**Bandura将其定义为"个体对自身成功采取行动，以达到预期结果的自信程度"。并将自我效能期待和结果期待（outcome expectation）区分开来，将结果期待定义为"个体对特定行动将导致结果的估计"。结果期待与健康信念模型中的主观收益类似，但不完全相同。1988年，Rosenstock等人建议将自我效能加入健康信念模型，作为一个独立的结构。

**其他变量：**人口统计学变量、社会心理变量和结构变量可能影响个体的认知，因此间接影响健康行为。例如，人口统计学变量，特别是受教育水平，被认为是通过影响主观易感性、严重性、收益和弊端，而间接对健康行为发挥作用。

健康信念模型各构成因素间的关系如图2-1所示。在模型中，调节变量影响健康信念，行动线索也是如此；信念又最终导致行动。尽管健康信念模型明确了导致行为的结构变量，但却没有定义这些结构变量间的相互关系，这种模棱两可也导致了模型应用过程中的不同。进一步明确模型中各变量间的关系，将有助于增加健康信念模型预测行为的有效性。

| 调节变量 | 个体信念 | 行动 |
| --- | --- | --- |

年龄
性别
种族
个性
社会经济阶层
知识水平

对疾病的主观易感性和严重性　→　主观威胁

主观收益

主观障碍

自我效能

主观威胁　→　个体行为　←　行动线索

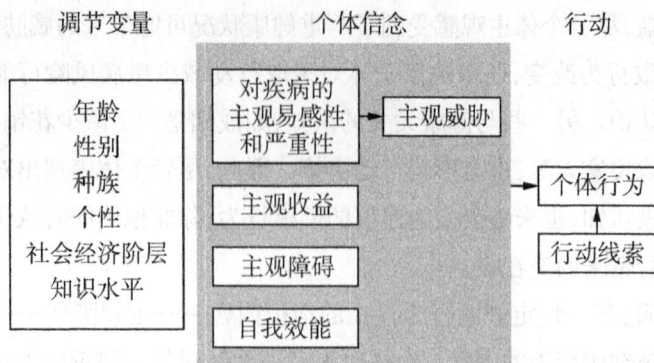

图2-1　健康信念模型各构成因素关系图

## 2.1.2　健康信念模型的测量方法

到目前为止,针对健康信念模型的测量方法和工具仍缺乏一致性。虽然有人主张多样性的测量工具可以增加模型的效度,但它也直接导致了测量结果的不一致性,并且增加了相关研究间进行比较的难度。最近虽然有学者开发出了锻炼信念、收益和障碍的问卷,但这也无法代替对模型的直接评定。

## 2.1.3　前期相关研究

Slenker等人(1984)利用健康信念模型对124名慢跑者和96名不锻炼者的行为进行了预测研究。结果发现,慢跑者和不进行任何锻炼的人在健康问题严重性的主观觉察、慢跑的障碍、慢跑的益处和引起慢跑的线索等方面的认知上均存在差异。正如模型所建议的,与不锻炼者相比,慢跑者对不进行此项运动将引发的健康问题的严重性有更深入的认识;并且认为慢跑很有益,引起此项运动的线索很多,障碍很少;而主观觉察易感性则对慢跑行为不具预测性。有一点值得强调,主观觉察的行为障碍是区分慢跑者和不锻炼者的最重要因素。不锻炼者将他们的坐久不动归结为没有时间、家庭和工作责任、恶劣天气、缺乏兴趣动机等,而这些因素不但可能改变,而且完全可能由个体所控制。其他一些研究也相继发现,主观觉察障碍是影响体育锻炼的强有力因素。

后续又有研究者陆续发现,健康信念模型的组成成分对不同健康行为的预测能力不同。O'Connel等人1985年应用健康信念模型,对69名肥胖青少年和100名非肥胖青少年的控制饮食和锻炼行为进行了预测。并以58名青少年(包括肥胖组和非肥胖组)为被试,对他们关于肥胖问题的严重性,以控制饮食和锻炼方式来减肥可能存在的行动线索,对益处和社会支持情况的认知等进行了先期调查,掌握最普遍的反应,并基于此编制了健康信念模型测试问卷。随后的研究结果发现,对控制饮食的主观收益认知是对肥胖青少年控制饮食行为强有力的预测因子,而对可能引起肥胖的主观易感性则较好地解释了非肥胖青少年目前的控制饮食行为。有关锻炼的暗示较好地解释了肥胖青少年的锻炼行为,关于锻炼最显著的暗示线索包括来自外部同伴的压力和来自内部的不良健康和肌肉状况。没有一个健康信念模型的构成成分有效地预测了非肥胖青少年的锻炼行为。研究者认为,针对肥胖青少年的体重控制计划应当着重强调鼓励他们参与有氧锻炼的线索,这些线索可以综合内部因素和外部因素来扩大影响效果。同时,研究者还指出,健康信念模型对锻炼行为的解释能力有限。

1990年,Oldridge和Streiner就健康信念模型对心脏病康复患者锻炼顺从行为和退出率的预测性进行了研究。研究者对120名男性冠状动脉疾病患者的主观易感性、主观严重性、主观收益、障碍和行动暗示5个因素进行了评价。被试参与了一个持续6个月的锻炼计划,其中每两周有一次持续90分钟的锻炼指导。研究者还建议被试1周至少进行3次户内锻炼。锻炼计划结束后,研究者将被试分成锻炼顺从组和退出组,退出组又被进一步分为不可避免退出组和可避免退出组。不可避免退出的原因包括心脏问题、死亡、搬家;而可避免的退出原因则包括失去动机和兴趣、不舒服、疲劳。研究结果发现,有62名(52%)被试退出了实验。就退出原因进行分析后得出,34名被认为是可避免退出,另28名则是不可避免退出。依据健康信念模型,在锻炼顺从者和退出者之间,仅有主观易感性存在差异,而差异还与研究假设背道而驰,即锻炼顺从者的主观易感性较退出者低。研究结果认为,健康信念模型对锻炼行为的预测能力有限。

健康信念模型认为,如果当女性感觉自己易受乳腺癌的影响,认为乳腺癌是一种严重的疾病,接受乳腺癌筛查的障碍小于可能获得的收益,具有坚持检查的自我效能,并获得了一定的行动线索时,她们极有可能实施医生建议的乳腺癌检查。众多研究结果发现,健康信念模型构成因素和乳腺癌筛查行为之间存在关系。而坚持行为则与主观易感性(正相关)、主观障碍(负相关)、主观收益(正相关)以及健康专业人士建议的行动线索(正相关)之间存在显著的相关关系。由于早期的研究发现主观严重性的变化十分微小,因此这个因素到近期才在乳腺癌筛查行为的研究中受到进一步关注。

同时,针对不同性质被试的研究发现,不同种族的被试对易感性、收益和障碍持有不同形态的信念;不同被试对引发乳腺癌的原因也有着不同的看法,而这可能影响主观易感性。例如,老年非洲裔美国妇女普遍认为,乳腺癌是由乳房受到伤害所引起;而没有受到过任何伤害的妇女则认为,她们易感性极低。关于手术会引发乳腺癌扩散,手术即意味着死亡等观念,即早期检查的主观收益极低的信念在非洲裔美国妇女中比白人妇女中更普遍。而某些类型的主观障碍对特定文化和种族的妇女来说更为重要。例如,害羞是导致亚洲裔妇女极少坚持乳腺癌筛查的特殊障碍。

一些基于健康信念模型(至少使用主观障碍因素)来促进乳腺癌筛查的干预研究被证明极为有效。健康信念模型通常被证实,能够预测个体进行乳腺癌筛查的行为。另外,在社区层面,采用低干预频率的研究还发现,健康信念模型的构成因素导致了乳腺癌筛查行为的增加,针对被试特殊健康信念进行的干预是有效的。这与健康信念模型所强调的,针对个体易感性、收益、障碍和自我效能等特定信念进行干预可能更为有效的建议,完全一致。研究中,那些早已相信自己处在患乳腺癌风险之中的妇女,无须接受强调易感性的信息;那些已经知道在何处可能获得免费乳腺癌筛查却无法前往的妇女,则只需接受强调如何利用交通工具等的干预即可。具有明确针对性的干预被证明更为有效。

健康信念模型在国内体育健康促进研究领域内的应用并不广泛。在中国知网上,以摘要中包含"健康信念模型"或"健康信念模式"并"锻炼"或"体育"或"身体活动"或"体力活动"为检索词,对1979年1月1日至2017年5月31日间正式发表的中文期刊论文进行检索后,共检索出各类论文73篇。其中,未正式发表的研究生毕业论文、会议论文24篇;各类以病人为研究对象的期刊论文31篇;以体育锻炼行为为研究对象,探讨健康信念模型与体育锻炼行为关系的研究论文共计18篇。

对上述18篇论文进一步分析后发现,综述性论文6篇,问卷编制检验论文1篇,干预性研究1篇,解释、说明健康信念模型各组成因素与不同人群体育锻炼行为间关系的论文有9篇。因此,目前国内基于健康信念模型的体育健康促进行为研究,多以健康信念模型为理论基础,来对不同人群体育锻炼行为进行初步的解释和说明。

## 2.1.4  评价

Janz和Becker(1984)指出,有超过40项研究对健康信念模型给予了实质性的支持和肯定,但 Harrison、Mullen 和 Green(1992)的元分析结果却发现,该模型的效果量虽然显著,但效果量很小且变化范围极大,预测性研究的效果量比回溯性研究的效果量明显更小。健康信念模型主要应用于疾病及其预防行为,以避免疾病为出发点,将其不加修改地直接应用于体育锻炼领域的做法值得商榷,因为人们参与体育锻炼的动机并不仅仅是为了降低患病的风险。另外,一些将模型应用于锻炼领域的有限的研究结果发现,主观易感性与静止有关,而与积极的健康行为无关。从整体而言,健康信念模型在预测体育锻炼的参与和坚持行为时是不成功的,而对非锻炼行为的参与性则有众多的支持例证。

目前使用健康信念模型的研究,通常是将其与其他模型或理论框架相结合,以证明其有效性。例如,将健康信念模型与阶段变化模型相结合,以明确健康行为所处的阶段。Saywell 及其同事发现,针对尚未考虑接受乳腺癌筛查的妇女[犹如阶段变化模型中的"前意向者"(precontemplator)],比已经考虑接受乳腺癌筛查的妇女[如"意向者"(contemplator)],需要接受更为集中的干预。研究还显示,慎重考虑接受乳腺癌筛查的妇女比前意向者具有更高的主观威胁感和行动收益感,同时比前意向者感受到更低的行动障碍。将接受乳腺癌筛查的妇女区分为前意向者和意向者,为实施更具针对性的干预提供了可能。

1993 年,Weinstein 对健康行为领域内经常使用的四个理论模型,即健康信念模型、合理行为理论、保护动机理论(protection motivation theory)和主观期待效应理论(subjective expected utility theory)进行了比较分析。结果显示,尽管上述理论模型发表于不同的年代,并且包括不同的结构,但不同理论中构成因素的概念化过程却极为相似。合理行为理论认为意图能够预测行为改变,而阶段变化模型中变化阶段的概念化过程实际上也是行为和意图的结合。

在尝试组合不同理论进行研究之前,有必要明确理论或模型中核心概念的内在联系。尽管不同的健康行为理论存在一定的不同之处,但在关于到底有多少不同的理论结构被组合用于预测行为结果的问题上,不同理论存在极大程度的重叠。因此,问题的关键不在于哪一个理论或模型优于另一个,哪一个理论或模型中的变量更重要,而在于理论的相对效用,以及随着时间变化,针对不同的行为和情景,理论相对效用的变化。

健康信念模型从提出至今已经超过了半个世纪,在这期间,它始终被应用于预测健康行为,以及制定干预以改变行为。虽然如上所述,健康信念模型在对癌症预防筛查行为的预测方面被证实有效,但其仅能帮助研究者明确对癌症预防筛查行为重要的结构,并增加以此为理论基础制定干预策略的可能性。由于模型简单,所以具有一定的局限性。

当以健康信念模型为理论基础预测健康行为时,以下几点值得注意:主观威胁被认为是与健康相关行为具有紧密联系的结构。健康信念模型将主观严重性和主观易感性结合起来称为"主观威胁",却又单独将威胁概念化为主观风险。而风险和严重性之间的关系对威胁的形成却又不总是异常明确。严重性的增加以主观易感性变为一个有力的预测因子为前提,而只有当健康行为中的主观严重性被认为很高时,主观易感性才可能成为预测健康行为的重要因子。如果上述描述属实,将主观易感性和主观严重性结合起来时,则不能只考虑简单的相加,而应将其相乘。

健康信念模型中包含的其他因素间的关系也同样需要得到彻底检验。例如,只有当主观威胁(主观严重性×主观易感性)高时,主观收益和主观障碍才可能成为行为改变的强大预测因子。当主观威胁很低时,参与健康行为的主观收益和主观障碍不可能显著,但他们之间的关系又可能在主观收益高而主观障碍低时发生改变。当主观障碍很低时,主观威胁也不可能高。因此,一个结构的预测能力可能较大地依赖于另一个或另几个结构。

健康信念模型的另一个局限性表现在,它是一个以认知为基础,而没有考虑到行为的情绪因素的模型。Witte认为恐惧是对健康相关行为具有潜在影响力的因素,并将其定义为"相伴于高唤醒状态的消极情绪"。Champion等人曾将恐惧加入模型,并预测了其与乳腺癌筛查行为之间的关系。结果显示,恐惧和健康信念模型结构之间的关系对预测行为有效。主观风险、收益和自我效能对恐惧具有显著的预测作用;恐惧和主观障碍始终可以成功地预测乳腺癌筛查行为。最具说服力的结果是:恐惧的唤醒和增加,增强了个体的主观威胁(即可能罹患某种疾病的可能性)、对此威胁采取行动有益处的认知以及获得此种收益的自我效能的水平。因此,加入情绪因素,可能有助于解释和进一步明确健康信念模型各构成因素间的关系。

最后,行动线索经常成为健康信念模型相关研究中被人遗忘的角落。健康信念模型假设,当主观威胁和主观收益高,而主观障碍低时,行动线索将对健康行为产生极大的影响。可是到目前为止,我们对行动线索及其影响仍旧知之甚少,主要是因为这个结构始终没有在相关研究中得到明确。对于研究过程中,什么可能成为"行动线索"?抑或是行动线索有没有被当作线索来使用,并赋予行动线索的标签？是值得我们思考的问题。

# 2.2 合理行为理论及其扩展理论——计划行为理论

在班杜拉提出自我效能理论的同时，Fishbein 和 Ajzen 也完成了对合理行为理论的构建，该理论设计之初是用来解释意志行动的（如，自由选择行为）。合理行为理论假设：个体在综合适当的信息和考虑其行为的潜在含义后，是可能采取明智、理性的行动的。理论中包括三个被认为对行为产生影响的主要因素：意图（intention）、态度（attitude）和主观准则（subjective norm）。

## 2.2.1 合理行为理论的构成

意图是决定个体是否参与体育锻炼的关键。它反应个体的意愿和计划可能投入实施行动的努力程度。我们有理由相信，个体试图实施某项行动的意图越强烈，就越有可能参与/投入到这项行动中去。例如，个体 B 强烈希望在早春的下午出去散步，那么这么做的可能性就非常大。但是随着时间的推移，人的意图也可能变弱。意图支持行动的时间越长，就越有可能因为不可预测事件的发生而影响其强度。例如，一个年轻人意图一生坚持规律性的长跑运动，然而当他坚持了几年之后，突然对长跑失去了兴趣，而改为坚持游泳了。在他下决心坚持长跑之前，并没有预计到厌倦感会影响到他的长跑意图。

意图是直接影响行为的决定因素，而意图又受到态度和主观准则的约束。在合理行为理论中，态度指个体对实施锻炼活动的积极或消极评价及其赋予该活动本身的价值。例如，个体对参与体育锻炼既抱有积极的期待（体育锻炼可以增进健康），也抱有消极的期待（体育锻炼将减少我与家人和朋友在一起的时间）。当个体决定是否参与体育锻炼时，会评价以上两种期待可能带来的后果。有研究表明，普通健康人群对锻炼持有的最普遍态度是：锻炼有趣，还可以提高健康/体适能水平，改善体形，加强社会联系和促进心理健康。

主观准则指个体在实施或不实施某一锻炼行为时，主观感受到的社会压力。它主要由以下几方面因素决定：(1)具有显著影响作用的他人（如，家人、朋友、医生等）的主观期望；(2)具有显著影响作用的团体（如，班级、团队等）的主观期望；(3)个体试图去顺应这些具有显著影响作用的他人或团体的主观期望的动机水平。假如个体B感到,妻子认为他必须每周参与三次体育锻炼,他可能倾向于按照妻子的主观期望去行动。

依据合理行为理论,一旦个体积极评价一项活动(态度),并相信具有显著影响力的他人都认为应当实施这项行动时(主观准则),个体就有意图去实施行动了。然而,假设个体C有强烈的意图要晚上去游泳馆游泳,认为游泳是一件异常有趣的运动,并且得到了朋友的鼓励和支持。这种情况下,个体C极有可能晚上实施这项行动,即游泳。这个例子展示的是一种意志行动,即个体如果有愿望就可以实施的行动。但这项行动能否最终被实施呢?如果晚上因为特大台风来袭,游泳馆因恶劣天气而关闭了呢?即使个体C有强烈的行动意图、积极的态度和主观的社会支持,但仍旧可能无法实施游泳这项行动。

当合理行为理论被应用于社会科学领域后,Ajzen和其他的研究者就意识到了它的局限性。它最大的局限之一在于:仅能预测或解释一些在可控情景下发生的行为。如果行为不在人的意志控制之下,即使个体有再强烈的意图,也无法完成这项行动。如上例,个体C希望实施的游泳行动。为了充分了解人们在此种情景下的行为,Ajzen在合理行为理论中加入了一个全新的概念——主观行为控制(perceived behavior control)。区别于原有的合理行为理论,加入了主观行为控制概念的理论被称为计划行为理论(见图2-2)。

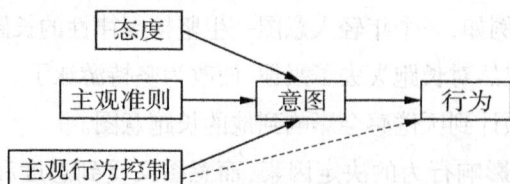

图2-2　合理行为和计划行为理论(Ajzen,1985)

主观行为控制指的是个体主观认为实施某项行动的难易程度,它与Bandura提出的自我效能概念类似,是一个由"完全不可控"到"完全可控"的变化连续体。加入这个新概念后,计划行为理论假设,主观行为控制将直接影响行为或通过意图间接影响行为。Ajzen(1985)指出,当主观行为控制感高时,计划行为理论和合理行为理论的运作方式相同。换言之,当主观行为控制不是异常重要的因素时,个体的行为可以由意图、态度和主观准则来解释和预测。

计划行为理论是合理行为理论的一个拓展,其中加入了一个新概念——主观行为控制。个体对实施一个特殊行为的期望及其赋予这个行为的价值,构成了这两个理论模型的概念基础。而这个结合价值的期望(即意图)为我们理解个体的态度及其潜在的信念提供了一个理论框架。两个理论都关注态度——行为的关系，并且假设个体能够就其行为及后果做出预想和理性判断。

## 2.2.2　合理行为理论/计划行为理论的测量方法

合理行为和计划行为理论的一个优势在于，它允许研究者依据不同的行动、目标、情景和时间因素来自行设计量表，直接测量研究所需的行为。正式研究开始前的前期量表编制过程可分为以下几个步骤：

（1）使用开放式问卷，确定被研究个体/群体的重要行为、准则和控制信念；

（2）进行内容分析，确定哪一种信念最显著；

（3）依据内容分析的结果编写问卷项目。

特别是在项目编写的过程中，一定要充分考虑被研究行为的特殊性、研究目标、情景和时间等因素。当被试和被研究行为发生变化时，研究者需要调整问卷项目，以保证问卷的可信度、效度。

以表2-2为例，该问卷要求被试回答从下个月开始，对每天至少跑步30分钟这一行动的态度及相关认识。数字"1"至"7"表示对锻炼意图的肯定程度由"完全不赞同"到"完全赞同"的变化连续体。被试选择"2"，则表明其对从下个月开始，每天至少跑步30分钟这一行动并没有表现出强烈的意图或肯定。相应的，被试对每天至少跑步30分钟这一行动的主观行为控制感也不高（该项选择了"1"），表明个体主观认为实施这一行动的难度很大。

表2-2　锻炼意图、态度、主观准则和主观行为控制示范测题

---

**锻炼意图**

1. 从下个月开始，我意图每天至少跑步30分钟。

完全不赞同　1　②　3　4　5　6　7　完全赞同

**锻炼态度**

1. 对我来说，从下个月开始每天跑步至少30分钟是：

有害的　　1　2　3　④　5　6　7　有益的

毫无价值　1　2　3　④　5　6　7　完全有价值的

**锻炼的主观准则**

1. 大多数对我很重要的人认为，我应该从下个月开始每天跑步至少30分钟。

完全不赞同　1　2　3　4　⑤　6　7　完全赞同

**锻炼的主观行为控制**

1. 从下个月开始每天跑步至少30分钟完全取决于我自己。

完全不赞同　①　2　3　4　5　6　7　完全赞同

　　众多学者一再强调,以合理行为理论/计划行为理论为理论框架进行研究,其实就是实现对两理论组成成分的可操作化和可测量化,特别是对定义待研究行为、情景、类型、时间等因素至关重要。在实现测量和可操作化的过程中,有两类问题极易发生:一是研究者可能没有测量到需要测量的理论结构;二是因为对变量操作不恰当,两个变量可能在测量同一个结构。实现两理论结构可操作化时,还有一个需要考虑的重要问题是:不同研究间的一致性问题。比较不同研究间的结果,对同一个变量的不同测量方式是一个必须慎重考虑的环节。以主观行为控制的测量为例,目前存在两种方式:一是通过自我效能的测量来实现,如果个体对实施某种行为的自身能力充满自信,则可以认为是主观行为控制高的表现;二是通过对主观觉察障碍(perceived barriers)的测量来实现,如果觉察到对行为实施产生影响的障碍因素过多,则认为主观行为控制较低。

### 2.2.3　前期相关研究

　　1997年,Courneya和Friedenreich以计划行为理论为框架,利用回溯性研究设计,对体育锻炼在直肠癌治疗过程中的作用进行了检验。研究者对110名最近接受过直肠癌治疗的患者进行了问卷调查,让他们回忆在治疗过程中的信念、态度、主观准则、主观行为控制、意图及锻炼行为。研究结果发现,在直肠癌治疗过程中的锻炼行为由意图和主观行为控制决定。另外,行为意图仅受到态度的影响。如果患者有积极的态度、强烈的意图、高涨的主观行为控制感,他们就可能在治疗过程中坚持锻炼。这些结果让研究者认为,可以将计划行为理论作为设计促进直肠癌患者治疗过程中锻炼行为干预措施的一个理论框架。

　　由于回溯性研究设计本身所具有的局限性,Courneya和他的同事在1999年利用前瞻性设计,就计划行为理论对已接受过手术的直肠癌患者锻炼行为的预测作用进行了一个为期四个月的纵向研究。研究结果表明,手术后患者的体育锻炼强度明显低于手术前。对术后体育锻炼行为有预测作用的因素为:术前体育锻炼行为的水平、意图和主观行为控制。同样,态度是行为意图的唯一决定因素。

　　从20世纪90年代开始,陆续有学者对以合理行为理论和计划行为理论为基础,对在体育锻炼领域内所进行的前期研究成果进行描述性综述和统计性综述。他们的综述均支持了两理论在预测和说明锻炼行为方面的作用。尽管两种理论在锻炼领域的应用都极为成功,但计划行为理论的作用更为显著。

Hausenblas 和她的同事在 1997 年对应用合理行为理论和计划行为理论的 31 个研究进行了元分析。结果发现,意图和态度,意图和主观行为控制,行为和意图,行为和主观行为控制及行为和态度之间存在着极大的效果量(见表2-3)。中等程度的效果量存在于意图和主观准则之间,而行为与主观准则之间则不存在任何效果量。Hausenblas 和她的同事认为,计划行为理论对预测和解释个体的体育锻炼行为具有相当效用,同时该理论对于帮助锻炼参与者理解、激发和坚持体育锻炼也至关重要。

表2-3　基于合理行为理论和计划行为理论的
元分析效果量(Hausenblas, Carron & Mack, 1997)

| 关系 | 效果量 |
| --- | --- |
| 意图和 | |
| 　态度 | 1. 22 |
| 　主观准则 | 0. 56 |
| 　主观行为控制 | 0. 97 |
| 行为和 | |
| 　意图 | 1. 09 |
| 　主观行为控制 | 1. 01 |
| 　态度 | 0. 84 |
| 　主观准则 | 0. 18 |

国外就该理论广泛展开研究的同时,国内的相关研究却显得较为匮乏。在中国知网上,以"合理行为理论"或"计划行为理论"或"合理行为理论＋计划行为理论"并"锻炼"或"体育"或"身体活动"或"体力活动"为检索词,对 1979 年 1 月 1 日至 2017 年 5 月 31 日间正式发表的中文期刊论文进行检索后,共检索出各类论文 16 篇。去除各类会议论文、研究生毕业论文 11 篇,剩余 5 篇论文中,综述性论文 4 篇,仅有李京诚在 1999 年以北京市两所高校的 199 名大学生为被试,就这两个理论对我国大学生身体锻炼活动预测的适用性进行了为期四周的实验研究。研究结果表明:态度是影响大学生锻炼行为意图的重要因素,主观行为控制虽然没有为意图预测身体锻炼活动做出显著贡献,但它的加入却明显提高了意图的预测水平。这与理论本身和国外的相关研究结果一致。

### 2.2.4　评价

尽管合理行为和计划行为理论是目前解释和预测体育锻炼行为最成功的理论模型之一,但它仍存在一定的局限性。

第一,该理论没有将人格因素(如,焦虑、完美主义等)、人口统计学因素(如,年龄、性别、社会经济地位等)和过去的运动经历等因素考虑进去;

第二,对于主观行为控制的定义模棱两可,致使对其的测量产生问题;

第三,产生行为意图到真正行动之间的时间间隔越长,真正行动的可能性就越小;

第四,主观准则的构成成分问题。

研究一致表明,态度、主观行为控制对行为意图的预测是显著的、一致的,但主观准则的预测性相对较低。

# 2.3 社会认知理论

人类的行为是多因素联合作用的产物。一个重要的影响源即为,个体所处社会环境中不同个体间的相互作用。个体层面的健康行为理论试图揭示,人与人的相互作用是如何影响个体的认知、信念和行为的。其中的社会认知理论强调,解释人类行为时两个决定性结构(个体和环境)间有紧密联系。社会认知理论主张,个体和他们所处的环境彼此相互影响和作用(reciprocal determinism),并因此导致了个体和社会的改变。该理论对推动健康行为领域相关研究的贡献之一体现在,理论中的一些构成因素被广泛地应用于健康行为的研究和实践及其他理论模型中,包括范式(modeling)、观察学习(observational learning)和自我效能(self-efficacy)。上述因素应用范围的广度和深度远远大于整个理论本身。

建构在 Miller 和 Dollard(1941)以及 Rotter(1954)理论和研究基础之上的社会认知理论,早期被称为社会学习理论(social learning theory),这是因为该理论是基于人类在社会环境下的学习原理提出的。后因为认知心理学概念的加入,增强了该理论对人类信息处理能力以及缺评语对从经验、观察和符号沟通中学习偏见影响的认识,而更名为社会认知理论。在后期的进一步发展过程中,社会认知理论又加入来自社会学和政治学的概念,增强了对团体和组织功能及适应能力的进一步理解。

绝大多数行为理论和社会学理论关注个体、社会和环境因素是如何决定个体、团体行为的。但社会认知理论却主张,人类行为是个体、行为、环境影响相互动态作用的产物。尽管该理论认识到了环境是如何塑造行为的,但却仅关注于个体的潜在能力是如何改变和构筑环境，以使环境适应个体的需要。至于个体与环境相互作用的能力，社会认知理论则强调人的集体行动能力，使得个体能够在组织和社会系统中共同工作，以实现改变环境惠及团体的目的。依据 Bandua 的观点，有目的地保护和促进公共健康是个体和环境相互作用的一种体现，就如同社会寻求力量去控制环境和社会因素，以影响健康行为和健康结果一样。

### 2.3.1　社会认知理论的构成

社会认知理论的主要概念体系见表2-4，可以被划分为五类：(1)行为的心理决定因素；(2)观察学习；(3)行为的环境决定因素；(4)自我管理(self-regulation)；(5)道德背离(moral disengagement)。

表2-4　社会认知理论的主要概念体系

| 概念 | 定义 | 说明 |
|---|---|---|
| 互相决定论 | 环境因素影响个体、团体，个体和团体同样会影响其所处的环境和调节自己的行为 | 通过改变环境因素影响健康和行为，有计划地促进体育锻炼参与行为 |
| 结果期待 | 对行为选择的可能性和结果价值的信念 | 参与体育锻炼可能带来的积极和消极结果 |
| 自我效能 | 个体对行为可能带来渴望结果的自身能力的信念 | 增强个体可以完成某项特定锻炼任务的信心和信念 |
| 集体效能 | 团体对采取行动以产生渴望结果的自身能力的信念 | 利用集体的力量来影响儿童青少年的超重、肥胖问题 |
| 观察学习 | 通过个体间或在公众面前的展示，特别是通过同伴示范(peer modeling)，来学习完成新行为 | 利用同伴示范增强儿童学习运动技能的自我效能水平 |
| 诱因动机 | 正确和滥用奖励或惩罚来改变行为 | 行动诱因(activity-related incentive)(如，乐趣)比目标诱因(purpose-related incentive)(如，增进健康)更好地预测了参加康复训练病人的锻炼坚持行为 |
| 简单化 | 提供工具、资源，或改变环境，以使新行为易于完成 | 改善城市规划，增加人行道等，以增加儿童青少年参与锻炼的机会 |
| 自我管理 | 通过自我监督、目标设置、反馈、自我奖励、自学和谋求社会支持来调控自身 | 通过健康教育、咨询等方式教授青少年如何科学地制定体育锻炼目标 |
| 道德背离 | 通过思考有害的行为和受害的人的方式，得以脱离自我控制的道德标准，使得遭受的苦难可接受化 | 非人性化和责任干扰导致的攻击和侵害影响了公共健康 |

（1）结果期待

社会认知理论中提出了多个在个体层面影响行为的心理决定因素,结果期待就是其中之一。它被定义为"个体对采取某项行动可能导致的结果,及对结果主观价值的信念"。无论是在动物还是人类的学习过程中,行动均以追求最大收益、最小付出为基本原则。建构在这一原则基础之上的社会认知理论认为,人类的价值观和期待是主观的,即,人类的行为不可能完全依赖于客观现实,同时还依赖于个体对现实的主观认知。同时还强调认知能力对个体遭遇暂时的付出,忽视行为带来的短期收益,以追求最终目标的重要性。

社会认知理论和运用于健康行为领域的其他理论模型一样,均强调社会结果期待（social outcome expectations）的重要性。它与合理行动/计划行为理论中的主观准则（social norms）类似,主观准则被认为是不同个体对由评价引发的行动和行动意愿的期待。在社会认知理论中自我评价结果期待（self-evaluative outcome expectation）异常重要,其功能如同社会结果（social outcome）,但却由个体自身的评价引发。因此,行为在一定程度上可以由个体做某件事或不做这件事而引发的对自身感觉的期待来决定。依据社会认知理论,个体对自我评价结果的期待可能比对社会、物质结果的期待更强。社会认知理论对这一类结果期待的概念化,帮助我们解释了为什么个体能够抵抗住社会压力而坚持身心报偿,以及做一些不被人知的牺牲只为满足自己心中的标准、达到自己满意结果的原因。

（2）自我效能

自我效能是社会认知理论中最广为人知,而且与其他健康行为理论结合最多的概念。它被定义为,个体对行为可能带来渴望结果的自身能力的信念。众多的研究结果证实,个体的行为表现由结果期待和自我效能共同决定,而随着行为进程的复杂化和困难化,自我效能的作用则变得更为重要。由于众多的人生事件需要个体寻求他人合作来共同完成,Bandura又将自我效能概念扩展到了集体效能（collective efficacy）,以显示团队合作的影响力。

（3）观察学习

人类特有的观察学习能力,特别是通过大众传媒进行观察学习的能力,是社会认知理论的又一核心。依据Bandura的解释,观察学习包括四个过程:①注意;②记忆保持;③生成;④动机。例如,家庭、同伴和传媒的示范决定了个体可能接触和观察到不同的行为,而个体对示范行为结果的主观价值期待则决定了其是否会进一步近距离注意该行为。对观测行为的记忆保持主要取决于个体的智力,如阅读能力。生成则是对示范行为的再现,取决于身体能力、沟通交流能力、对再现示范行为的自我效能,以及学习、执行能力等。对观测行为利弊权衡的结果期待则决定了动机水平的高低。

多数研究结果显示,只有当观察者主观认为"模特儿"与自身相似,使同伴示范成为一种广为人知的影响行为的方法时,示范行为才会更频繁地被模仿。儿童经常模仿那些和自己同龄或是比自己年长孩子的行为。为了帮助人们在面临复杂和具有一定困难的新行为时获得足够的自我效能,社会认知理论强调了"应对"的重要性,它可以帮助观察者面对和成功应对相同挑战以及行为改变的障碍。Hinyard 和 Kreuter(2007)证实,陈述故事可能比直接教诲或传达说服性的信息更有效地促进针对健康行为的观察学习。

(4) 行为的环境决定因素

社会认知理论较早认识到了环境对行为影响的重要作用。该理论强调了相互决定的观点,并假设即使是再多的观察学习也不可能导致行为改变,除非观察者所处的环境也支持该行为。环境改变影响行为改变的一个最基本形态是诱因动机(incentive motivation),通过使用奖励或惩罚来影响想获得的或不想获得的行为。2000 年,Wechsler 等人对社区环境(学校)影响饮食和体育锻炼的干预研究结果进行综述后发现,增加社会支持、提供线索和奖励,对体育锻炼和健康饮食行为起到了积极的影响作用。例如,可以为学生的健康行为表现提供经济性的奖励:(1)参加学校体育锻炼活动或项目的学生可以获得一定数额的伙食补助;(2)参与学校组织的体育锻炼项目的学生均可参加抽奖。同时,也可为学生参加体育锻炼提供非经济性的奖励,如学校、老师的肯定或奖状等。在儿童运动、游戏和体育休闲干预研究中,研究者不但制定了极具创新意义的体育课教学内容,提供以班级为单位进行的自我管理课程,鼓励家长的参与;同时还奖励每周完成锻炼任务的学生铅笔、运动水壶等奖品。当学生学会自我奖励后,这些物质性的奖励品则渐渐减少直至不再发放。研究结果显示,干预显著增加了学生在体育课中的锻炼行为。

在社会认知理论中通过改变环境来影响行为的第二种基本方法是:简单化(facilitation),即提供新的结构或资源激发行为,并使其更易于完成。如果说寻求动机是试图通过外部控制来操纵行为,那么简单化则是使行动成为可能。社会认知理论综合了健康行为领域的其他理论和模型用以强调充分认知促进健康行为改变的障碍,以及明确克服和去除障碍方法的重要性。2003年,Brian等人对交通、城市设计和规划领域内环境因素与步行、骑车行为的相互影响关系进行研究后发现,居住在人口密度高、道路连贯性通畅性(在城市任何两点间移动时,道路的直通性和舒适性情况与道路设计直接相关)良好、土地用途(在城市某一给定区域内,不同用途物理空间,如居住用地、办公用地、商业用地、公共空间等,相互融合、整合的水平)多样的社区居民,比居住在人口密度低、道路连贯性通畅性差、土地用途单一的社区居民,步行或骑车的比率更高。

(5) 自我管理

社会认知理论强调,人类具有忍受短期消极行为后果、期待重要长期积极结果的能力。也就是说,具有忽视行为带来的即刻损失,而注重长期目标的能力。依据该理论,自我控制并不是来源于"意志力量",而是取决于个体获得的对自己进行管理的具体技巧。我们通过像多种方式影响他人一样影响我们自身的行为,即我们可以通过奖励、改变环境使其简单化,来实现对自身的计划和调控。1997年,Bandura总结了六种实现自我管理的方法。①自我监督(self-monitoring):个体对自身行为的系统观察;②目标设置(goal setting):明确可能获得的进步和实现的长期改变;③反馈(feedback):行动绩效及如何实现提高的相关信息;④自我奖励(self-reward):个体对自身提供的有形或无形的奖励;⑤自学(self-instruction):在执行某一复杂行动前和过程中,个体与自身的对话;⑥谋求社会支持(enlistment of social support):个体寻找他人来鼓励自己,努力实现自我控制。同时,自我管理策略和通过增强自我效能以改变行为的方法具有诸多相似和重叠之处。

(6) 道德背离

社会认知理论主张,个体为实现自我管理而学习的道德标准,可以使其远离暴力和避免对他人残忍。个体违背标准就是被Bandura称为"道德背离"的机制。道德背离包括。①粉饰(euphemistic labeling):使用一些委婉的语言,使暴力行为看起来具有较小的攻击性;②非人性和归责(dehumanization and attribution of blame):主观认为受害人有种族或伦理方面的不同,在他们应受的惩罚方面做手脚;③扩散和责任转移(diffusion and displacement of responsibility):将有害决定归咎于某一团体或领导人物;④主观道德评判(perceived moral justification):将有害行为构建成有益或必需的行为。Bandura等人针对青少年攻击行为的定性研究结果,充分显示了上述机制的运作及如何决定年轻人可能实施暴力行为的过程。

### 2.3.2　社会认知理论的测量方法

社会认知理论作为一个庞大的理论体系,并未得到较好的整体性的、全面性的检验。但其中的核心概念自我效能却得到了反复的测量和检验。1998 年,McAuley 和 Mihalko 对体育锻炼领域内有关自我效能的测量进行了综述。对 85 个研究的结果进行总结后,有关自我效能的测量被分成了六类:行为效能、障碍效能、特异疾病/健康行为效能、主观行为控制、一般化效能和其他。尽管对自我效能的测量方法极其多样,但它和体育锻炼行为之间关系保持了极高的一致性。这也再次证明了两者的紧密联系。

自我效能测量方式的多样性不足为奇,因为它本身是个体对实施某个特定行为的自身能力的评价。以实施某种锻炼活动为例,个体仅具有完成该行动的效能(behavioral efficacy)是不够的,还应当具备克服障碍的能力以及计划效能等。因此,在对与体育锻炼有关的自我效能进行测量时,应该充分考虑与此相关的种种效能,而非单一一种。

自我效能的结构如此复杂,如何编制一个具有良好信、效度的量表来对其进行测量呢？ 因为自我效能具有随情景变化而发生变化的特征,编制一个统一的自我效能量表是极其不明智的。已有大量研究结果显示,自我效能是预测体育锻炼行为的重要因素。获得这些结果的一个非常重要的原因在于,研究者直接依据目标行为(即各种不同类型的体育锻炼行为)的特征编制了相应的测试量表。个体不可能对所有的活动都拥有效能感。因此,研究者应当依据所研究体育锻炼活动的特征,客观地评价任务效能(task efficacy)和克服障碍效能等因素,以便获得对其的深刻理解。

### 2.3.3　前期相关应用

社会认知理论为我们提供了一个相对全面的、用于理解人类行为影响因素和变化过程的理论框架。但其巨大的影响力更来自基于社会认知理论的、用于应对公共卫生和健康科学领域内挑战的干预设计和应用研究。此部分将从自我效能在行为改变中的应用和社会认知理论其他概念在行为改变中的应用两方面进行总结。

（1）自我效能在行为改变中的应用

对社会认知理论最早的构建和应用源自对当时心理治疗领域内盛行的主导

理论和概念的挑战,特别是对个体行为表现的不同是由其不同个性"特质"(trait)所决定观点的挑战。虽然社会认知理论在提出之初引发了很多争议,但心理治疗也是一个学习过程的概念体系却迅速地得到了支持和肯定。行为是个体的学习历史,对所处环境的认知,以及智力和身体能力综合作用的结果。因此,行为可以通过新的学习体验,认知调节指导,以及支持发展能力而得到改变。

从20世纪60年代起,众多专家和学者开始尝试应用行为学习和社会学习的概念,发展更为有效的认知和认知—行为疗法,以帮助人们改变或调控问题行为。而Bandura则致力于将具有挑战性的行为变成一系列小的、易于掌握的行为,然后通过治疗专家提供的工具和资源,诱发个体产生自发的调节和改变,最终帮助个体完成行为改变的终极目标。Bandura在进行行为治疗时的基本原则是,治疗之初,个体需要治疗专家提供的指导,但随后这种指导可以被个体通过学习掌握行为改变的每一个具体步骤而获得的自我指导(self-direction)逐渐代替。而这种理念也在实证研究中得到了证实。自我效能的提高也被反复地证明为,是导致和实现行为改变的、具有普遍意义的机制。无论是在不同的年龄阶段、文化背景、实验设计中,均有大量的研究结果支持自我效能在解释、说明和预测行为改变方面的作用。在研究者们尝试把自我效能加入健康信念模型、合理行为和计划行为理论及阶段变化模型后,它在解释、说明和预测行为改变方面同样显示出了极大的一致性和稳定性。

2000年,McAuley等人就自我效能和体育锻炼行为之间的相互影响关系,以及与自我效能概念相关的干预研究的结果进行了综述。①当自我效能作为锻炼行为的决定因素时。前期研究结果显示,尽管有许多生理的、环境的、社会的和心理的因素被证明与锻炼参与行为有关,但在不同领域里,自我效能始终被证明是锻炼行为的决定因素。无论研究的被试是青少年、老年人,还是健康人群或拥有症状的患者,自我效能始终是预测锻炼坚持行为和承诺行为的显著预测因子。同时,自我效能的变化还与锻炼行为的变化相关。②锻炼对自我效能的影响效应。尽管自我效能作为锻炼行为决定因素的结论一直被人熟知,但短期或长期的锻炼也会导致自我效能的变化。我们有必要进一步明确,何种形式、多长持续时间、何种强度和频率的体育锻炼对促进自我效能的影响最大。③实验控制、干预对自我效能的影响。环境及实验控制条件可以有效地影响自我效能的水平,并调节锻炼行为相关的心理反应。同时,环境对效能信念的形成也起着重要的影响作用,基于自我效能的干预能够有效影响锻炼坚持行为。

虽然前期研究结果已经证实了自我效能和体育锻炼行为之间的相互影响关系，但这种关系可能比我们想象的要更加复杂。因为，自我效能并不能始终成功地预测不同类型的体育锻炼，而且也并不是所有锻炼刺激对自我效能都会产生相等的效果。两者之间的关系还会因为具体的体育锻炼形式、锻炼行为发生背景的不同而不同。例如，相对于已经习惯的锻炼要求，自我效能对充满挑战性的锻炼行为的预测能力更强。具有社会支持的团体锻炼环境和以家庭为主的锻炼环境对自我效能的影响效果不同。自我效能和体育锻炼行为之间的关系如图2-3所示。

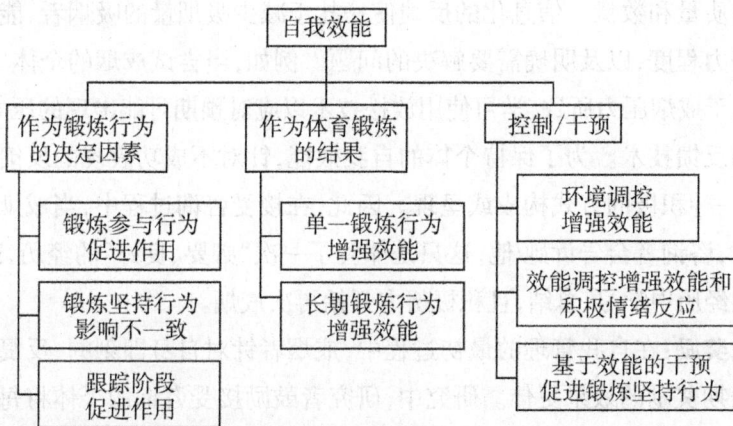

图2-3 自我效能和锻炼行为的关系图

（2）社会认知理论其他概念在行为改变中的应用

2000年6月开始，美国癌症协会（American Cancer Society，简称" ACS"）以德克萨斯州为起点，开始了一项通过电话咨询提供自我管理方法，以帮助吸烟者戒烟的研究。由助理专业咨询人员提供咨询的该项研究，以社会认知理论为基础，强调了六种自我管理的过程：自我监督、目标设置、反馈、自我奖励、自学和谋求社会支持。

**自我监督:**有效的自我监督——对个体自身行为的系统观察——包括观察和记录行为本身及行为发生的背景、线索或伴随行为发生的其他事件等。对于一个试图戒烟的人而言，在真正实施戒烟行为之前学习自我监督，能够帮助个体明确导致吸烟的最重要线索是什么。在ACS电话咨询服务中，咨询者要求吸烟者在尝试开始戒烟之前，持续记录自己的吸烟行为（尽量简单以便坚持），导致吸烟发生的背景和线索。这使接受咨询的吸烟者能够明确，并且开始寻求应对的方法。同时，教授吸烟者焦虑管理技巧，以帮助吸烟者明确焦虑和强烈渴望吸烟行为之间的关系。

**目标设置**：一系列计划行为与专门设置的短期目标和长期目标相连，使吸烟者越来越接近其希望的变化。设置逐步可能实现的目标和步骤，是为了以此来增加吸烟者戒烟的自我效能。在研究中，针对接受咨询的吸烟者，设置的最初的目标是，帮助他们实现至少一天不吸烟。当这一目标得以实现后，一个新的至少保持三天不吸烟的目标才被提出。不同目标提出的时间间隔取决于吸烟者成功实现目标的进程时间。

**反馈**：依据他人提供和来自个体自我观察收集到的信息，反馈的内容包括学习行为的质量和数量。信息化的反馈使挣扎于减少吸烟量的吸烟者，能够调整策略和努力程度，以及明确需要解决的问题。例如，当尝试戒烟的个体了解到，反复是由于戒烟压力所致，学习使用放松技术以应对预期可能出现的压力源时，可以使用反馈技术。为了保持个体的自我效能，针对不成功表现的反馈必须谨慎，且以一种积极的方式构成或呈现。因此，在接受咨询过程中，当戒烟者A出现反复时，咨询者会告诉她/他，这只是体验了一次"必要、良好"的经历，鼓励他/她从此次经历中学习、总结，且积极努力开始再次戒烟。

**自我奖励**：在自我管理的最初过程中，戒烟者针对自身即刻的、反复的奖励可能比长期奖励的效果更佳。研究中，研究者鼓励接受咨询的个体将每周不用于买烟的钱放在一边存起来，并把其中一部分作为每周的奖励。当存起来的钱越来越多时，可以在每月或更长的时间给自己一个更大、更贵的惊喜。即刻的自我奖励是吸烟者对自己出现进步的一种满意感觉，而被鼓励则是对自己所做出的每一点进步和成功给予的积极祝贺和肯定。

**自学**：有效的自学包括在执行一系列复杂任务中的每一个子任务时，自己和自己对话。每一个接受咨询的戒烟者都被指导，反复练习将深呼吸和自我指导结合起来，以帮助他们应对因减少吸烟量而引发的焦虑和压力。自我指导还被应用在其他情形，如某些提供烟酒可能导致复吸的社交场合等。

**谋求社会支持**：社会支持的多重功能可以为行为改变过程提供多重帮助。这些包括，口头说服以增加自我效能，提供反馈、行为的直接线索等。参加电话咨询的戒烟者被要求明确支持的可能来源，并在接受咨询过程中使用。咨询者也是提供短期社会支持的重要来源，特别是针对戒烟者取得的每一个进步给予积极的反馈，以增加戒烟者的自我效能等。

在国外学者针对社会认知理论，尤其是自我效能展开研究的同时，国内学者也在相关领域进行了广泛研究。在中国知网上，以"社会认知理论"或"自我效能理论"或"自我效能"并"锻炼"或"体育"或"身体活动"或"体力活动"为检索词，对1979年1月1日至2017年5月31日间正式发表的中文期刊论文进行检索后，发现了大量研究成果。研究以大学生、中学生、成年人、老年人等为对象，围绕着自我效能测量工具的开发、修订和检验，自我效能与其他因素间关系的现状调查，体育教学情境下的应用及实践，教学干预效果检验等多方面展开。但前期研究中，使用横向设计的现状调查研究众多，而干预研究或纵向实验研究结果有限。虽然自我效能在国内体育锻炼行为研究领域内受到广泛重视，但研究的广度和深度，实证研究的数量与质量等，仍存在巨大的发展空间。

### 2.3.4 评价

与前期单纯强调个体自身因素对健康行为影响的健康信念模型不同，社会认知理论主张人类的行为是个体自身、行为、环境相互影响的产物。首先回答了哪些因素影响个体间健康行为的问题。其次，明确了哪些决定因素能够导致行为的变化。同时还强调了相互决定的理念，即人与其所处的环境相互作用、相互影响，导致了个体和社会的变化。社会认知理论没有局限在个体层面上，讨论了个体自身因素与健康行为之间关系的束缚，认识到了个体与环境之间的能动作用，大大拓展了健康行为相关理论探索个体行为改变过程的空间。特别是通过该理论，介绍了一系列重要的概念，如自我效能、观察学习和示范，以及自我管理等，尽管理论整体本身并没有像自我效能、观察学习和示范等概念一样引起健康行为领域的长期关注。

自我效能是目前健康行为领域应用最为广泛的概念之一。仅1997年，Bandura发表在《心理综述》（*Psychological Review*）上介绍自我效能与行为改变关系的论文（*Self-efficacy: toward a unifying theory of behavioral change*），被引率就近两万两千次。它不但被广泛应用于促进个体的锻炼行为、戒烟、加强疾病管理等方面的研究，同时与健康信念模型、合理行为/计划行为理论等结合，用于解决健康行为特定领域内的相关问题。同时，由于自我效能是一个可以通过干预施以影响的变量，特别是可以通过成功体验、替代经历、口头说服和身心状态四个来源得以加强和提高，因此在健康行为干预领域内也得到了极其广泛的应用。

社会认知理论范围大，并试图对人类普遍具有的现象进行解释。由于其理论体系过于庞大，该理论并没有像其他健康行为领域内的理论模型一样，得到全面的、整体的检验,只有其构成概念之———自我效能——得到了反复的验证。尽管目前对健康行为的决定因素进行研究时,如若不包括自我效能,就可能被认为是不完整的,但自我效能概念本身仍旧无法替代社会认知理论整体。

要对社会认知理论进行整体检验,理论中的不同概念需针对不同行为、不同目标人群,在系统的、可操纵的、可重复的实验设计中,得到反复的测量。由此揭示,理论中的某一个或某几个概念对某一特定行为,或特定形式的行为改变更有效或更无效。例如,在未来的研究中,是否可能显示,针对与肥胖相关的行为改变、诱因动机和环境变化简单化,比通过健康教育影响肥胖个体的结果期待和自我效能,可能更为有效。如果无法对理论中相关概念进行有效的测量,则无法确定这些概念与健康行为或行为改变之间关系的紧密程度,更无法以此为基础进行行之有效的干预研究。

自我效能概念和其他健康行为理论模型相结合,对健康行为的描述、解释、预测能力已得到了反复的证实,但社会认知理论中的其他概念,如观察学习中同伴示范的作用、自我管理、诱因动机,以及环境简单化与其他健康行为理论并未得到有效的结合,或进行任何的尝试。

### 参考文献

[1] 曹晓娜,王艳,李瑜,等.应用健康信念模式对肥胖女大学生的干预效果评价[J].中国学校卫生,2016,8:1176-1179.

[2] 陈英杰,王红雨.大学生健康行为知识、健康行为动机与体育锻炼行为的研究[J].阜阳师范学院学报(自然科学版),2014,2:63-68.

[3] 戴霞,尹洪满,朱琳.大学生体质健康信念量表的编制与初步应用[J].北京体育大学学报,2011,12:72-74.

[4] 郭新艳,李宁.城镇居民体育健身行为整合理论模型的构建与系列实证[J].数学的实践与认识,2014,10:63-71.

[5] 郭新艳,徐玖平.不同锻炼阶段与锻炼益处及障碍认知的相关性研究[J].西安体育学院学报,2011,6:715-720.

[6] 李京诚.合理行为、计划行为与社会认知理论预测身体锻炼行为的比较研究[J].天津体育学院学报,1999,2:34-36.

[7] 李京诚.身体锻炼行为的理论模式[J].体育科学,1999,2:44-47.

[8] 李静,邹芳亮,黄舒蓉,等.初产妇和经产妇对妊娠期运动的认知及其体

力活动调查研究[J].中国全科医学,2016,32:3983-3986.

　　[9] 李永刚,李绍魁.基于健康信念理论的体质弱势大学生锻炼效果探索[J].浙江体育科学,2016,5:98-100.

　　[10] 李越辉.体育锻炼的概念有行为模式理论综述[J].黑龙江科技信息,2012,35:198.

　　[11] 毛荣建,刘蓟生,毛志雄.锻炼行为激发机制的研究进展[J].北京体育大学学报,2003,2:137-139.

　　[12] 毛荣建,晏宁,毛志雄.国外锻炼行为理论研究综述[J].北京体育大学学报,2006,6:752-755.

　　[13] 石宝彩.应用健康信念模式提高大学生体育锻炼的参与性[J].河西学院学报,2015,2:91-94.

　　[14] 司琦,杨新海.高校教师亚健康状况的心理成因与锻炼对策研究初探[J].体育科学,2007,6:49-55.

　　[15] 司琦.锻炼心理学[M].杭州:浙江大学出版社,2008.

　　[16] 司琦.身体活动的行为科学理论综述[J].体育科学,2007,27(9):72-80.

　　[17] 吴士艳,张旭熙,杨帅帅等.北京市某近郊居民身体活动情况及其影响因素[J].北京大学学报(医学版),2016,3:483-490.

　　[18] 谢红光.体质健康信念对体育锻炼行为意向及行为习惯的影响[J].体育学刊,2013,4:100-105.

　　[19] 熊明生.锻炼健康信念模型及其研究评述[J]. 湖北体育科技,2004,3:323-324.

　　[20] 于志华,李志伟.武汉高校在职中高级知识分子健康信念研究[J].体育科技,2012,8:86-87.

　　[21] 周婷,李宇欣.基于互联网的运动干预项目——提升大众体育行为的新途径[J].体育科学,2015,6:73-77.

　　[22] Ajzen, I. From intentions to actions: A theory of planned behavior[M]//J. Kuhl & J. Beckman(Eds.).Action-control: From cognition to behavior(pp. 11-39). Heidelberg, Germany: Springer, 1985.

　　[23] Bandura, A. Health promotion by social cognitive means[J]. Health Education & Behavior, 2004b, 31: 143-164.

　　[24] Bandura, A. Health promotion from the perspective of social cognitive

theory[J]. Psychology and Health, 1998, 13: 623−649.

[25] Bandura, A. Moral disengagement in the perpetration of inhumanities [J]. Personality and Social Psychology, 1999, 3(3): 193−209.

[26] Bandura, A. Self-Efficacy: The exercise of control. Duffield:Worth Publishers, 1997.

[27] Bandura, A. Social cognitive theory of mass communications[M]//Bryant, J., & Zillman, D.(ed.).Media effects: Advances in theory and research(2nd ed.). Hillsdale, N.J.: Erlbaum, 2002.

[28] Bandura, A. Swimming against the mainstream: The early years from chilly tributary to transformative mainstream[J]. Behavior Research and Therapy, 2004a, 42: 613−630.

[29] Bandura, A., Barbaranelli, C., Caprara, G.V., et al. Mechanisms of moral disengagement in the exercise of moral agency[J]. Journal of Personality and social psychology,1996, 71: 364−374.

[30] Bandura, A., Jeffery, R.W., & Wright, C.L. Efficacy of participant modeling as a function of response induction aids[J]. Journal of Abnormal Psychology, 1974, 83: 56−64.

[31] Bandura, A.Social foundations of thought and action: A social cognitive theory[M]. Englewood Cliffs, N.J: Prentice Hall, 1986.

[32] Brian, E.S., Sallis, J.F., & Frank, L.D. Environmental correlates of walking and cycling: Findings from the transportation, urban design, and planning literatures[J]. Annuals of Behavioral Medicine, 2003, 25(2):80−91.

[33] Brody, G.H., & Stoneman, Z. Selective imitation of same-age, older and younger peer models[J]. Child development, 1981, 52(2): 717−720.

[34] Carney, P.A., Harwood, B.G., Greene, M.A., et al. Impact of a telephone counseling intervention on transitions in stage of change and adherence to interval mammography screening[J]. Cancer Causes and Control, 2005, 16(7): 799−807.

[35] Carron, A.V., Hausenblas, H.A., & Estabrooks, P.A. The Psychology of Physical Activity[M].New York: McGraw Hill,2003.

[36] Champion, V., Menon, U., Rawl, S., et al. A breast cancer fear scale: Psychometric development[J]. Journal of Health Psychology, 2004, 9(6): 769−778.

[37] Champion, V., Skinner, C.S., & Menon, U. Development of a self-efficacy scale for mammography[J]. Research in Nursing and Health, 2005, 28(4): 329-336.

[38] Champion, V.L., & Skinner, C.S. The health belief model[M]// Glanz, K. et al.(ed.). Health behavior and health education: Theory, research, and practice (4th Ed).New Yok:John Wiley & Sons, Inc. 2008: 45-65.

[39] Champion, V.L., Ray, D.W., Heilman, D.K., et al. A tailored intervention for mammography among low - income African - American women [J]. Journal of Psychosocial Oncology, 2000, 18(4): 1-13.

[40] Chen, A.H., Sallis, J.F., Castro, C.M., Lee, et al. A home-based behavioral intervention to promote walking in sedentary ethnic minority women: project WALK[J]. Women's Health. 1998,4(1):19-39.

[41] Courneya, K.S., & Friedenreich, C.M. Determinants of exercise during colorectal cancer treatment: An application of the theory of planned behavior[J]. Oncology Nursing Forum, 1997, 24: 1715-1723.

[42] Courneya, K.S., Friedenreich, C.M., & Arthur,K. et al. Understanding exercise motivation in colorectal cancer patients: A prospective study using the theory of planned behavior[J]. Rehabilitation Psychology, 1999, 44: 68-84.

[43] Friedman, L.C., Neff, N.E., Webb, J.A., et al.Age-related differences in mammography use and in breast cancer knowledge, attitudes, and behaviors [J]. Journal of Cancer Education, 1998, 13: 26-30.

[44] Guidry, J.J., Matthews - Juarez, P., & Copeland, V.A. Barriers to breast cancer control for African - American women: The interdependence of culture and psychosocial issues[J]. Cancer, 2003, 97(1 Suppl.): 318-323.

[45] Harrison, J.A., Mullen, P.D., & Green, M.L. A meta-analysis of studies of the health belief model with adults[J]. Health Education Research, 1992, 7(1): 107-116.

[46] Hausenblas, H.A., Carron, A.V., & Mack, D.E. Application of the theories of reasoned action and planned behavior: A meta-analysis[J]. Journal of Sports and Exercise Psychology, 1997, 19(1): 47-62.

[47] Hinyard, L.J., & Kreuter, M.W. Using narrative communication as a tool

for health behavior change: A conceptual, theoretical, empirical overview [J].
Health Education and Behavior, 2007, 34(5): 777-792.

[48] Huchbaum, G.M. Public participation in medical screening programs: A
social - psychological study. Washington, D.C.: U.S. Department of Health Educa-
tion, and Welfare, 1958.

[49] Janz, J., & Becker, M. The health belief model: A decade later [J].
Health Education Quarterly, 1984, 11: 1-47.

[50] Maddux, J.F., Ingram, J.M., & Desmond, D.P. Reliability of two brief
questionnaires for drug abuse treatment evaluation[J]. American Journal of Drug
and Alcohol Abuse, 1995, 21(2): 209-221.

[51] McAlister, A.L., Perry, C.L., & Parcel, G.S. How individuals, environ-
ments, and health behaviors interact: Social cognitive theory[J]. // Glanz, K. et al.
(ed.).Health behavior and health education: Theory, research, and practice(4th Ed).
New York:John Wiley & Sons, Inc. 2008: 169-188.

[52] McAuley, E., & Blissmer, B. Self-efficacy determinants and consequenc-
es of physical activity[J]. Exercise and Sport Sciences Review, 2000, 28(2): 85-88.

[53] Oldridge, N.B., & Streiner, D.L. The health belief model: Predicting
compliance and dropout in cardiac rehabilitation [J]. Medicine and Science in
Sports and Exercise, 1990, 22:678-683.

[54] O'Connell, J.K., Price, J.H., & Roberts, S.M. et al. Utilizing the health
belief mode to predict dieting and exercising behavior of obese and nonobese ado-
lescents[J]. Health Education Quarterly, 1985,12: 343-351.

[55] Pelton, J., Gound, M., Forehand, R., et al. The moral disengagement
scale: Extension with an American minority sample[J]. Journal of Psychopathology
and Behavioral Assessment, 2004, 26(1): 31-39.

[56] Phillips, K.A., Kerlikowske, K., Baker, L.C., etal. Factors associated
with women's adherence to mammography screening guidelines[J]. Health Servic-
es Research, 1988, 33(1): 29-53.

[57] Rogers, R.W., & Prentice-Dunn, S. Protection Motivation Theory [M].
New York: Plenum,1997.

[58] Rosenstock, I.M., Strecher, V.J., & Becker, M.H. Social learning theory

and the health belief model[J]. Health Education Quarterly, 1988, 15(2): 175-183.

[59] Sallis, J.F., McKenzie, T.L., Alcaraz, J.E., et al. The effects of a 2-year physical education program(SPARK) on physical activity and fitness in elementary school students[J]. American Journal of Public Health, 1997, 87: 1328-1334.

[60] Saywell, R.M., Jr., Champion, V.L., Zollinger, T.W., et al. The cost effectiveness of 5 interventions to increase mammography adherence in a managed care population[J]. The American Journal of Managed Care, 2003, 9: 33-44.

[61] Schunk, D.H., & Hanson, A.R. Peer models: Influence on children's self-efficacy and achievement[J]. Journal of Educational Psychology, 1985, 77:313-322.

[62] Skinner, C.S., Champion, V.L., Menon, U., et al. Racial and educational differences in mammography-related perceptions among 1,336 nonadherent women [J]. Journal of Psychosocial Oncology, 2002, 20: 1-18.

[63] Slenker, S.E., Price, J.H., Roberts, S.M., et al. Joggers versus nonexercisers: An analysis of knowledge, attitudes, and beliefs about jogging[J]. Research Quarterly for Exercise and Sport, 1984, 55: 371-378.

[64] Stretcher, V., & Rosenstock, I.M. The Health Belief Model [M]. // Glanz, K., Lewis, F.M. & Rimer, B.K.(Eds.). Health Behavior and Health Education: Theory, Research and Practice. San Francisco: Jossey-Bass, 1997.

[65] Tang, T.S., Solomon, L.J., & McCracken, L.M. Cultural barriers to mammography, clinical breast exam, and breast self-exam among Chinese-American women 60 and older[J]. Preventive Medicine, 2000, 31(5): 575-583.

[66] Wechsler, H., Devereaux, R.S., Davis, M., et al. Using the school environment to promote physical activity and healthy eating[J]. Preventive Medicine, 2000, 31, 121-137.

[67] Weinstein, N.D. Testing four competing theories of health-protective behavior[J]. Health Psychology, 1993, 12(4): 324-333.

[68] Witte, K. Putting the fear back into fear appeals: The extended parallel process model[J]. Communication Monographs, 1992, 59(4):329-349.

# 3. 体育健康促进的干预理论

什么是干预(intervention)？广义的干预是指,为了促进或维持特定个体、人群的特定态度、准则或行为,而发展起来的一项技术、处理方式、程序或计划。例如,一堂锻炼心理学课,教师对锻炼心理学起源、发展以及目前研究现状等的说明和解释,让学生开始了解锻炼心理学这个新兴的研究领域,并对其产生好奇或兴趣。这个特定的信息提供,使特定的群体(大学生),对锻炼心理学这个新兴学科产生了兴趣;随着相关专业知识的不断增加,后续可能出现行为改变(主动寻求和了解锻炼心理学知识,并尝试开始参加体育锻炼等)。这个过程,我们就称为干预。而在体育健康促进领域,狭义的干预则指,有效影响个体的心理变量和相关环境因素,进而影响个体的体育健康促进行为表现,最终实现增进健康目的的过程。狭义的干预会针对具体行为,力图实现行为改变。例如促进青少年参与校内课外体育锻炼活动。针对此行为,明确决定因素,并据此有针对性地影响与青少年参与校内课外体育锻炼行为相关的个体决定因素(如自我效能、态度、动机等)以及与之相关的环境因素(如家庭社会支持、教师社会支持、学校环境政策等),旨在提高青少年参与校内课外体育锻炼的水平和表现,并最终实现增进健康目的的全过程。

针对体育锻炼行为的行为改变干预(behavior change intervention)可以认为是,任何形式的、旨在帮助人们改变自己行为的干预。它可以包括监督、物质刺激和提供信息,以及将其应用于社会营销(social marketing)、简单干预(brief intervention)、基于心理概念的一对一支持等,以实现优化动机和获得支持,并最终实现行为改变的过程。个体行为改变干预(individual-level behavior change intervention)被定义为,基于个体现有的健康状况(如,肥胖)或行为(如,酗酒、吸烟)而被选取参加的干预,它包括旨在改变个体行为,以实现促进健康和预防疾病等各类干预。

由此可见,干预是一个异常复杂的研究领域。那么,如何运用理论来指导、设计和评价行为改变的干预？理论在干预的设计、实施和评价过程中应发挥怎样的作用？这些成为值得关注的问题。前期研究结果证实,有效体育健康促进干预形成的基础来自两方面:(1)以理论为基础的知识;(2)以前期研究结果为基础的、有关体育锻炼行为决定因素的知识。而理论又尤为重要。

理论在体育健康促进干预研究中可以发挥怎样的作用呢？主要体现在以下三方面:(1)明确干预应针对的理论结构或因素。例如,在促进青少年参与校内课外体育锻炼的干预研究中,是基于合理行为/计划行为理论或自我效能理论等个体理论的组成因素进行干预更为有效,还是组合上述两个理论的构成因素进行干预更为有效?(2)明确干预应针对的人群。具有怎样特征的人群会在干预中受益最大？如何依据理论和被试人群的特征,针对性地设计干预策略?(3)明确干预应选择的策略及使用方法。针对特定人群的特定行为,哪一种行为改变干预策略更为有效？应当如何运用？那么,在体育健康促进研究领域内,哪一些理论更适用于体育健康促进行为的改变和干预研究呢？

# 3.1　知信行模型

## 3.1.1　概念与理论框架

知信行模型(Knowledge attitude belief practice or Knowledge attitude practice, K.A.B.P or K.A.P)是知识、态度、信念、行为的简称。最早应用于20世纪50年代的计划生育(family planning)和人口研究中,着重收集有关计划生育的知识、态度、信念和行动方面的信息以实现计划生育项目或协助计划的制定。20世纪六七十年代,知信行模式开始应用于理解非洲的计划生育。与此同时,为满足国际救援组织(international aid organizations)在初级卫生保健体系内的工作需要,基于知信行模型的社区和行为研究迅速增加。由此,知信行模式在健康行为研究领域确立了其方法学上的地位,并在健康教育和健康促进领域继续受到关注。

这一模式认为,有关于健康的知识和信息是建立积极、正确的态度、信念,并进而形成健康行为或改变风险行为(risk behavior)的基础;而态度、信念则是形成健康行为或改变风险行为的心理动力。掌握知识,形成积极态度,确立正确信念,最后可能导致行为的产生或改变。但由于行为改变是一个异常复杂的过程,个体掌握了健康相关知识,形成了积极态度,确立了正确信念,也未必会导致健

体育健康促进研究的行为理论与方法

康行为的产生或风险行为的改变。例如,青少年有关于体育健康促进的相关知识通过《体育与健康》课程的学习,已有了一定的储备,但相关态度和信念的形成,则是一个将知识进行"内化"的过程,嘴上知道,并不代表内化于心、转化于行(见图3-1)。

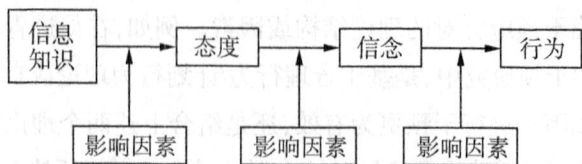

图3-1 知信行模式图

尽管后续Ajzen等人提出的合理行为/计划行为理论再次对信念、态度和行为之间的关系进行了探讨,并充分证实了信念影响态度,态度影响意图进而影响行为的复杂因果路径。但这足以证明了早期知信行模式对行为改变复杂性的低估,也注定了该模式在解释、说明和干预健康行为方面的不足。

### 3.1.2 相关应用

尽管知信行模式在提出之初,由于简单、直观而受到了健康教育和健康促进研究人士的青睐,在青少年戒毒,特别是在一些国际性医疗组织在非洲等经济不发达地区的健康项目和计划的实施过程中,较多地被采用。但随着知信行模式局限性的不断暴露,目前西方健康行为和健康教育的相关专业书籍中已很少提及这一理论模式。但在中国知网上以"K.A.P"为检索词检索时,仍有相当多的,以大学生、幼儿、农民、武警等不同人群为对象,基于知信行模式展开现状调查或干预等的相关研究。

# 3.2 阶段变化模型

1983年,Prochaska和DiClemente提出的阶段变化模型(stage of change model, SCM; or Transtheoretical model, TTM)将行为改变的过程划分为了五个不同的阶段,通过影响行为阶段变化的心理因素对改变的动态变化过程进行解释和说明。并以此为理论基础,制定行为干预,促进个体从无意向改变行为,到产生意图,准备改变,进而开始改变行为,最后保持行为改变的一步步的转变。该模型中"变化阶段(stages of change)"和"变化过程(processes of change)"概念的提出,不仅为研究者明确行为改变的心理影响因素及其随阶段变化而变化的模式提供了可能;同时将行为改变理解成为一个过程而非单一事件,并试图解释行为改变如何发生而非为什么发生,是如何帮助人们实现行为改变,为处于不同阶段的人群制订针对性的干预措施(stage-matched intervention)提供了可能。此理论不同于健康行为领域内其他将行为二分化的理论(即锻炼或不锻炼),一经提出立即受到了西方各国锻炼心理学、健康心理学、公共卫生学等多学科学者的关注。

### 3.2.1 阶段变化模型的构成

阶段变化模型由变化阶段(stage of change)、均衡决策(decisional balance)、自我效能(self-efficacy)和变化过程(processes of change)等四个核心因素构成。

(1) 变化阶段

变化阶段作为该模型的核心概念,从1982年DiClemente和Prochaska在研究个体戒烟行为时首次发现行为改变的阶段性变化特征,并提出了线性变化模式,即个体戒除成瘾行为模式,经过了从"前预期阶段(precontemplation)"到"维持阶段(maintenance)"的一系列变化。沿着线性的方向,由前预期阶段发展至预期阶段(contemplation),再从准备阶段(preparation)发展至行动阶段(action),最后到维持阶段。1986年,Prochaska和DiClemente提出,发生行为改变时,个体将会用具有上升和下降趋势的螺旋方式,以不同的速率由一个阶段向另一个阶段发展。他们将之前提出的阶段变化线性模式,修改为阶段变化螺旋性模式。在这个螺旋性模式中,个体的行为改变可能从前预期阶段发展至预期阶段、准备阶段、行动阶段和维持阶段,但大多数的个体会出现反复的现象。在反复过程中,个体会回到较低级的阶段中去,一些反复者甚至还会出现挫折感、自责感、羞耻感或罪恶感。2008年,司琦等人在以听力残疾学生为对象进行的一项为期12周的干预实验研究中发现,88名听力残疾学生在接受了12周与其所处锻炼变化阶段相符的、具有针对性的干预后,仍有12.57%的听力残疾学生回复到了前预期阶段。与Prochaska和DiClemente在1986年以戒烟者为对象进行的研究中,15%的戒烟者回复到前预期阶段,并在此阶段停留长短不一时间的发现极为相似。

(2) 变化过程

变化过程代表的是一个时间性的维度,可以帮助我们理解在行为改变过程中,态度、意图和行动何时发生了特别变化。它是阶段变化模型中第二重要的因素,使解释变化如何产生成为可能。变化过程是个体投入并尝试改变问题行为时,表现出来的隐性或显性的行为和体验。每一个过程都是一个宽泛的范畴,包括多种不同的行为改变技术、方法和与不同理论相关的干预。1979年,Prochaska对主要心理治疗方法进行比较分析时,首次从理论上确认了"变化过程"。之所以又将此模型称为"跨理论模型",完全是因为变化过程出自不同理论所建议的行为改变技术。针对不同的行为,个体所使用的变化过程的绝对频次存在显著性差异,如个体在克服心理危机时会更加依赖于互助关系和意识提高过程;而肥胖的个体则更多地依赖于自我解放和刺激控制过程(表3-1)。

表3-1　变化过程构成因素、定义和典型干预例证

| 过　程 | 定义:干预 |
|---|---|
| 认知过程(cognitive processes) | |
| 意识提高<br>(consciousness raising) | 有关自身和问题行为的信息增加:观察、对质、解释、阅读疗法(bibliotherapy) |
| 效果共感<br>(dramatic relief) | 表达、体验自己对问题行为的感受和解决方案:心理戏剧(psychodrama)、悲痛不幸(grieving losses)、角色扮演(role playing) |
| 环境再评价<br>(environmental reevaluation) | 感知和评价自身问题对物理环境的影响:移情训练(empathy training)、纪录(documentaries) |
| 自我再评价<br>(self-reevaluation) | 关于问题行为,个体如何评价自身的感受和想法:价值澄清(value clarification)、意象(imagery)、矫正情感体验(corrective emotional experience) |
| 社会性解放<br>(social liberation) | 利用社会资源增加非问题行为的替代行为:提供被约束的权力(advocating for rights of repressed)、授权(empowering)、政策干预(policy interventions) |
| 行为过程(behavioral processes) | |
| 反条件化<br>(counter-conditioning) | 寻找问题行为的替代行为:放松(relaxation)、脱敏(desensitization)、认定(assertion)、积极自我声明(positive self-statements) |
| 互助关系<br>(helping relationships) | 信任并向关注自己问题行为的人敞开心扉:联合治疗(therapeutic alliance)、社会支持(social support)、自助团(self-help groups) |
| 强化管理<br>(reinforcement management) | 为改变进行自我或他人奖励:应急合同(contingency contracts)、显性和隐性强化(overt and covert reinforcement)、自我奖励(self-reward) |

续表

| 过　程 | 定义：干预 |
| --- | --- |
| 自我解放<br>（self-liberation） | 选择或承诺采取行动，相信有能力改变：决策疗法（decision-making therapy）、新年发誓（New Year's resolutions）、理念疗法（logotherapy techniques）、加强承诺疗法（commitment enhancing techniques） |
| 刺激控制<br>（stimulus control） | 避免或面对可能引发问题行为的刺激：再造环境（restructuring one's environment）、回避高风险线索（avoiding high risk cues）、提示消退法（fading techniques） |

　　阶段变化模型建议，要成功实现行为改变，干预必须针对目前个体所处的变化阶段，并使用合适的变化过程。基于阶段变化模型的建议和前期研究结果，变化阶段与变化过程的相互作用如图3-2。

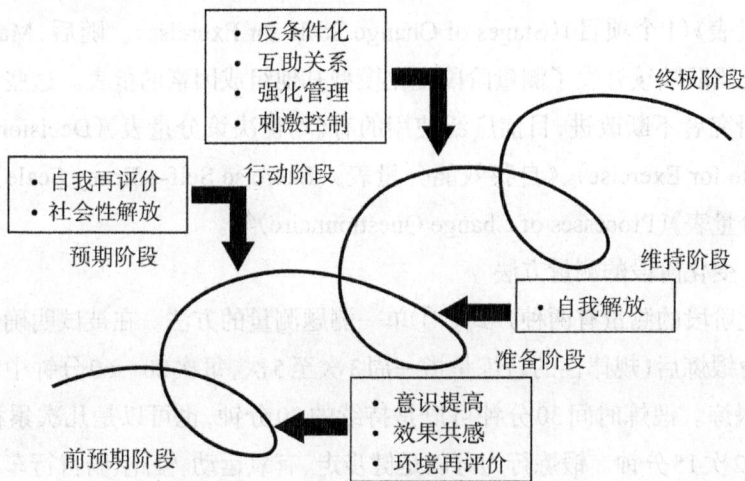

图3-2　变化阶段与变化过程相互作用图

（3）均衡决策

　　阶段变化模型中的均衡决策来源于1977年Janis和Mann的决策模型。在该模型中，决策被认为是一个矛盾的过程。矛盾的方法假设，一个合理的决策过程包括仔细认真地搜索全部相关因素，并放入一个决策"平衡表"（balance sheet），比较潜在的得失。Janis和Mann主张，预期的收益和弊端可以带来四类八种不同的结果：①对自身实用性的得失；②对重要他人实用性的得失；③自我认可或自我否认；④来自重要他人的认可或否认。因此，当个体做决定时，不但会考虑自身的，还会将他人的有益的目标和基于价值的评估全部考虑进去。阶段变化模型将决策均衡过程中的收益和弊端均衡纳入了模型，并成为模型的重要组成部分。模型假设，收益和弊端之间的均衡取决于个体处于哪一个阶段，即前预期阶段、预期阶段、准备阶段、行动阶段和维持阶段。处于前预期阶段的个体通常认为，锻炼行为存在的主观弊端多于可能带来的收益。而处于行动阶段和维持阶段个体的想法则正好与之相反，即锻炼可能带来的好处多于弊端。

（4）自我效能

阶段变化模型中的自我效能概念源自Bandura的社会认知模型，是一种情景特异性（situation-specific）的自信心。参见第二章中社会认知理论部分的论述。

### 3.2.2　阶段变化模型的测量方法

尽管1983年，Prochaska和DiClemente提出了阶段变化模型，直到1992年才由Marcus和她的同事们最初开发了测量和体育锻炼行为相关的《锻炼行为变化阶段分量表》（1个项目）（Stages of Change Scale for Exercise）。随后，Marcus又和其研究团队陆续开发了测量阶段变化模型其他组成因素的量表。这些量表经过其他研究者不断改进，目前广泛使用的有《均衡决策分量表》（Decisional Balance Scale for Exercise）、《自我效能分量表》（Exercise Self-efficacy Scale）和《变化过程分量表》（Processes of Change Questionnaire）等。

（1）变化阶段的测量方法

变化阶段的测量有两种方式。①单一测题测量的方法。在被试明确何为规律性体育锻炼后（规律性的锻炼是指一周3次至5次，每次20～60分钟中等强度的体育锻炼。锻炼时间30分钟可以是持续的30分钟，也可以是几次累积的30分钟，如2次15分钟。锻炼行为可以是健步走、有氧运动、慢跑、骑自行车或是游泳等，无须为了有效而异常痛苦，只要达到增加呼吸频率、出汗目的即可。），让被试判断下列哪一种叙述与其目前所处的锻炼水平最为接近（见表3-2）。该测量方法由Marcus及其同事提出。

表3-2　变化阶段的简易测量方法

| 依据规律性锻炼的定义，您目前的锻炼状态是： |
| --- |
| （1）是的，我坚持规律性体育锻炼超过了6个月； |
| （2）是的，我坚持规律性的体育锻炼，但不足6个月； |
| （3）不是，我试图在30天之内开始参加规律性的体育锻炼； |
| （4）不是，我试图在6个月之内开始参加规律性的体育锻炼； |
| （5）不是，我在6个月之内不会开始参加规律性的体育锻炼。 |

| 评分: |
| --- |
| 选择(1):被试处于"维持阶段" |
| 选择(2):被试处于"行动阶段" |
| 选择(3):被试处于"准备阶段" |
| 选择(4):被试处于"预期阶段" |
| 选择(5):被试处于"前预期阶段" |

②连续测题测量的方法。在被试明确同上规律性锻炼的定义之后,对下述情境依据同意的强烈程度做出选择,并最终判断所处的锻炼变化阶段(见表3-3)。由 Reed 及其同事提出,但此种连续测量方式并未得到足够的关注和检验,仅为研究者提供了一种反映体育锻炼行为的变化阶段划分和测量的新方法。

表3-3　变化阶段的连续测量方法

| 测题 | 选项 |  |  |  |  |
| --- | --- | --- | --- | --- | --- |
|  | 1 完全不同意 | 2 不同意 | 3 不知道 | 4 同意 | 5 完全同意 |

1. 就我而言,我无须参加规律性的体育锻炼。
(As far as I'm concerned, I don't need to exercise regularly.)

2. 我已参加规律性体育锻炼很长时间,并计划坚持。
(I have been exercising regularly for a long time and I plan to continue.)

3. 我不参加锻炼,并且目前毫无兴趣。
(I don't exercise and right now I don't care.)

4. 我终于规律性地体育锻炼。
(I am finally exercising regularly.)

5. 我已经成功坚持规律性的体育锻炼,并计划继续。
(I have been successful at exercising regularly and I plan to continue.)

6. 我满足于作一个静坐不动的人。
(I am satisfied with being a sedentary person.)

7. 我已经考虑,我需要开始参加规律性的体育锻炼。
(I have been thinking that I might want to start exercising regularly.)

8. 我已经在过去的6个月里坚持规律性的体育锻炼。
(I have been thinking that I might want to start exercising regularly.)

| 测题 | 选项 |
| --- | --- |
| | 1 2 3 4 5<br>完 不 不 同 完<br>全 同 知 意 全<br>不 意 道 同<br>同 意<br>意 |

9. 我能够参加规律性的体育锻炼,但我并不计划这么做。
(I could exercise regularly, but I don't plan to.)

10. 近来,我开始参加规律性的体育锻炼。
(Recently, I have started to exercise regularly.)

11. 目前我没有足够的时间和精力参加规律性的体育锻炼。
(I don't have the time or energy to exercise regularly right now.)

12. 我已经开始参加规律性的体育锻炼,并计划继续。
(I have started to exercise regularly, and I plan to continue.)

13. 我已经开始考虑,我是否能够参加规律性的体育锻炼。
(I have been thinking about whether I will be able to exercise regularly.)

14. 我已计划在未来的几周内,某天的某个时间开始参加规律性的体育锻炼。
(I have set up a day and a time to start exercising regularly within the next few weeks.)

15. 我已设法在过去的6个月中坚持规律性的体育锻炼。
(I have managed to keep exercising regularly through the last 6 months.)

16. 我一直在想,我需要开始参加规律性的体育锻炼。
(I have been thinking that I may want to begin exercising regularly.)

17. 我已经准备好在未来的几周内,和朋友开始参加规律性的体育锻炼。
(I have lined up with a friend to start exercising regularly within the next few weeks.)

18. 我已完成了6个月规律性的体育锻炼。
(I have completed 6 months of regular exercise.)

19. 我知道参加规律性的体育锻炼是值得的,但近期我没有时间。
(I know that regular exercise is worthwhile, but I don't have time for it in the near future.)

20. 我已打电话找朋友,在未来的几周内开始参加体育锻炼。
(I have been calling friends to find someone to start exercising within the next few weeks.)

21. 我知道规律性的体育锻炼是好的,但现在我无法将其纳入我的日程。
(I think regular exercise is good, but I can't figure it into my schedule right now.)

| 测题 | 选项 | | | | |
|---|---|---|---|---|---|
| | 1<br>完全不同意 | 2<br>不同意 | 3<br>不知道 | 4<br>同意 | 5<br>完全同意 |
| 22. 我真的认为,我应该在未来6个月内开始着手参加规律性的体育锻炼。<br>(I really think I should work on getting started with a regular exercise program in the next 6 months.) | | | | | |
| 23. 我已准备好在未来几周内开始加入规律性体育锻炼的团体。<br>(I am preparing to start a regular exercise group in the next few weeks.) | | | | | |
| 24. 我已经意识到了参加规律性体育锻炼的重要性,但目前我无法做到。<br>(I am aware of the importance of regular exercise but I can't do it right now.) | | | | | |

评分方法:

反映前预期阶段的条目(不相信体育锻炼的个体):1,3,6,9;

反映前预期阶段的条目(相信体育锻炼的个体):11,19,21,24;

反映预期阶段的条目:7,13,16,22;

反映准备阶段的条目:14,17,20,23;

反映行动阶段的条目:4,8,10,12;

反映维持阶段的条目:2,5,15,18。

(2)均衡决策的测量方法

均衡决策的测量主要从两方面展开,即参与体育锻炼的益处(PROS)和可能存在的弊端(CONS)(见表3-4),该测量方法由Nigg及其同事提出。

表3-4 参加体育锻炼的均衡决策测量方法

说明:此部分用于考察您对锻炼积极或消极的看法。请您仔细阅读以下题目,并指出,以下情况在您作决定锻炼或不锻炼的时候对您有多重要。请您在相应的数字上画圈或打钩。

1. 锻炼能帮助我减轻或调整压力。

| 绝对不能 | 有时有帮助 | 有帮助 | 非常有帮助 | 绝对有帮助 |
|---|---|---|---|---|
| 1 | 2 | 3 | 4 | 5 |

2. 锻炼使我对自己的健康更有信心。

| 绝对不能 | 有时有帮助 | 有帮助 | 非常有帮助 | 绝对有帮助 |
|---|---|---|---|---|
| 1 | 2 | 3 | 4 | 5 |

3. 锻炼让我睡得更好。

| 绝对不能 | 有时有帮助 | 有帮助 | 非常有帮助 | 绝对有帮助 |
|---|---|---|---|---|
| 1 | 2 | 3 | 4 | 5 |

4. 锻炼帮助我拥有积极向上的外表。
　　绝对不能　　有时有帮助　　有帮助　　非常有帮助　　绝对有帮助
　　　1　　　　　2　　　　　3　　　　　4　　　　　5
5. 锻炼帮助我控制体重。
　　绝对不能　　有时有帮助　　有帮助　　非常有帮助　　绝对有帮助
　　　1　　　　　2　　　　　3　　　　　4　　　　　5
6. 我因为其他的日常事务过于疲劳而不愿锻炼。
　　绝对不是　　有时是　　是　　肯定是　　绝对肯定是
　　　1　　　　2　　　3　　　4　　　　5
7. 锻炼会花费我太多时间。
　　绝对不是　　有时是　　是　　肯定是　　绝对肯定是
　　　1　　　　2　　　3　　　4　　　5
8. 如果参加锻炼,将减少我与家人及朋友在一起的时间。
　　绝对不是　　有时是　　是　　肯定是　　绝对肯定是
　　　1　　　　2　　　3　　　4　　　5
9. 如果别人看见我锻炼,我会担心我看起来很笨拙。
　　绝对不是　　有时是　　是　　肯定是　　绝对肯定是
　　　1　　　　2　　　3　　　4　　　　5
10. 参加锻炼会花费太多钱。
　　绝对不是　　有时是　　是　　肯定是　　绝对肯定是
　　　1　　　　2　　　3　　　4　　　5

计分方法:

其中1,2,3,4,5反映的是参加体育锻炼可能感受到的好处,得分在5~25得分越多,说明对参加体育锻炼可能带来的好处认知越强烈。6,7,8,9,10反映的是参加体育锻炼可能感受到的障碍,得分在5~25,得分越高,说明主观感受到的参加体育锻炼的障碍越多。

(3) 自我效能的测量方法

自我效能的测量方法较多,在第二章2.3.2部分已有简单介绍。本部分介绍的自我效能测试量表由Marcus及其同事提出,见表3-5。

**表3-5　参加体育锻炼的自我效能测量方法**

说明:以下描述的这些情况将使您坚持规律性锻炼变得困难(一周锻炼3次或3次以上)。仔细阅读题目,请指出在以下不利情况中,您对自己仍能坚持规律性锻炼的自信程度是多少。请在相应的选择上画圈或打钩。
1. 当我感到疲惫的时候,自信仍能坚持规律性的锻炼。
　　完全没有把握　　没有把握　　不确定　　有把握　　非常有把握
　　　1　　　　　2　　　　3　　　4　　　5

2. 当我感到处于工作重压的时候,自信仍能坚持规律性的锻炼。
   完全没有把握　　　没有把握　　　不确定　　　有把握　　　非常有把握
   　　1　　　　　　　2　　　　　　3　　　　　4　　　　　5

3. 天气不好的时候,我自信仍能坚持规律性的锻炼。
   完全没有把握　　　没有把握　　　不确定　　　有把握　　　非常有把握
   　　1　　　　　　　2　　　　　　3　　　　　4

4. 当从使我中断锻炼的伤病中恢复过来的时候,自信仍能坚持规律性的锻炼。
   完全没有把握　　　没有把握　　　不确定　　　有把握　　　非常有把握
   　　1　　　　　　　2　　　　　　3　　　　　4

5. 正在经历或经历过个人问题的时候(一切与个人有关的不利影响),我自信仍能坚持规律的
   锻炼。
   完全没有把握　　　没有把握　　　不确定　　　有把握　　　非常有把握
   　　1　　　　　　　2　　　　　　3　　　　　4

6. 当我感到抑郁的时候,自信仍能坚持规律性的锻炼。
   完全没有把握　　　没有把握　　　不确定　　　有把握　　　非常有把握
   　　1　　　　　　　2　　　　　　3　　　　　4

7. 当我感到焦虑的时候,自信仍能坚持规律性的锻炼。
   完全没有把握　　　没有把握　　　不确定　　　有把握　　　非常有把握
   　　1　　　　　　　2　　　　　　3　　　　　4

8. 当我从使我中断锻炼的病痛中恢复过来的时候,自信仍能坚持规律性的锻炼。
   完全没有把握　　　没有把握　　　不确定　　　有把握　　　非常有把握
   　　1　　　　　　　2　　　　　　3　　　　　4

9. 锻炼过程中,当我感到身体不适的时候,自信仍能坚持规律性的锻炼。
   完全没有把握　　　没有把握　　　不确定　　　有把握　　　非常有把握
   　　1　　　　　　　2　　　　　　3　　　　　4

10. 我放假后,自信仍能坚持规律性的锻炼。
    完全没有把握　　　没有把握　　　不确定　　　有把握　　　非常有把握
    　　1　　　　　　　2　　　　　　3　　　　　4

11. 当我有太多的工作需要在家做的时候,自信仍能坚持规律性的锻炼。
    完全没有把握　　　没有把握　　　不确定　　　有把握　　　非常有把握
    　　1　　　　　　　2　　　　　　3　　　　　4

12. 当家里有客人的时候,我自信仍能坚持规律性的锻炼。
    完全没有把握　　　没有把握　　　不确定　　　有把握　　　非常有把握
    　　1　　　　　　　2　　　　　　3　　　　　4

13. 当有其他有意思的事情可做的时候,我自信仍能坚持规律性的锻炼。
    完全没有把握　　　没有把握　　　不确定　　　有把握　　　非常有把握
    　　1　　　　　　　2　　　　　　3　　　　　4

14. 当我没有达到锻炼目标的时候,自信仍能坚持规律性的锻炼。
    完全没有把握　　　没有把握　　　不确定　　　有把握　　　非常有把握
    　　1　　　　　　　2　　　　　　3　　　　　4

15. 当我没有得到家庭及朋友们的支持的时候,自信仍能坚持规律性的锻炼。
    完全没有把握　　　没有把握　　　不确定　　　有把握　　　非常有把握
    　　1　　　　　　　2　　　　　　3　　　　　5

续表

16. 假期中,自信仍能坚持规律性的锻炼。

| 完全没有把握 | 没有把握 | 不确定 | 有把握 | 非常有把握 |
|---|---|---|---|---|
| 1 | 2 | 3 | 4 | 5 |

17. 当我有其他约会的时候,自信仍能坚持规律性的锻炼。

| 完全没有把握 | 没有把握 | 不确定 | 有把握 | 非常有把握 |
|---|---|---|---|---|
| 1 | 2 | 3 | 4 | 5 |

18. 当经历家庭问题的时候,我自信仍能坚持规律性的锻炼。

| 完全没有把握 | 没有把握 | 不确定 | 有把握 | 非常有把握 |
|---|---|---|---|---|
| 1 | 2 | 3 | 4 | 5 |

评分方法:

从"完全没有把握"到"非常有把握"分别记1~5分。得分越高,则说明个体在应对此种情境时,自信仍能坚持规律性体育锻炼的自我效能越高。

(4) 变化过程的测量方法

变化过程指的是,随着体育锻炼行为的变化而产生行为上、认知上和情绪上的反应,包括认知过程和行为过程两个因素。其中认知过程包括5个下位因素,分别是意识提高、效果共感、环境再评价、自我再评价、社会性解放;行为过程同样包括5个下位因素,分别是反条件化、互助关系、强化管理、自我解放和刺激控制。量表由Nigg及其同事提出,共包括30项测题,每个下位因素由3项测题测量,见表3-6。

**表3-6　参加体育锻炼的变化过程测量方法**

说明:下列经历可能影响一些人的锻炼习惯。在过去的一个月中,想象您最近有的或是曾经有过的类似经历,然后按经历发生的频率在相应的数字上画圈。

1. 我阅读刊物,并试图学习更多有关锻炼的知识。

| 从来没有 | 很少 | 不知道 | 偶尔 | 常常 |
|---|---|---|---|---|
| 1 | 2 | 3 | 4 | 5 |

2. 如果我看到可以从锻炼中受益的人选择不锻炼,我会变得不安。

| 从来没有 | 很少 | 不知道 | 偶尔 | 常常 |
|---|---|---|---|---|
| 1 | 2 | 3 | 4 | 5 |

3. 我意识到,如果我不坚持规律性的锻炼,我可能生病并成为父母的负担。

| 从来没有 | 很少 | 不知道 | 偶尔 | 常常 |
|---|---|---|---|---|
| 1 | 2 | 3 | 4 | 5 |

4. 当我坚持规律性锻炼时,我感到自信心倍增。

| 从来没有 | 很少 | 不知道 | 偶尔 | 常常 |
|---|---|---|---|---|
| 1 | 2 | 3 | 4 | 5 |

5. 我注意到,很多人知道锻炼对他们有益。

| 从来没有 | 很少 | 不知道 | 偶尔 | 常常 |
|---|---|---|---|---|
| 1 | 2 | 3 | 4 | 5 |

6. 当我感到疲惫时,我勉励自己去锻炼,因为我知道锻炼后我会感觉更好。
| 从来没有 | 很少 | 不知道 | 偶尔 | 常常 |
| 1 | 2 | 3 | 4 | 5 |

7. 当我不想锻炼时,我的一个朋友会鼓励我去锻炼。
| 从来没有 | 很少 | 不知道 | 偶尔 | 常常 |
| 1 | 2 | 3 | 4 | 5 |

8. 坚持规律性锻炼的一个回报是改善我的心情。
| 从来没有 | 很少 | 不知道 | 偶尔 | 常常 |
| 1 | 2 | 3 | 4 | 5 |

9. 我告诉自己,如果我足够努力,我就能坚持锻炼下去。
| 从来没有 | 很少 | 不知道 | 偶尔 | 常常 |
| 1 | 2 | 3 | 4 | 5 |

10. 我随时携带一套运动服,以便我有空就可以运动。
| 从来没有 | 很少 | 不知道 | 偶尔 | 常常 |
| 1 | 2 | 3 | 4 | 5 |

11. 我寻找有关锻炼的信息。
| 从来没有 | 很少 | 不知道 | 偶尔 | 常常 |
| 1 | 2 | 3 | 4 | 5 |

12. 如果我不锻炼,我会担心对我的健康有影响。
| 从来没有 | 很少 | 不知道 | 偶尔 | 常常 |
| 1 | 2 | 3 | 4 | 5 |

13. 我认为,坚持规律性的锻炼将防止我成为医疗系统的负担。
| 从来没有 | 很少 | 不知道 | 偶尔 | 常常 |
| 1 | 2 | 3 | 4 | 5 |

14. 我相信,坚持规律性的锻炼将会使我成为更健康、更快乐的人。
| 从来没有 | 很少 | 不知道 | 偶尔 | 常常 |
| 1 | 2 | 3 | 4 | 5 |

15. 我意识到,越来越多的人让锻炼成为他们生活的一部分。
| 从来没有 | 很少 | 不知道 | 偶尔 | 常常 |
| 1 | 2 | 3 | 4 | 5 |

16. 我工作后以锻炼代替休息。
| 从来没有 | 很少 | 不知道 | 偶尔 | 常常 |
| 1 | 2 | 3 | 4 | 5 |

17. 有一些人鼓励我锻炼。
| 从来没有 | 很少 | 不知道 | 偶尔 | 常常 |
| 1 | 2 | 3 | 4 | 5 |

18. 我试图将锻炼想象为清心醒脑并检测我身体的时间。
| 从来没有 | 很少 | 不知道 | 偶尔 | 常常 |
| 1 | 2 | 3 | 4 | 5 |

19. 我决意坚持锻炼。
| 从来没有 | 很少 | 不知道 | 偶尔 | 常常 |
| 1 | 2 | 3 | 4 | 5 |

续表

20. 我用日历来记录我锻炼的时间。
从来没有　　很少　　不知道　　偶尔　　常常
　　1　　　　2　　　　3　　　　4　　　　5

21. 我寻找一些有关锻炼的新方法。
从来没有　　很少　　不知道　　偶尔　　常常
　　1　　　　2　　　　3　　　　4　　　　5

22. 如果我亲近的人锻炼的话,他们将更健康,但事实上他们却不锻炼。当我意识到这点,我会变得不安。
从来没有　　很少　　不知道　　偶尔　　常常
　　1　　　　2　　　　3　　　　4　　　　5

23. 我认为,规律性的锻炼在减少医疗开支中有着重要的影响作用。
从来没有　　很少　　不知道　　偶尔　　常常
　　1　　　　2　　　　3　　　　4　　　　5

24. 当我锻炼时,我自我感觉良好。
从来没有　　很少　　不知道　　偶尔　　常常
　　1　　　　2　　　　3　　　　4　　　　5

25. 我注意到,知名人士经常提到他们坚持规律性锻炼的事实。
从来没有　　很少　　不知道　　偶尔　　常常
　　1　　　　2　　　　3　　　　4　　　　5

26. 我以散步或锻炼代替看电视或吃东西来放松自己。
从来没有　　很少　　不知道　　偶尔　　常常
　　1　　　　2　　　　3　　　　4　　　　5

27. 我的好朋友们鼓励我去锻炼。
从来没有　　很少　　不知道　　偶尔　　常常
　　1　　　　2　　　　3　　　　4　　　　5

28. 如果我参加规律性锻炼,我发现我会因此更有精力。
从来没有　　很少　　不知道　　偶尔　　常常
　　1　　　　2　　　　3　　　　4　　　　5

29. 我相信我能坚持规律性的锻炼。
从来没有　　很少　　不知道　　偶尔　　常常
　　1　　　　2　　　　3　　　　4　　　　5

30. 我确认我随身总有一套干净的运动服。
从来没有　　很少　　不知道　　偶尔　　常常
　　1　　　　2　　　　3　　　　4　　　　5

评分方法:

从"从来没有"到"常常"分别记1~5分。得分越高,说明在行为改变过程中,心理变化对行为改变的支持越大。题项中第1、第11、第21项测量"意识提高",第2、第12、第22项测量"效果共感",第3、第13、第23项测量"环境再评价",第4、第14、第24项测量"自我再评价",第5、第15、第25项测量"社会性解放",分值在3~15分,得分越高,心理变化过程越支持行为改变。以上部分所获总分,为变化过程中认知过程的得分。题项中第6、第16、第26项测量"反条件化",题项第7、第17、第27项测量"互助关系",题项第8、第18、第28项测量"强化管理",

题项第9、第19、第29项测量"自我解放",题项第10、第20、第30项测量"刺激控制",分值在3～15分,得分越高,心理变化过程越支持行为改变。以上部分所获总分,为变化过程中行为过程的得分。认知过程和行为过程各题项的得分组成"变化过程"的测量总分。

### 3.2.3 前期相关研究

前期以体育锻炼行为为对象,有关阶段变化模型的研究主要集中在两个方面:(1)针对模型各构成因素的横向研究,用以解释、说明模型各构成因素与体育锻炼行为之间的关系;(2)基于模型,对体育锻炼行为进行预测,并为促进各类人群的锻炼行为而进行的干预研究。从模型提出至今的三十多年间,第一类前期研究结果众多,本部分仅就基于阶段变化模型,以促进锻炼行为为主要目的的干预研究进行分析。

（1）Adam 和 White 的综述研究

2003年,Adam 和 White 对发表于1982年至2001年间,以16岁以上成年人为研究对象,使用TTM模型制定干预以提高被试体育锻炼水平,并在干预实施前后对被试的体育锻炼水平进行描述对评价的研究进行了综述,以回答"变化阶段针对性长期干预的效果是否异于非针对性干预"的问题。综述分析结果发现,在涉及16个干预项目的26篇论文中:①短期干预(即干预时间短于6个月)。15个干预项目中(有1个干预项目没有控制干预过程,但报告干预效果明显)的11个项目(占73%)报告,无论是被试的体育锻炼变化阶段还是锻炼水平,实验组的干预效果均显著优于控制组。②长期干预(即干预时间长于6个月)。仅有7个干预项目中的2个项目(占29%)报告,基于TTM模型的干预有一定效果,但效果有限。

研究者认为,干预项目无论在设计、抽样、结果测量、跟踪时间长短等方面均存在显著的异质性,以至于结果难以相互比较。这也提示我们,对TTM模型的解释不同导致了干预设计的不同。那么此时,我们关注的研究问题可能已不再是"基于TTM模型的体育锻炼行为促进干预是否有效",而变成了"基于TTM模型的哪一种体育锻炼行为促进干预更为有效"了。综述还发现,有研究证实干预对处于预期阶段个体的体育锻炼行为影响最为有效。尽管此研究建议,久坐不动的个体从干预中获益最大;但一个变化阶段针对性干预项目如果要声称有效,难道不应该对处于各个不同变化阶段个体的体育锻炼行为均存在影响吗?因此,后续研究有必要考虑,是否应该针对每一个单独的变化阶段先设计有效干预,然后再组合成综合干预以有效影响处于不变化阶段个体的体育锻炼行为。

在研究体育锻炼行为促进的过程中,有一个问题值得关注,即参与体育锻炼和坚持体育锻炼是两个截然不同的行为。前期研究结果也证实,长期坚持提高体育锻炼水平远比短期参与要困难得多。该综述的结果也证实了这一点。还有一点值得关注但却被过分强调的,即,变化阶段针对性干预的有效性是否一定优于非针对性干预? 有必要随机将被试分配至匹配组或随机匹配组,以检验干预的有效性。当然不同的体育锻炼行为在改变过程中,也可能经历不同的变化阶段,这也是后续研究在进行过程中值得关注的问题。

(2) Bridle 及其同事的综述研究

两年后,2005 年,Bridle 及其同事对基于 TTM 模型的健康相关行为干预研究的有效性进行了综述。虽然前期研究结果支持,变化阶段针对性的行为改变干预有效性要优于非针对性干预的效果,但对于健康相关行为的证据却极为有限。原因可能体现在以下几方面:①不同类型的证据不但被用于模型的评价,而且被用于文献综述的评价。例如,有些研究使用的是随机控制组设计(randomized control trial, RCT),而另一些研究则使用的是没有控制组的实验设计,甚至是横向研究设计。显然,不同的研究设计提供了有关研究有效性的不同水平的证据。但有些综述却忽视了这一点,以至于不同研究提供了不同的研究结果。②健康行为和某些成瘾行为之间存在着本质的差异,因此导致了基于成瘾行为改变提出的阶段变化模型在说明有些健康行为时有效,而对另一些则缺乏有效性。例如 Orford(1992)就曾指出,TTM 模型对控制饮酒和使用药物的应用性要远低于控制吸烟行为;而 Povey 等学者也指出,要制定出改变饮食行为的针对性干预具有一定的问题和难度。(3)也有一些学者质疑,到底行为改变应该是基于 TTM 模型干预研究的主要结果,还是相关知识的增加,特别是行为变化阶段的前进,才是体现基于模型干预有效性的正确的、准确的指标? 对于 TTM 模型的支持者而言,干预的有效性被认为体现在行为变化阶段的前进上,但行为改变变化阶段的前进可否等同于行为改变本身,值得思考。

Bridle 及其同事对无语言和发表时间限制、基于 TTM 模型以任一健康行为为研究对象、以健康行为本身或变化阶段改变为研究结果、使用随机控制组设计的干预研究进行了检索,以回答"基于 TTM 模型的健康行为改变干预是否有效,是否能有效促进变化阶段的前进,以及一些健康行为是否更适合使用 TTM 模型干预去实现改变"等三个研究问题。综述结果发现,对于第一个研究问题:①对37项RCT研究进行综述,研究涉及戒烟、体育锻炼、改变饮食、多重生活方式改变、乳腺癌筛查、精神疾病的治疗坚持行为以及防止接受非健康行为,如吸烟、饮酒等7项健康行为。②干预的效果被分为了三类:积极(条件:主要的、显著的结果支持基于阶段的干预,组间不存在显著差异),消极(实验组的表现差于对照组)和无结果。37项研究中的35项对干预后实验组与控制组之间的差异进行了比较,结果发现,有关于行为改变的42项比较中,11项结果支持了基于TTM模型的干预,20项结果无组间显著差异,11项无结果。③在20项比较针对性干预和非针对性干预结果的研究中,5项积极,10项无差异,另有5项出现混合结果(既有积极的结果,又有消极的结果)。而22项比较了基于TTM模型的干预组与无干预组,或普通照顾控制组行为变化结果的研究显示,6项积极,10项无差异,另有6项出现同上混合结果。④进入综述的37项研究中,有7项关注了体育锻炼这种健康行为。分析结果发现,在符合综述条件的6项研究中的8项比较里,1项为积极,3项无结果,4项显示无组间差异。综上,仅有有限证据表明,基于TTM模型的干预在行为改变方面的有效性要优于非针对性干预,或无干预和普通照顾。

在回答"干预是否有效促进变化阶段的前进"的问题时,研究结果显示:37项研究中15项研究涉及的18个比较中,6项积极,7项无组间差异,5项无结果。当再次将针对性干预和非针对性干预结果进行比较时发现,3项积极,4项无组间差异,1项无结果。当把针对性干预和无干预控制进行比较时,3项积极,3项无组间差异,4项无结果。因此,干预是否有效促进变化阶段前进的证据也十分有限。综述表明,回答第三个研究问题,即"是否一些健康行为更适合使用TTM模型干预去实现改变"的证据也异常有限。原因在于,有关不同健康行为的相关研究数量不同,可使用的证据量存在差异。但是,无证据显示,某一健康行为与基于TTM模型干预的有效性之间存在积极联系。

研究认为,基于TTM模型的健康行为干预有效性的不足,可能是由于缺乏规范和应用不足。尽管阶段变化模型的核心假设认为,与变化阶段相对应的变化过程,可以帮助个体克服与不同变化阶段相关联的不同障碍,但模型并没有准确验证,哪一个变化过程与哪一个特殊的变化阶段相对应。同时,从理论层面,作为模型核心概念的变化过程,无论在准确预测变化阶段转变的克服障碍方面,还是对与变化阶段相关联的障碍本身方面,都存在严重不足。以"意识提高"为例,它是认知过程的一个下位因素,但现实中并不存在任何具有理论支撑的规范可以反映意识提高的目标是什么。它可能是健康风险、规范行为、预防措施的选择行为、家庭责任感、自我效能;也可以是其他任何形式的潜在重要目标。概念层面争论最多的是,支持行为改变连续变化模型的证据,要比支持行为改变不连续变化阶段变化模型的证据更为一致。有证据表明,人类行为改变的过程是多元的、同时的,而这显然与阶段变化模型所建议的不同。同时,前期有大量研究仅仅基于变化阶段一个概念来设计干预,而没有整体考虑阶段变化模型的其他重要组织部分。变化阶段仅是 TTM 模型的一个组成部分,并不能代表模型整体。依据单一概念设计的干预是基于变量的干预,而不是基于理论模型的干预。因此,前期干预研究的有效性存在巨大差异也就不难理解了。

综述最后建议,在我们试图了解基于阶段变化模型的干预研究的有效性之前,我们有必要先解决以下两个问题,一是行为改变的过程是否存在阶段性? 如果存在,则需要首先验证该理论构想的有效性。因为,如果研究的方法、理论和概念假设缺乏依据,那基于此的干预有效性从何说起呢? 二是有必要对"干预研究中的干预是什么? 由什么内容构成? 如何构建?"等进行详细说明和描述,以澄清理论和相关概念的模糊之处。

(3) Hutchison 及其同事的综述研究

虽然前两次综述,分别对基于 TTM 模型的长期干预效果,以及基于 TTM 模型的健康行为改变干预的有效性,促进变化阶段前进的有效性和一些健康行为更适合使用 TTM 模型干预去实现改变等内容提出了质疑;但两个综述都没有对如何基于阶段变化模型的整体或全部组成部分设计干预及干预有效性的检验进行深入分析。4 年后的 2009 年,Hutchison 及其同事的综述再次对基于整体 TTM 模型的体育锻炼行为干预及其有效性进行了研究。研究对 1982 年至 2007 年 1 月正式发表的,控制组设计的,基于 TTM 模型以体育锻炼行为为研究对象,测量认知的、行为或流行病学的结果以反映干预有效性的 34 项研究中涉及的 24 项干预进行了半定量分析。综述结果发现:①24 项干预中,仅有 7 项(占 29%)干预基于整体 TTM 模型设计;其中 6 项显示短期干预效果显著,1 项表明短期和长期干预效果均显著;②一部分研究表明,干预是基于变化过程与变化阶段关系的前期研究结果而设计,因此干预策略或咨询内容聚焦于特定的变化阶段,以及与之相对应变化过程相关(或一致)的行为或信息;另一部分研究则表明,干预是基于自我效能和均衡决策或变化的准备程度(readiness of change)而设计,因此干预策略或咨询内容首先对应相关变化过程,并同时关注促进自我效能和积极影响均衡决策。

综述认为,极其有限的干预研究基于整体模型构建,很难就基于整体模型干预的有效性做出判断。尽管已经有一些研究认识到了阶段变化模型不只有"变化阶段"一个组成因素,并且开始尝试基于变化阶段和变化过程两个因素构建干预策略,但深入理解和探究模型内不同构成因素间的关系以及上述关系对设计干预的影响,极其重要。

(4)司琦及其同事的综述研究

2013年,司琦及其同事对1998年被介绍至国内,正式发表于1998年至2012年间,以体育锻炼行为为研究对象,基于阶段变化模型所进行的国内相关研究首次进行了综述。共计114篇论文进行综述(见附件1、附件2),综述对阶段变化模型引进我国的15年间,以此模型为基础进行的体育锻炼研究现状存在的主要问题进行了分析;并以该模型为基础,制订促进青少年参与体育锻炼干预策略的可行性进行了研究。综述发现:①基于TTM模型进行的干预研究共计12项,占研究总数的10.5%;这12项研究中,有10项干预研究仅基于变化阶段一个因素进行;另有3项研究明确指出依据整体模型展开;②以青少年为研究对象进行的研究共12项,占研究总数的10.5%;其中仅有1项干预研究基于整体阶段变化模型进行,但却以久坐行为为研究对象;③干预研究尚存在干预内容和理论基础不明确的问题;④超过半数干预研究仅对干预前后被试在变化阶段人数分布上的变化百分比或是运动量(运动行为)变化的百分比进行了描述,没有提供有关干预有效性分析的统计结果,因此难以对干预的效果进行判断。其中,仅有3项研究依据整体阶段变化模型进行,为如何有效依据阶段变化模型进行后续干预研究提供的信息极为有限;⑤没有干预研究对比分析针对性干预和非针对性干预或传统干预(action oriented)的效果,因此,也无法证明基于阶段变化模型的针对性干预的效果优于后者(参考附录1)。

国内进行的基于阶段变化模型的干预研究有限,而基于整体模型进行的干预研究就更加有限。已有研究在干预设计的理论基础、构建干预内容的依据、干预设计方法、干预有效性检验方法等诸多方面亟待改进,因此提供的判定干预有效性的信息极其有限。

### 3.2.4 评价

在阶段变化模型提出的三十几年间,行为改变研究尤其是体育健康促进干预研究掀起了热潮。该模型提出的行为改变需要经历数个不同的阶段,影响变化阶段的决定因素也存在差异,"一个尺寸不可能适合所有人"的观点,为有效指导行为改变相关干预研究的展开打开了一个全新视角。尽管该模型在解释、说明、预测不同健康行为,以及在基于此模型设计的干预研究的有效性方面受到了诸多批评;但不可否认的是,针对性干预、基于整体阶段变化模型制定和实施干预研究,仍将是未来一段时间内行为改变相关研究的关注重点。

# 3.3  信息—动机—行为模型

## 3.3.1  信息—动机—行为模型的构成

信息—动机—行为模型(information-motivation-behavioral skills model,IMB)(Fisher & Fisher, 1992, 2008)1992年由Fisher及其同事提出,用于解释、说明和干预HIV相关健康行为以及健康风险行为的预防和控制。模型假设,如果要促进个体接受建议的健康行为,则需对影响个体行为和行为改变的决定因素进行研究;而信息、动机和行为技能则是影响个体健康行为的决定因素。模型试图利用三个组成因素探究其与行为和行为改变之间的直接、间接影响关系,关系的方向和强度,以及通过影响关系来解释、预测行为,进而研究行为干预的最佳方案。IMB模型认为干预应从行为改变的决定因素出发,在信息、动机和行为技能3个方面实施综合干预,需要特别强调动机和行为技能的作用。

依据模型,"信息"被定义为,引发健康行为的一个最初的、先决条件。不但包括与行为相关的信息,而且包括与允许自动或轻松认知的行为决策关联的启示或想法。"动机"由两个因素组成:个人动机,包括与干预结果相关的信念和针对特殊健康行为的态度;社会动机,包括参与某一特定行为相关的主观社会支持或社会规范(social norm)。"行为技能"则指的是实施某一特定健康行为所需技能。IMB模型中的行为技能强调增强个体客观技能,以及提高自我效能。如图3-3所示,模型假设,信息和动机直接影响行为技能和健康行为。同时,行为技能直接影响健康行为。

图3-3　信息—动机—行为技能模型

### 3.3.2　前期相关研究

2014年,Chang及其同事对基于IMB模型的健康行为干预研究进行了综述,研究以18岁以上具有慢性疾病的成年人为研究对象,对采用随机控制组设计、基于IMB模型至少两个或以上组成成分的健康行为进行干预研究,针对干预研究的目标行为是什么,IMB模型的组成分如何融入行为干预,哪些因素用于评价干预的结果以及干预研究的有效性等问题进行了分析。最终12项符合条件的研究进入了综述,研究发现,(1)进入综述的健康行为包括HIV预防相关行为,Ⅱ型糖尿病服药行为以及其他健康相关行为,但没有以体育健康促进行为为对象的研究进入综述。(2)4项研究使用了"信息",而信息均为与疾病、如何坚持健康行为相关的宣传册、微电影或海报以及通过咨询、互动等方式传递信息的活动;绝大多数研究使用了"动机",并且聚焦于增强积极态度、主观社会支持和对社会规范的认知;动机式访谈、咨询、集体讨论等活动方式也应用于增强动机;大多数研究使用的行为技能为增强自我效能的方法以及教授个体掌握例如正确使用健康保健的方法等。(3)12项研究全部使用自陈的方法对行为结果进行反映,且干预研究前后,实验组无论是在坚持健康行为还是预防健康风险行为方面的表现均优于控制组;12项研究中的5项对生物学变量进行了测量,如HIV病毒携带量,同样出现了上述的结果。(4)干预研究持续的长短存在较大差异,但有效性均良好。

由于上述健康行为与体育健康促进行为之间存在较大差异,因此该综述研究的结果对研究体育健康促进行为及干预研究的借鉴性有限。

同年,Kelly等人以青少年的体育锻炼行为和果蔬摄取行为为研究对象,基于IMB模型和社会生态模型进行了研究。研究者认为,基于前期研究结果,促进青少年的体育锻炼行为和果蔬摄取行为不但需要传统的行为技能,例如奖励、刺激控制和自我督促等,还需要特殊的认知行为技能,例如目标设置、问题解决和认知重建等;在IMB模型中,认知行为技能很可能是信息、动机和结果行为之间的调节变量。后续的研究结果也的确证实了这一点。同时,研究还发现,IMB模型可以用于解释并在一定程度上预测体育锻炼行为。因此在设计针对青少年的体育健康促进行为干预策略时,有必要重点考虑认知行为技能的加入和作用。

### 3.3.3 评价

由于信息—动机—行为技能模型从1992年提出至今,一直在特定健康行为研究方面,如HIV预防行为、促进生殖健康行为等方面应用广泛;在体育健康促进及干预领域的研究成果仍极其有限。因此,在体育健康促进行为干预影响作用及策略的制定方面后续仍需进行大量的横向和纵向研究。

# 3.4  社会生态模型

体育健康促进领域综合干预的研究兴起于20世纪初。其产生的动因是静坐不动已成为全球范围内可预防的,但却能导致死亡的最主要原因之一;而参与规律性体育锻炼可以大大降低患心血管疾病、抑郁等健康问题风险的实证证据越来越充分。尽管体育健康促进行为之于公共卫生的重要性已经得到了越来越多的认同,并且已经积累了充分的科学证据;普通大众对促进体育健康重要性的认知也越来越充分;但不可否认的是,全球各年龄阶段人群体育锻炼不足的比例却仍旧居高不下;由此而引发的慢性疾病给国家、医疗体系乃至家庭、个人均带来了巨大的经济负担和心理负担。如何使人们动起来、坚持动下去,迅速成为全球学界关注的热点。

关于体育健康促进综合干预的研究,国外始于1992年Marcus对测量阶段变化模型构成要素量表的编制、检验,以及以职场为环境进行的系列干预研究;国内则始见于2004年许亮文等人的研究。近十年来,国外侧重于理论建设与实证研究相互促进的发展模式,国内目前虽然在干预策略和方式方面有一定数量的研究成果,但策略的理论基础建设及验证却相对滞后。社会生态模型是制定体育健康促进综合干预策略的主要理论基础之一。该模型强调个体、环境和政策的结合,从近端、中端和远端多层面社会生态子系统入手,探究影响健康促进子系统内、系统间的作用,并以此为基础设计干预策略,应用于不同性质的人群,如青少年,以解决具有普适性的问题,如体质健康下降。

　　社会生态模型不同于之前在行为改变干预方面应用广泛的阶段变化模型,它强调行为改变不但受到个体自身相关因素的影响,如动机、意图、自我效能等,同时还受到人际因素,如社会支持;组织因素,如学校体育健康促进相关环境和政策;社区因素,如社区锻炼设施的可及性(accessibility);乃至国家层面相关政策的影响。强调个体、环境和政策的结合,从多维度、多层面探究影响行为改变因素间的相互作用,并以此为基础设计综合干预策略,应用于群众样本以解决具有普适性问题的社会生态模型,突破了以往理论的局限性。模型是世界卫生组织全球范围内控制肥胖的最重要策略之一,同时它也是美国《健康人群2020》(*Healthy People 2020*)的理论基础,是目前行为改变研究领域内倍受关注的理论模型之一。

### 3.4.1　社会生态模型的提出

　　社会生态模型有较长的历史,是一个交叉学科发展的产物,涉及公共卫生、社会学、生理学、教育学和心理学等不同学科,随后又发展成为健康促进的生态学和行为学的基础。它在公共卫生领域不断受到关注,主要源于人们对健康的社会不平等现象研究兴趣的持续高涨,这使学者对健康在更大社会背景下作为决定因素的核心作用产生了研究的热情,例如社会经济因素、性别,以及其他社会的和文化的影响。

　　而与此同时,流行病学者则对领域内占主导地位的因果模型和研究方法的局限性,对强调因果的线性和顺序性关系,以及调查近因和个体层面健康风险因素,进行了争论。上述变化,使学者逐步认识到社会环境和生物因素共同影响健康的重要性,将社会生态系统的观点,即将健康问题的复杂性和"向生态倾斜的、多层次社会流行病学框架"整合,成为流行病学"走上生态主义轨道"典型转变的证据。这种重心的转变带来了发展、巩固和创新研究方法的需要;研究方法则要满足对新的概念框架进行研究的需要,如多层次、空间分析等。而这种发展又反过来刺激了学者对环境、情境因素的研究。

　　在健康促进领域内,有关行为改变实验研究带来的令人失望的结果,同样提醒了在干预研究和项目设计时,不但需要强调对个体行为和关联认知决定因素的重视;同时还需要关注多层次情境以及社会环境在影响行为形成过程中的重要作用。

上述变化均对社会生态模型在健康促进领域持续引发的研究热情起到了重要影响作用。

### 3.4.2　社会生态模型的形成

社会生态模型从出现到最终被应用于健康促进研究领域,特别是关注干预体育锻炼行为的健康促进研究领域,经历了较长的时间。学者对社会生态模型的理解也存在差异。McLeroy及其同事认为,应用于健康行为领域的社会生态模型应包括以下五个层面:个体相关因素(包括生物因素,心理因素等),人际相关因素(包括家庭、朋友、同事等社会团队),组织相关因素(包括学校、工作单位等组织),社区相关因素(包括各类组织、社会网络等内部的各类关系和环境)和政策相关因素(包括地方或国家的法律、法规、条例和准则,甚至超越国家的相关政策、法规等)(见图3-4)。其他心理理论或模型可以加入社会生态模型的某一层面,如个体层面,以提供研究体育健康促进行为的特别假设。

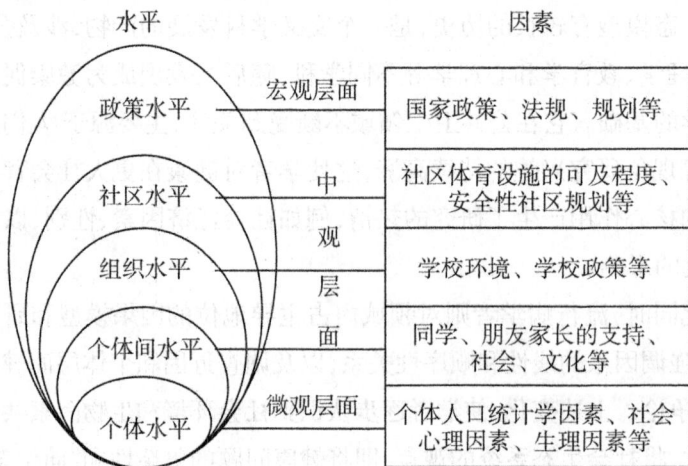

图3-4　社会生态模型图

目前围绕社会生态模型的研究主要从两方面展开,一是有关影响健康行为改变的决定因素研究;二是基于决定因素的干预研究。用于指导干预研究的社会生态模型也经历了较长时间的发展(如表3-7所示)。这些发展主要基于社会生态模型如下的观点。

(1)影响健康行为的因素是多水平的。社会生态模型强调影响健康行为的因素是多水平的,通常包括个体、个体间、组织、社区和公共政策层面。类似社会文化因素和物理环境因素等,可能在多个水平和层面上发挥作用。多水平因素影响健康行为的观点,将社会生态学模型和其他仅将焦点聚焦在单一或两个层面上的健康行为理论模型区别开来。

(2)不同水平因素交互影响。交互影响意味着不同因素同时发挥作用,如,让促进青少年每天参与一小时体育锻炼的相关教育,能够和国家促进"阳光体育"工程实施的具体措施结合起来,共同发挥促进作用。

(3)多水平干预策略对于行为改变最为有效。基于社会生态模型的干预策略相对于单一水平的干预而言,对群众样本更具影响和持续效力。基于个体水平进行的众多前期干预研究结果表明,仅具有较好的短期影响,长期影响效果欠佳。而针对促进体育锻炼、改变锻炼信念和锻炼行为技能的教育干预项目,如果政策和环境支持干预同时进行,干预效果可能更佳,效果持续影响时间也会更长。

(4)社会生态模型针对某一特定行为时更加有效。当社会生态影响模型针对某一特定健康行为指导研究和干预实践时,更有效。例如要促进闲暇时间健步走,对于促进步行上班的相关策略可能未必有效,因为影响两种体育锻炼行为的环境支持因素可能完全不同。因此,有必要明确影响某一特定行为的多水平因素是什么,然后制定针对性的干预策略。

表3-7　用于指导干预研究的社会生态模型的发展

| 作者 | 提出模型 | 主要观点 |
| --- | --- | --- |
| B.F.Skinner (1953) | 操作条件学习理论(Operant Learning Theory) | ·环境影响行为<br>·环境中的强化物和线索直接控制行为<br>·2002年Hovell及其同事提出了行为生态模型 |
| A.Bandura (1986) | 社会学习和社会认知理论(Social Learning and Social Cognitive Theories) | ·环境和个体因素影响行为<br>·着重强调社会环境,极少提及物理、社区或组织环境 |
| K.McLeroy 及其同事 (1998) | 健康行为的生态模型(Ecological Model of Health Behavior) | 提出了影响健康行为的五层面因素体系:个体相关因素、人际相关因素、组织相关因素、社区相关因素和政策相关因素 |
| D. Stokols (1992, 2003) | 健康促进的社会生态模型(Social Ecology Model for Health Promotion) | 提出了四点假设:<br>(1)健康行为受物理环境、社会环境和个体相关因素的影响;<br>(2)环境是多维的,例如社会环境和物理环境,客观环境和主观环境,离散属性(空间组织)和构架(社会氛围);<br>(3)人—环境的交互作用发生于不同水平的聚合(如个体、家庭、文化群体和人口群体);<br>(4)人类反作用于环境,改变环境以改变其行为。 |

| 作者 | 提出模型 | 主要观点 |
| --- | --- | --- |
| D. Cohen 及其同事（2000） | 结构—生态模型（Structural-Ecological Model） | 将结构性影响分为四类：<br>（1）可获取的有益或有害的消费品；<br>（2）物理结构（或产品的物理属性）；<br>（3）社会结构或政策；<br>（4）媒体和文化信息。 |
| B.Flay & J. Petraitis（1994） | 三元影响理论（Theory of Triadic Theory） | ·基因或环境均被假设对行为产生影响<br>·个体的、社会的和社会文化的因素是影响行为的三个主要因素 |
| K. Glanz 及其同事（2005） | 社区食物环境模型（Model of Community Food Environment） | ·建议了影响饮食行为的主要因素：实用性、价格、摆放位置、促销以及食品的营养信息<br>·可应用于餐馆和食品超市 |
| E.Fisher及其同事（2005） | 自我管理模型（Resources and Skills for Self-Management Model） | ·以个体技能和从社会环境以及社区的物理、政策环境提供支持的机会融合为基础 |

### 3.4.3  前期相关研究

（1）体育锻炼行为决定因素研究

从20世纪末至今，Sallis等人基于社会生态模型，进行着与体育健康促进行为相关的研究，国内外研究者针对社会生态模型的不同层面、不同环境、不同体育健康促进行为等展开了广泛的研究。2017年，Hesketh及其同事对基于社会生态模型，以0～6岁的儿童为研究对象，对促进体育锻炼行为决定因素的定量研究进行了综述。研究发现：进入综述的44项研究中，绝大部分研究集中在个体、人际和组织层面进行；在14个儿童体育锻炼行为的决定因素中，仅有父母督促与儿童体育锻炼行为的变化之间存在一致的、积极影响关系。2016年，Aura及其同事对基于社会生态模型、发表于2002—2014年的、影响11～18岁青少年健康相关行为的研究进行了综述。分析结果发现，①来自社会经济地位较低家庭的青少年，参与体育锻炼的状况较差；父母受教育程度越高，孩子参与体育锻炼时间越长，而使用电子屏幕产品时间越短；父母的社会支持、动机水平以及示范作用均与青少年积极参与体育锻炼的情况相关。②学业成绩要求越高或对学校的适应能力越差时，青少年参与体育锻炼的水平越低；朋友参与体育锻炼的水平越高，青少年受到的积极影响也越多；学校环境是影响青少年参与体育锻炼的重要环境。③男性青少年参与体育锻炼的情况好于女性青少年，且影响因素存在差异。研究者认为,影响青少年不同健康相关行为的因素众多,存在较大差异,充分体现出青少年健康行为改变干预的复杂性;基于学校的综合干预仍是促进青少年健康行为干预的最重要途径。

2016年,O'Donoghue及其同事,对基于社会生态模型,影响18～65岁成年人静止不动行为的相关因素进行了系统综述。尽管综述分析的对象不是体育健康促进行为或健康相关行为,但研究结果仍对我们进行干预研究具有极大的参考价值。研究结果发现,①符合综述条件的74项研究中,个体层面影响静止不动行为的因素有年龄、原有体育锻炼水平、BMI、社会经济地位和心境。环境层面影响静止不动行为的因素包括与绿地的亲近程度、社区道路联通性、安全性和天气等。②综述揭示,目前基于社会生态模型,对静止不动行为的研究还集中于对个体相关影响因素的研究;而社会环境和物理环境对该行为的影响作用仍需进一步深入探究。

2015年,司琦及其同事以13～15岁的青少年为研究对象,基于社会生态模型的个体、人际和组织层面的相关影响因素,对其参与校内课外体育锻炼行为的决定因素进行了研究。研究首先基于前期文献分析结果,选取个体层面影响因素——自我效能、乐趣和主观障碍;人际层面影响因素——社会支持和组织层面影响因素——学校环境进行分析。随后通过回归分析发现,影响青少年参与校内课外体育锻炼行为的、不同层面的决定因素分别是:个体层面——自我效能,人际层面——老师社会支持,组织层面——学校绿化建设(详见附录2)。鉴于前期国内外基于社会生态模型个体子系统影响因素及其干预效果的研究较多,2017年,司琦及其同事又着重针对人际和组织层面影响青少年参与校内课外体育锻炼的决定因素进行了研究。在延续了2015年前期研究的范式基础上,对人际层面因素——社会支持,区分不同来源,进行了不同重要程度的分析;对组织层面因素——学校环境则区分环境和政策,进一步进行了分析。回归分析结果显示,学校环境、政策和教师社会支持能够解释和预测青少年的校内课外体育锻炼;而教师中的班主任、体育教师的社会支持和学校的环境、政策有决定性影响作用,为后续干预实验研究进一步探明了方向(详见附录3)。

（2）基于决定因素的干预研究

社会生态模型之所以越来越受到关注,主要原因是,它为解决、说明、预测和影响体育锻炼行为提供了一个综合的理论框架,为明确影响体育锻炼行为不同层面决定因素,如个体层面、社会层面、环境层面和政策层面等,提供了可能。而对不同层面影响体育锻炼行为决定因素的把握,则为制定有效的、多层次的、综合的干预奠定了基础。图3-5是Bauman等学者基于社会生态模型,提出的"体育锻炼决定因素的社会生态模型构成图"。

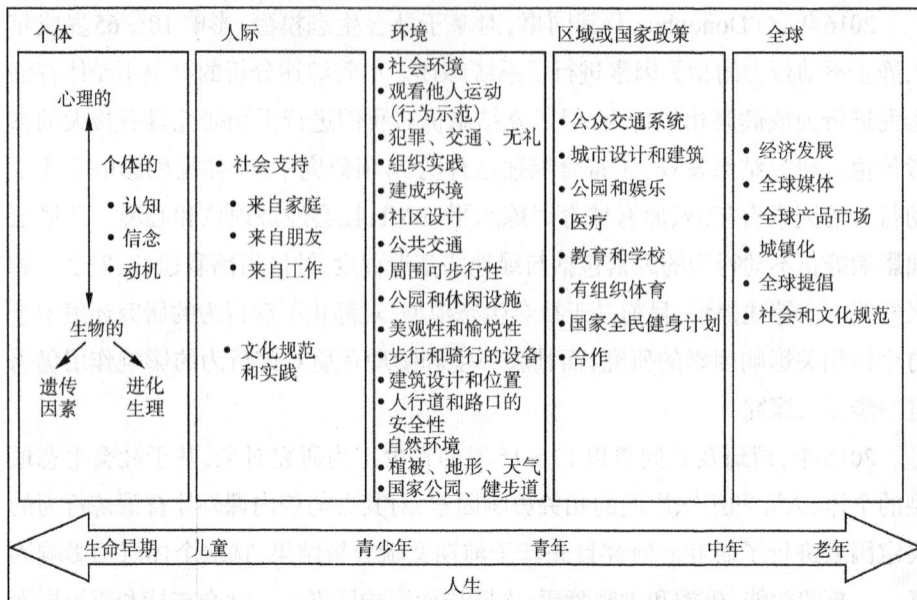

图3-5  体育锻炼决定因素的社会生态模型构成图

2011年,Richard及其同事对社会生态模型在健康促进领域内20年应用的情况,特别是其应用于体育健康促进领域内对体育健康促进行为的决定因素和干预研究的情况,进行了分析。分析发现,①在对1988—1990年,1998—2000年,2007—2009年三个时间段内发表的、以影响体育锻炼行为的决定因素或提高体育锻炼行为水平为目标的干预研究中,有98项基于数据的研究。其中有51项(占52%)为强调体育锻炼行为决定因素的研究;47项(占48%)为以提高体育锻炼行为为目标的干预研究。而且在三个时间段内,上述两类研究几乎各占一半;但相关研究的数量随时间推移,显示出显著增长的趋势。②基于社会生态模型,对体育健康促进行为决定因素的研究中,研究主要基于1个或2个决定因素展开。早期研究更多集中于个体层面影响体育健康促进行为决定因素的分析,而后期虽然1个或2个决定因素的研究仍占主流,但层面逐渐向组织层面和社区层面上移。③早期研究尽管基于1个或2个决定因素,但均采取了较为复杂的模型或纵向研究设计。后期上述现象出现了变化,可能主要因为有关于个体层面前期研究成果非常丰富,为基于此进行复杂模型和纵向研究设计提供了可能;而对一个全新层面影响体育锻炼行为决定因素的研究相对不足,因此研究模型的复杂程度出现了变化,研究设计出现了多样化的态势。④20世纪80年代和90年代的干预研究大多在组织层面展开,如学校、工作单位等;后期的干预研究则逐渐呈现出向社区层面,乃至往社会层面发展的趋势。

2012年,Bauman及其同事的综述研究结果发现,①对于儿童青少年的体育锻炼行为,男性性别是影响4~9岁儿童体育锻炼行为的积极的、一致的决定因素;自我效能是儿童、青少年体育锻炼行为的心理决定因素;主观行为控制是青少年体育锻炼行为的心理决定因素;已有锻炼习惯可能是预测儿童青少年体育锻炼的行为因素;而社会支持是影响青少年体育锻炼行为的社会或文化决定因素。②对于成年人而言,情况更加复杂。综合分析结果显示,健康状况,自我效能,参与体育锻炼的历史、意图、变化阶段等都与成年人的体育锻炼行为存在一定的相关或决定关系。压力是影响成年人体育锻炼行为的反向决定因素;生理和心理结果是影响成年人坚持体育锻炼行为的决定因素,而行为计划则是影响成年人体育锻炼参与行为的决定因素。③关于影响儿童青少年或成年人参与体育锻炼行为环境决定因素的研究开始至今也不过十余年,前期相关结果具有一定的不一致性,还有待进一步深入分析研究。④涉及更大宏观环境对体育锻炼行为影响作用的研究已受到关注,但由于研究结果的不一致性,如何应用于干预还是一个值得思考的问题。

### 3.4.5 评价

针对特定环境条件下的特定体育锻炼行为,基于社会生态模型进行决定因素和干预研究,是未来体育健康促进领域内的一个研究热点。但该模型也存在一定的局限性,主要体现在以下几点,(1)该模型仅是一个分析问题的视角、研究框架,需具体问题具体分析,具体构建操作性模型。(2)社会生态模型虽然为我们从一个更为广阔的视角,解决具有普适性的健康行为问题提供了可能,但众多前期研究却显现了"广"而"不专"的问题,即基于社会生态模型的研究假设过于宽泛,而缺少针对性。这种针对性主要体现在:对特定行为的针对性(如散步行为)和对特定行为发生背景的针对性(如是以步行的方式去上班的散步行为,还是在居住的社区内散步的散步行为等)。(3)即使是建立了针对特定行为的社会生态模型,但仍没有充分证据证明,多水平影响因素如何发挥作用,以及如何在多水平间相互影响。因此,该模型仅为研究者扩大了研究的视野,却没有明确特定的研究变量,或提供如何使用社会生态模型促进研究和干预的具体指导性意见。

参考文献

[1] 黄敬亨.健康教育学(第四版)[M].上海:复旦大学出版社,2009.

[2] 刘志浩,李小宁.信息、动机、行为技巧模型在行为干预中的应用研究[J].中国健康教育,2016,32(8):733-735.

[3] 司琦,苏传令,Kim Jeongsu.青少年校内闲暇时间身体活动影响因素研究[J].首都体育学院学报,2015,27(4):341-345.

[4] 司琦,汪霖之,Kim Jeongsu,等.基于人际和组织生态子系统的青少年校内课外身体活动影响因素研究[J].首都体育学院学报,2017,29(3):259-264.

[5] 司琦,于可红,陈谦,等.阶段变化模型在身体活动领域应用研究的综述:1998年至2012年[J].体育科学,2013,33(5):74-83.

[6] 司琦.大学生锻炼行为的阶段变化和心理决定因素[J].体育科学,2005,12:76-83.

[7] 司琦.锻炼心理学[M]/杭州:浙江大学出版社,2008.

[8] Adams, J., & White, M. Are activity promotion interventions based on the transtheoretical model effective? A critical review [J]. British Journal of Sports Medicine, 2003, 37: 106-114.

[9] Aura, A., Sormunen, M., & Tossavainen K. The relation of socio-ecological factors to adolescents' health-related behavior: A literature review [J]. Health Education, 2016, 116(2): 177-201.

[10] Bandura, A. Health promotion from the perspective of social cognitive theory[J]. Psychology and Health, 1998, 13: 623-649.

[11] Bauman, A.E., Reis, R.S., Sallis, J.F., et al. Correlates of physical activity: why are some people physical active and others not?[J] Lancet, 2012, 258-271.

[12] Bazian L. Individual-Level Behavior Change: External evidence review 3: A qualitative review of studies describing the characteristics and competencies needed for behavior change interventions or techniques. 2013, 42-81.

[13] Bridle, C., Riemsma, R.P., Patterden, J., et al. Systematic review of the effectiveness of health behavior interventions based on the transtheoretical model [J]. Psychology and Health, 2005, 20(3): 283-301.

［14］Bunton, R., Baldwin, S., Flynn, D., et al. The 'stages of change' model in health promotion: Science and ideology［J］. Critical Public Health, 2000, 10: 55-70.

［15］Chang, S.J., Choi, S.Y., Kim, S.A.,et al. Intervention strategies based on information-motivation-behavioral skills model for health behavior change: A systematic review［J］. Asian Nursing Research, 2014, 8: 172-181.

［16］Clarke, P., & Eves, F. Applying the transtheoretical model to the study of exercise on prescription［J］. Journal of Health Psychology, 1997, 2: 195-207.

［17］Cleland, J. A critique of KAP studies and some suggestions for their improvement［J］. Studies in Family Planning, 1973, 4(2): 42-47.

［18］DiClemente, C.C., & Prochaska, J.O. Self-change and therapy change of smoking behavior: A comparison of processes of change in cessation and maintenance［J］. Addictive Behavior, 1982, 7:133-142.

［19］Dishman, R. Increasing and maintaining exercise and physical activity ［J］. Behavioral Therapy, 1991, 22: 345-378.

［20］Fisher, W. A., Fisher, J. D., & Harman, J. The information-motivation-behavioral skill model: a general social psychological approach to understanding promoting health behavior［M］// J. Suls, & K. A. Wallston(Eds.). Social psychological foundation of health and illness. Malden, MA: Blackwell, 2003: 82-106.

［21］Glanz, K., Rimer, B.K., & Viswanath, K. Health behavior and health education: Theory, research and practice［M］. Fourth edition.San Francisco: Jossey-Bass, 2008.

［22］Hesketh, K.R., O'Malley, C., Paes, V.M., et al. Determinants of change in physical activity in children 0-6 years of age: A systematic review of quantitative literature［J］. Sport Medicine, 2017, 47: 1349-1374.

［23］Hutchison, A.J., Breckon, J.D., & Johnston, L.H. Physical activity behavior change interventions based on the transtheoretical model: A systematic review ［J］. Health Education & Behavior, 2009, 36(5): 829-845.

［24］Jannis, I., & Mann, L. Decision making. A psychological analysis of conflict, choice and commitment［M］. New York:The Free Press, A division of Macmillan Inc. 1977.

［25］Kelly, S., Melnyk, B.M., & Belyea, M. Predicting physical activity and fruit and vegetable intake in adolescents: A test of the information, motivation, behavioral skills model[J]. Research In Nursing & Health, 2012, 35: 146-163.

[26] Launiala, A. How much can a KAP survey tell us about people's knowledge, attitude and practices? Some observations from medical anthropology research on malaria in pregnancy in Malawi[J]. Anthropology Matters Journal, 2009, 11(1): 1-13.

[27] Lennox, A. S., Bain, N., Taylor, R. J., et al. Stages of change training for opportunistic smoking intervention by the primary health care team. Part I: Randomized controlled trial of the effect of training on patient smoking outcomes and health professional behavior as recalled by patients. Health Education Journal, 1998, 57: 140-149.

[28] Littell, J. H., & Girvin, H. Stages of change: A critique[J]. Behavior Modification, 2002, 26: 223-273.

[29] Littell, J. H., & Girvin, H. Stages of change: A critique[J]. Behavior Modification, 2002, 26: 223-273.

[30] Marcus, B.H., Selby, V.C., Niaura, R.S.,et al. Self-efficacy and the stages of exercise behavior change[J]. Research Quarterly for Exercise and Sport, 1992, 63: 60-66.

[31] McLaren, L., & Hawe, P. Ecological perspectives in health research[J]. Journal of Epidemiological Communication and Health, 2005, 59: 6-14.

[32] McLeroy, K.R., Bibeau, D., Steckler, A., et al. An ecological perspective on health promotion programs[J]. Health Education Quarterly, 1988, 15: 351-377.

[33] Michie, S., & Prestwich, A. Are interventions theory-based? Development of a theory coding scheme[J]. Health Psychology, 2010, 29, 1-8.DOI:10.1037/a0016939.

[34] Nigg, C.R., Norman G.J., Rossi, J.S. et al. Processes of exercise behavior change: Redeveloping the scale[M]. Poster presented at SBM. San Diego, CA. , 1999.

[35] Nigg, C.R., Rossi, J.S., Norman, G.J. ,et al. Structure of decisional balance for exercise adoption[J]. Annals of Behavioral Medicine, 1998, 20, 211.

[36] Norris, S., Grothaus, L., Buchner, D., et al. Effectiveness of physician

based assessment and counselling for exercise in a staff model HMO[J]. Preventive Medicine, 2000, 30:513-523.

［37］ Orford, J. Davidson's dilemma[J]. British Journal of Addiction, 1992, 88: 832-833.

［38］ O'Donoghue, G., Perchoux, C., Mensah, K., et al. A systematic review of correlates of sedentary behavior in adults aged 18-65 years: A socio-ecological approach[J]. BMC Public Health, 2016, 16: 163. DOI 10.1186/s12889-016-2841-3.

［39］ Plotnikoff, R.C., Blanchard, C., & Hotz, S.B. ,et al. Validation of the decisional balance scales in the exercise domain from the transtheoretical model: A longitudinal test [J]. Measurement of Physical Education and Exercise Science, 2001, 5(4): 191-206.

［40］ Povey, R., Conner, M., Sparks, P., et al. A critical examination of the application of the transtheoretical model's stages of change to dietary behaviors[J]. Health Education Research, 1999, 14: 641-651.

［41］ Prochaska, J. Q, & DiClemente, C. C. Stages and processes of self-change in smoking: Toward an integrative model of change[J]. Journal of Consulting and Clinical Psychology, 1983, 5: 390-395.

［42］ Prochaska, J.O. Systems of psychotherapy: A transtheoretical analysis [M]. Homewood, IL: Dorsey Press, 1979.

［43］ Prochaska, J.O., & DiClemente, C.C. Common processes of change in smoking, weight control, and psychological distress[J].// Shiffman, S., & Wills, T. (eds.). Coping and substance abuse. San Diego, CA: Academic Press, 1985, pp. 345-363.

［44］ Prochaska, J.O., & DiClemente, C.C. Toward a comprehensive model of change[J]// Miller, W.R., & Heather, N.(eds.).Treating addictive behavior: Processes of change. New York: Plenum Press,1986, pp.3-27.

［45］ Reed, G. R. The Transtheoretical model and exercise behavior: A comparison of five staging methods [M]. Kingston, RI:University of Rhode Island, 1993.

［46］ Reed, G.R. Measuring stage of change for exercise behavior change, URICA-E2. Unpublished Dissertation. 1994.

〔47〕 Reed, G.R., Velicer, W.F., & Prochaska, J.O. What makes a good staging algorithm: Examples from regular exercise〔J〕. American Journal of Health Promotion, 1997, 12, 57-67.

〔48〕 Richard, L., Gauvin, L., & Raine, K. Ecological models revisited: Their uses and evolution in health promotion over two decades〔J〕. Annual Review of Public Health, 2011, 32: 307-326.

〔49〕 Sallis, J.F., Cervero, B., Ascher, W., et al. An ecological approach to creating active living communities〔J〕. Annual Review of Public Health, 2006, 27: 297-322.

〔50〕 Schopper, D., Doussantousse, S., & Orav, J. Sexual behaviors relevant to HIV transmission in a rural African population: How much can a KAP survey tell us 〔J〕? Social Science & Medicine, 1993, 37(3): 401-412.

〔51〕 Sutton, S. Can 'stages of change' provide guidance in the treatment of addictions? A critical examination of Prochaska and DiClemente's model〔M〕// G. Edwards and C. Dare(Eds.). Psychotherapy, psychological treatments and the addictions. Cambridge: Cambridge University Press, 1996:189-205.

〔52〕 Swisher, J.D., Crawford, J.P., Goldstein, R., et al. Drug education: pushing or preventing〔J〕? Peabody Journal of Education, 1971, 49(1): 68-75.

〔53〕 Weinstein, N. D., Rothman, A. J., & Sutton, S. Stage theories of health behavior: Conceptual and methodological issues〔J〕. Health Psychology, 1998, 17: 290-299.

〔54〕 Welk, J.J. The youth physical activity promotion modes: a conceptual bridge between theory and practice〔J〕. Quest, 1999, 51: 5-23.

〔55〕 Wingood, G. M., & DiClemente, R. HIV sexual interventions for women: A review〔J〕. American Journal of Preventive Medicine, 1996, 12, 209-217.

附件(1):综述论文列表

**表1** 研究按对象、样本大小、研究类型(设计)和使用阶段变化模型情况的分类整理

**Table 1.** Studies categorized by participants' characteristics, sample size, research design and TTM dimensions included in study.

| | 研究编号 |
|---|---|
| **有效样本含量(综述除外)** | |
| <100 | 106,77,111,36 |
| 100—199 | 94,92,65,80,87 |
| 200—299 | 102,26,37,88,62,42,44,85 |
| 300—399 | 90,67,96,47,45,50 |
| 400—499 | 107,8,61,25,18,81,86,4,71 |
| 500—999 | 89,46,66,82,109,63,64,7,83,69,70,13,19,33,91,79,43,3,78,112,38,20,48,49,,113,51,39,72 |
| 1000—2999 | 95,108,59,110,28,68,97,60,103,56,104,12,58,105,57,93,35,34,27,84,98,114 |
| >3000 | 76,14 |
| **研究类型(设计)** | |
| 综述 | 1,2,6,9,10,11,15,16,17,21,22,23,24,29,30,31,32,40,41,52,53,54,55,73,74,75,99,100,101 |
| 现状调查 | 3,4,5,7,8,33,34,35,42,43,44,56,57,58,59,60,61,62,76,77,78,79,86,87,88,89,90,91,103,102,104,105 |
| 现状调查分析 | 14,26,27,28,36,37,46,47,63,64,65,66,67,68,69,70,81,82,83,95,96,97,108,109,110,111,112 |
| 干预 | 12,13,18,19,25,45,80,92,93,94,106,107 |
| 工具研发、修订、检验及相关 | 20,38,39,48,49,50,51,71,72,84,85,98,113,114 |
| **研究对象** | |
| 大学生 | 3,4,7,8,14,18,20,25,26,33,38,42,43,45,48,49,50,56,57,58,59,60,63,64,65,71,76,77,78,81,84,86,87,92,95,106,107,108,113 |
| 高知 | 5,36,46,61,66,79,82,88,89,102,103,109 |
| 青少年儿童 | 28,34,38,68,69,83,93,98,104,105,109,114 |
| 居民 | 12,13,27,34,51,67,67,85,90,96 |
| 中老年人 | 19,47,37 |
| 特殊人数 | 44,62,72,80,91,94,97,111,112 |
| **使用TTM情况** | |
| 变化阶段 | 3,4,7,8,14,33,38,42,43,56,57,58,63,64,65,76,81,86,95,108,5,46,66,82,88,102,109,12,34,67,68,85,96,47,35,69,83,104,105,110,37,44,62,91,97,111,16,40,52,53,73,74 |
| 全体 | 20,26,48,49,50,71,113,61,79,89,51,93,80,94,112,9,10,17,21,22,2,24,29,30,31,32,41,54,55,75,99,100,101 |
| 部分 | 18,25,45,59,60,77,78,84,877,92,106,107,36,103,13,27,90,19,28,39,70,98,114,72,1,2,6,11 |

注:编号为"5"的研究,因为无法获取全文,无法对其有效样本含量做出判断。

附件(2):论文编码列表

| 编号 | 论文题目 | 年度 | 作者 | 发表期刊 |
|---|---|---|---|---|
| 1 | 国外关于体育锻炼行为的研究理论和成果的综述 | 1998 | 程小虎,张 凯 | 湖北体育科技 |
| 2 | 研究社会心理,推动全民健身 | 1998 | 吴声洗,吴贻刚 | 体育学刊 |
| 3 | 对大学生体育锻炼行为阶段性特点的调查研究 | 1998 | 程小虎,卢标,张凯 | 体育与科学 |
| 4 | 一、二年级大学生体育锻炼行为阶段性特点的调查研究 | 1998 | 程小虎,卢标 | 武汉体育学院学报 |
| 5 | 中国科学院职工锻炼行为的研究 | 2000 | 宋晓东 | 体育科学 |
| 6 | 大众体育锻炼干预的理论模式 | 2002 | 毕永锋 | 体育与科学 |
| 7 | 郴州市大专学生体育锻炼行为阶段性调查研究 | 2002 | 王伟,周建军 | 郴州师范高等专科学校学报 |
| 8 | 大学生体育锻炼行为的初步研究 | 2002 | 宋晓东,杨习锋,胡洪安 | 四川体育科学 |
| 9 | 国外锻炼行为理论研究综述 | 2003 | 毛荣建,晏宁,毛志雄 | 北京体育大学学报 |
| 10 | 锻炼行为激发机制的研究进展 | 2003 | 毛荣建,刘蓟生,毛志雄 | 体育学刊 |
| 11 | 运动行为的理论与其模型 | 2004 | 程丽平,蔡庚,李磊 | 四川体育科学 |
| 12 | 对杭州市社区居民锻炼行为的干预效果观察 | 2004 | 许亮文,杨廷忠,马海燕等 | 中国运动医学杂志 |
| 13 | 行为转变理论模式在社区居民体育健身锻炼行为干预中的运用 | 2004 | 赵燕,张永军,纪丽娥 | 山东体育学院学报 |
| 14 | 中国大学生闲暇体育锻炼行为的阶段性特征研究 | 2004 | 常生,陈及治 | 体育科学 |
| 15 | 体育锻炼行为和行为转变理论模式的嫁接 | 2005 | 张雪芹 | 体育成人教育学刊 |
| 16 | 体育锻炼行为不同阶段的动机研究 | 2005 | 李凤英,阳海英 | 孝感学院学报 |
| 17 | 健康行为改变理论述评 | 2005 | 林丹华,方晓义,李晓铭 | 心理发展与教育 |
| 18 | 对浙江省普通高校体育弱势群体(学生)锻炼行为的干预效果研究 | 2005 | 黄忠兴 | 浙江体育科学 |
| 19 | 行为转变理论模式在中年人群体育健身行为中的应用 | 2005 | 邱建国,张永军 | 武汉体育学院学报 |
| 20 | 大学生体育锻炼行为的阶段变化与心理因素研究 | 2005 | 司琦 | 体育科学 |

续表

| 编号 | 论文题目 | 年度 | 作者 | 发表期刊 |
|------|----------|------|------|----------|
| 21 | 体育锻炼行为的跨理论模型研究进展 | 2006 | 尹博 | 体育学刊 |
| 22 | 试论当代西方锻炼行为阶段理论 | 2006 | 段艳平, Walter Brehm, Petra Wagner | 中国运动医学杂志 |
| 23 | 体育锻炼行为阶段改变模式理论的综述 | 2006 | 白文飞 | 首都体育学院学报 |
| 24 | TTM 理论及其在锻炼领域的应用 | 2006 | 刘显,黄志剑,郭志平 | 武汉体育学院学报 |
| 25 | 大学生体育锻炼行为分阶段干预效果的动态观察 | 2006 | 马申,马云霞,朱伟 | 中国行为医学科学 |
| 26 | 影响大学生锻炼行为阶段变化的各心理因素间的路径分析 | 2006 | 司琦 | 体育科学 |
| 27 | 宁波市城区居民身体运动现状调查 | 2006 | 朱银潮,陈衡平,顾素玲等 | 中国健康教育 |
| 28 | 青少年锻炼行为的阶段变化模化研究 | 2006 | 方敏,孙影,赵俊红 | 中国公共卫生 |
| 29 | 健康行为改变的跨理论模型 | 2007 | 尹博 | 中国心理卫生杂志 |
| 30 | 对应用于锻炼行为变化的跨理论模式指导体育锻炼的研究 | 2007 | 刘洋,傅企明,王茵 | 体育科技文献通报 |
| 31 | 身体活动的行为科学理论综述 | 2007 | 司琦 | 体育科学 |
| 32 | 身体锻炼行为理论模型的研究 | 2007 | 孙开宏 | 扬州教育学院学报 |
| 33 | 对行为变化的跨理论模式指导硕士研究生体育锻炼的研究 | 2007 | 刘洋,王茵 | 体育科技文献通报 |
| 34 | 宁波市城区居民身体运动现状调查 | 2007 | 朱银潮,陈衡平,顾素玲 | 海峡预防医学杂志 |
| 35 | 青少年锻炼行为阶段变化模式研究 | 2007 | 陈羲 | 淮北职业技术学院学报 |
| 36 | 高校教师亚健康状况的心理成因与锻炼对策研究 | 2007 | 司琦,杨新海 | 体育科学 |
| 37 | 养老院老年人锻炼行为及心理变化阶段与生活质量的关系 | 2007 | 廖八根 | 中国组织工程研究与临床康复 |
| 38 | 大学生体育锻炼变化阶段(连续性测量)量表的修正研究 | 2007 | 江铁锋 | 浙江体育科学 |
| 39 | 中学生锻炼行为与决策平衡的关系 | 2007 | 耿宁,方敏 | 沈阳体育学院学报 |

| 编号 | 论文题目 | 年度 | 作者 | 发表期刊 |
|---|---|---|---|---|
| 40 | 休闲体育行为发展阶段限制因素研究——个假设性理论框架 | 2008 | 邱亚君 | 体育科学 |
| 41 | 促进身体锻炼行为的阶段性改变理论研究述评 | 2008 | 曾永忠,赵苏 | 山东体育科技 |
| 42 | 行为改变跨理论模式对大学生课余体育锻炼的指导研究 | 2008 | 孙福成,章迅,刘新兰等 | 南京体育学院学报 |
| 43 | 对大学生体育锻炼行为阶段性变化特点的调研 | 2008 | 章玮 | 安徽体育科技 |
| 44 | 毛南族聚居区居民体育锻炼行为分析 | 2008 | 赵学森,余文军 | 广西民族大学学报（自然科学版） |
| 45 | 跨理论模式的应用——一项大学生锻炼行为的干预研究 | 2008 | 马申,王白山,李静芝 | 中国运动医学杂志 |
| 46 | 不同锻炼行为阶段的体育消费心理 | 2008 | 陈善平,王云冰,韩骥磊 | 体育科学 |
| 47 | 广州市社区中年人群体育锻炼行为阶段分布及与气质类型的关系 | 2008 | 廖八根,熊锡,肖劣昆等 | 中国行为医学科学 |
| 48 | 锻炼行为《阶段变化问卷》的信度和效度分析 | 2008 | 郭志平,李正中,周曙 | 湖北师范学院学报（自然科学版） |
| 49 | 大学新生锻炼行为阶段变化与心理因素研究 | 2008 | 郭志平,黄志剑,李正中等 | 中国体育科技 |
| 50 | TTM理论量表在体育锻炼领域的标准化研究 | 2008 | 张棣,张秀丽,冯永丽等 | 天津体育学院学报 |
| 51 | 城市居民锻炼行为阶段与心理因素的探讨 | 2008 | 李正中,郭志平,刘劲松 | 中国体育科技 |
| 52 | 休闲体育行为发展阶段动机因素的理论研究 | 2009 | 邱亚君 | 中国体育科技 |
| 53 | 青少年锻炼行为分阶段转变的制约因素及干预策略 | 2009 | 郑祥荣 | 福建师范大学学报（自然科学版） |
| 54 | 跨理论模型及其在体育锻炼领域的应用 | 2009 | 彭彦铭,胡乔,李正中等 | 湖北师范学院学报（哲学社会科学版） |
| 55 | 锻炼行为理论的评价与展望 | 2009 | 熊明生,周宗奎 | 武汉体育学院学报 |
| 56 | 荆州市大学生体育锻炼行为特点调查研究 | 2009 | 姜德昆 | 长江大学学报（自然科学版）理工卷 |
| 57 | 参与高校体育社团对大学生体育锻炼习惯养成的各阶段影响研究 | 2009 | 刘晓莉 | 南京体育学院学报 |
| 58 | 黑龙江省大学生体育锻炼行为特征分析 | 2009 | 李春田,刘福兴 | 科技创新导报 |

续表

| 编号 | 论文题目 | 年度 | 作者 | 发表期刊 |
|---|---|---|---|---|
| 59 | 大学生锻炼行为阶段变化模式研究 | 2009 | 方敏,孙影 | 天津体育学院学报 |
| 60 | 大学生锻炼行为与自我效能的关系 | 2009 | 赵勇,方敏 | 南阳师范学院学报 |
| 61 | 运用跨理论模型对公务员体育锻炼行为改变的调查分析 | 2009 | 马爱国,王雪芹,王念辉等 | 体育学刊 |
| 62 | 职业工人体育锻炼行为特征的研究——以胜利油田工人为例 | 2009 | 王合霞,唐亮 | 北京体育大学学报 |
| 63 | 基于KAP模式理论对大学生锻炼行为影响因素的探究 | 2009 | 周静,周伟 | 成都体育学院学报 |
| 64 | 休闲限制理论对大学生锻炼行为阻碍因素的探究 | 2009 | 周静,周伟 | 南京体育学院学报 |
| 65 | 不同体育锻炼阶段大学女生身体意象的比较研究 | 2009 | 潘明荣,范敏 | 体育科技 |
| 66 | 锻炼行为和锻炼动机的跨理论研究 | 2009 | 张平,陈善平,潘秀刚等 | 武汉体育学院学报 |
| 67 | 广州市部分社区35—59岁人群体育锻炼行为阶段分布及其与社会支持相关性研究 | 2009 | 肖才坤 | 科技信息 |
| 68 | 锻炼对中国人健康生活质量的影响 | 2009 | 李小英,燕子 | 体育科研 |
| 69 | 社会支持在青少年课外锻炼性别差异中的作用 | 2009 | 曹佃省,谢光荣 | 中国健康心理学杂志 |
| 70 | 长沙市中学生健康危险感知与闲暇锻炼相关分析 | 2009 | 曹佃省,谢光荣 | 中国学校卫生 |
| 71 | 大学新生锻炼行为阶段变化问卷的检验及应用 | 2009 | 李正中,郭志平,彭彦铭 | 武汉体育学院学报 |
| 72 | 减肥人群锻炼行为变化过程量表的编制 | 2009 | 张晓瑜,毛志雄,马勇志 | 中国运动医学杂志 |
| 73 | 极限运动休闲行为发展阶段限制因素的研究 | 2010 | 赵意迎 | 山东体育科技 |
| 74 | 从身体活动的行为科学理论看影响参与体育锻炼的因素 | 2010 | 白彩梅,马文飞 | 四川体育科学 |
| 75 | 跨理论模式在篮球选项教学中的应用 | 2010 | 相振伟 | 搏击(体育论坛) |
| 76 | 研究生的身体健康和体育锻炼行为——与本科生的比较研究 | 2010 | 刘丽萍,陈善平,魏小艾 | 武汉体育学院学报 |
| 77 | 运用跨理论模型对大学生体质不达标学生体育锻炼行为阶段的分析 | 2010 | 王胜起 | 网络财富 |

| 编号 | 论文题目 | 年度 | 作者 | 发表期刊 |
|---|---|---|---|---|
| 78 | 2010年亚运会对广州大学生体育锻炼的影响 | 2010 | 陈华东,钞飞侠,张晓红等 | 广州体育学院学报 |
| 79 | 不同体力活动阶段的社会心理学特征分析——以浙江省高校教师为例 | 2010 | 常华军,陈 嵘 | 浙江体育科学 |
| 80 | 促进弱势群体参与体育锻炼的干预研究——以听力残疾学生为例 | 2010 | 司琦,陈红玉,刘海群,Cardinal B | 体育科学 |
| 81 | 高职学生体育锻炼阶段变化特征与锻炼行为执着性研究 | 2010 | 陈碧清 | 湖北体育科技 |
| 82 | 不同锻炼行为阶段锻炼效果认知的比较 | 2010 | 胡泯,陈善平,张中江等 | 首都体育学院学报 |
| 83 | 长沙市2所中学学生课外锻炼现状调查 | 2010 | 曹佃省,唐语林,汤彬等 | 中国学校卫生 |
| 84 | 大学生锻炼行为跨理论模型问卷的性别等值性 | 2010 | 方敏 | 体育学刊 |
| 85 | 城镇居民体育锻炼行为变化阶段量表的编制与检验——基于四川省部分城市居民社区的调查 | 2010 | 郭新艳,徐玖平 | 成都体育学院学报 |
| 86 | 重庆市普通高校大学生体育锻炼行为调查与研究 | 2011 | 徐林江 | 科学咨询 |
| 87 | 男女大学生体力活动及行为学特征的比较研究 | 2011 | 马申,王白山,杨欣海 | 中国行为医学与脑科学杂志 |
| 88 | 宁波高校教师体力活动状况调查研究 | 2011 | 常华军,屈志斌 | 宁波大学学报（人文科学版） |
| 89 | 运用跨理论模型对高校教师体育锻炼行为改变阶段的研究 | 2011 | 赵媛媛 | 安徽体育科技 |
| 90 | 不同锻炼阶段与锻炼益处及障碍认知的相关性研究 | 2011 | 郭新艳,徐玖平 | 西安体育学院学报 |
| 91 | 少数民族地区学生体育锻炼态度及其行为特征 | 2011 | 高翔,陈文荣,罗佳银 | 红河学院学报 |
| 92 | 动机访谈对运动准备期大学生的干预研究 | 2011 | 李建国 | 运动 |
| 93 | 运用跨理论模型对中小学生久坐行为干预效果评价 | 2011 | 徐莉,瞿旭平,毛晨佳等 | 中华流行病学杂志 |
| 94 | 对不同性别茂名乙烯工人锻炼行为实施干预的实验研究 | 2011 | 刘纠新 | 中外教育研究 |

| 编号 | 论文题目 | 年度 | 作者 | 发表期刊 |
| --- | --- | --- | --- | --- |
| 95 | 大学生体育锻炼阶段与自我管理技能研究 | 2011 | 董小燕 | 高等教育 |
| 96 | 广州市社区中年人群社会支持状况与体育锻炼行为阶段分布关系 | 2011 | 苏活权,廖八根,熊锡等 | 医学信息 |
| 97 | 基于行为分阶段模型的毛南族居民健身与生命质量研究 | 2011 | 刘志民,赵学森 | 上海体育学院学报 |
| 98 | 青少年锻炼行为阶段变化与变化过程的关系 | 2011 | 方敏 | 西安体育学院学报 |
| 99 | 体育锻炼领域跨理论模型研究述评 | 2012 | 马勇占,王高锋,王东升 | 浙江体育科学 |
| 100 | 跨理论模型在肥胖儿童体质量管理中的应用 | 2012 | 蒋志,周乐山 | 护理管理杂志 |
| 101 | 跨理论模型在大学生体育锻炼行为的研究现状与展望 | 2012 | 郭宇刚,钱张师 | 价值工程 |
| 102 | 武汉高校在职中高级知识分子体育锻炼行为研究 | 2012 | 于志华,秦更生,巩庆波 | 科技创业月刊 |
| 103 | 基于跨理论模型的视角:高校教师体育锻炼行为变化阶段与转变过程的研究 | 2012 | 王来东,齐春燕 | 运动 |
| 104 | 重庆市初中生体育锻炼情况调查研究——性别年级及学校类型间的特征与差异 | 2012 | 付道领,郭立亚 | 西南大学学报社会科学版 |
| 105 | 初中生体育锻炼行为及学校因素调查研究 | 2012 | 付道领,郭立亚 | 中国教育学刊 |
| 106 | 基于跨理论模型的认知行为干预对体质健康突出问题大学生运动行为影响的实验研究 | 2012 | 郭文,曹蕾,邹循豪 | 安徽体育科技 |
| 107 | 对不同性别大二学生锻炼行为实施干预的实验研究 | 2012 | 刘付新 | 广东石油化工学院学报 |
| 108 | 大学生体育锻炼行为阶段性特征的初步研究 | 2012 | 杨习锋,杨成彬,沈艳 | 学校体育 |
| 109 | 不同锻炼阶段高知人员体育消费的比较 | 2012 | 陈善平,孙蔚,韩骥磊等 | 首都体育学院学报 |
| 110 | 社会学视角下青少年锻炼行为阶段转变影响因素研究——以福建省七城市为例 | 2012 | 郑祥荣 | 福建体育科技 |
| 111 | 广州运输业农民工身心健康和体育行为的研究 | 2012 | 朱琳,李小瑜,王小燕等 | 哈尔滨体育学院学报 |

续表

| 编号 | 论文题目 | 年度 | 作者 | 发表期刊 |
|---|---|---|---|---|
| 112 | 运用跨理论模型对蒙古族大学生体育锻炼行为改变的研究 | 2012 | 包呼和 | 沈阳体育学院学报 |
| 113 | 跨理论模型中自我效能、变化阶段对变化过程和身体活动关系的中介效应 | 2012 | 马勇占，毛志雄，王东升 | 天津体育学院学报 |
| 114 | 青少年锻炼行为变化过程量表的修订与检验 | 2012 | 赵俊红，方敏 | 安徽师范大学学报（自然科学版） |

# 4. 体育健康促进的群体理论

对团体、组织或大型社会机构的功能、构成、运作原理的理解,在设计群众性干预项目(population-based intervention)时至关重要。20世纪的干预设计和研究重点关注于影响个体的相关因素,针对个体或环境进行干预;而进入21世纪之后,如何服务于社区,如何针对群众样本进行干预,成了体育健康促进相关领域新的研究热点。由此,设计干预项目时,有必要对社会系统如何运作,系统内的变化如何发生,以及社区或组织的变化如何影响人们的行为或健康等问题进行深入探究。

目前在全球范围内,由于体育锻炼不足、生活方式的改变等而引发的慢性疾病越来越受到关注,如肥胖、心血管疾病和Ⅱ型糖尿病等。体育锻炼不足已成为世界范围内引发可预防性死亡的第四位因素。而前期针对个体或小团体使用的干预理论或研究方法,无论在影响的范围和影响的效力方面都已经无法满足当前实践和研究的需要,有必要对大型团体、组织、机构健康行为相关的理论或模型进行学习,以指导研究和实践。基于群体的健康行为促进理论或模型,有一些是为了让学校、工作单位、健康机构或组织、政府机构等以保护或促进健康为主要目的的机关能够更好地发挥其功能和职责;另外一些组织,例如媒体,尽管其主要职能与促进健康并没有直接联系,但却在与人的相互作用过程中,在健康促进里发挥着重要的作用。

因此,本部分将介绍在社会组织或以群众样本为基础、实现行为改变过程中,可能会使用到的理论或模型,甚至是构架或主要方法。

## 4.1 创新扩散理论

创新扩散理论(Diffusion of Innovation, E.M.Rogers, 1962, 1983, 1995, 2003)最早由罗杰斯(E.M.Rogers)于20世纪60年代提出,是一个关于如何通过媒介影

响人们接受新观念、新事物和新产品的理论。罗杰斯认为,扩散(diffusion)是一个随着时间的推移,将创新通过某种渠道传递至社会系统成员的过程。而传播(dissemination)则指有计划的、通过系统性设计,使项目或创新能够更广泛到达目标人群或社会系统成员的过程。扩散其实是努力传播的结果。创新(innovation)强调的则是被个体或其他使用的单位认为的新的一个观点、想法、实践或目标。健康促进领域内产生的理论或模型在应用于实践过程中总存在这样那样的问题。研究者在检验理论在不同环境中的应用性时,实践者(如医疗保健体系的工作人员、一线体育与健康课程教师)却在不断抱怨理论或项目外部效度低。如何缩小理论与实践间的差距,如何使理论或模型扩散至社会不同层面,使其真正成为具有可操作性的理论或模型,是在不同领域理论研究过程中,需要不断思考的问题。

### 4.1.1  对理论框架的理解

(1) 对扩散的初步理解

扩散可以被认为是一个变化连续体,包括被动和主动两种特征。被动的扩散是一个无计划、非正式、很大程度上平行依赖朋友或社会网络的过程,处于变化连续体的一端;而主动的扩散则是有计划的、正式的、以垂直分层为中心的过程,处于变化连续性的另一端。主动传播或扩散健康行为项目的方式有三种:①直接扩散材料或工具;②颁布或执行政策、法规或法律;③持续、长效、系统地评价。创新扩散分为几个阶段:创新发展(innovation development)、传播(dissemination)、采纳(adoption)、实施(implementation)、保持(maintenance)、持续(sustainability)和制度化(institutionalization)。

在健康行为和健康促进研究领域,创新发展阶段的社会市场化(social marketing)经常被用于设计、制定目标、改善和实施健康促进创新或"健康产品",如体育锻炼可以促进身心健康。传播阶段要求针对目标群体,试图说服其采纳创新。采纳阶段则强调关注:采纳创新群体的需要、他们目前的态度和价值观、他们对创新可能出现的反应、可能提高采纳率的影响因素、如何影响潜在采纳者改变其行为的方法,以及采纳创新时可能面临的障碍及克服方法。实施阶段时,使用者会考虑可能遇到的问题,如何寻求资源以支持创新转化为实践。保持和维持扩散阶段包括坚持对项目的实施,直至项目内容被制度化进入社区、组织或其他环境。有时,持续和制度化这两个阶段也可能融为一体,也可能扩散创新维持至持续阶段后,并没有进入制度化阶段就宣告结束。

现实生活中,有些创新被快速传播、接纳,例如微信,并开始影响人们的行为;而有些创新的扩散效应较差,甚至无法扩散。为什么会出现上述差异,主要与创新的特征、采纳者的性质以及环境的特点有关。

(2) 对创新的初步理解

罗杰斯及其他学者认为,具有下述特征的创新更容易被扩散,即相对优越性(relative advantage)、兼容性(compatibility)、复杂性(complexity)、可试验性(trialability)和可观察性(observability)(详见表4-1)。

**表4-1　影响扩散的创新的特征**

| 属性 | 主要问题 |
| --- | --- |
| 相对优越性 | 创新是否带来了改善或提高? |
| 兼容性 | 创新是否更加适合目标受众? |
| 复杂性 | 创新是否易于使用? |
| 可试验性 | 在决定采纳之前,创新是否可以尝试使用? |
| 可观察性 | 创新的结果是否可见而且易于评价? |

罗杰斯认为,创新过程被采纳,采纳者可以被分为以下五类:创新者、早期采纳者、早期众多跟进者、后期众多跟进者和滞后者。采纳者在不同阶段上的分布呈正态。

创新可能在一些环境易于成功传播,而在另一些环境之下则适得其反。环境的特征可能影响扩散的过程,而这些特征包括地理环境、社会文化、政治条件、全球化和统一性等。

(3) 对健康行为创新扩散环境的初步理解

对健康行为的创新,例如国家颁布的《健康中国2030规划纲要》,大多由异常复杂和多元的项目、指南、纲要构成,但真正接受项目并实施的是一个个的组织、机构以及构成上述组织的个体。基于社会生态模型,从实施项目的个体,到颁布项目的国家,其中存在着异常复杂微观、中观乃至宏观的环境,而这些环境均会对个体采纳和实施创新产生影响。同时,采纳和实施创新的主体还可能与环境之间存在相互影响、互动的过程。以上均说明,环境对于健康行为创新扩散的重要性。

### 4.1.2　创新扩散理论在体育健康促进领域的应用

（1）Sallis及其同事的论述

2000年,为了进一步推进行为与健康关系的研究,Sallis及其同事对"行为流行病学"进行了再定义,并基于行为与健康关系的前期成果,对相关研究进行了阶段性划分。Sallis指出,行为流行病学是研究群众健康相关行为的分布和致病原因的学科,是相对于临床医学研究的一个分支研究领域。行为流行病学研究的主要目的是,作为积极预防疾病和健康促进的一部分,关注、理解和影响群众人口的健康行为模式。随后,Sallis对行为流行病学研究的阶段进行了划分,详见表4-2。

表4-2　行为流行病学研究的阶段划分和主要任务

| 阶段 | 主要任务 |
| --- | --- |
| 阶段1:建立行为与健康的关系 | ●建立关系,明确原理,为后续群众人口研究奠定基础 |
| 阶段2:发展测量行为的方法 | ●开发测量工具并检验,提高研究质量 |
| 阶段3:明确行为影响因素 | ●明确影响行为的人口统计学因素,进一步验证相关因素、影响因素、决定因素和行为之间的关系 |
| 阶段4:评价干预以实现行为改变 | ●基于上述三个阶段的研究成果,系统性地设计、发展和验证干预 |
| 阶段5:研究向实践的转化 | ●类似Oldenburg等人提出的"创新发展",将研究成果进行传播、采纳、实施以维持行为改变,进而实现制度化 |

随后Sallis及其同事对《行为医学年刊》(*Annuals of Behavioral Medicine*)等四本知名期刊发表的论文进行了分析,分析结果发现,相关研究确实可以分属至以上五个阶段,且不同的期刊由于侧重点不同,显示出了不同的特点。例如,《行为医学年刊》(*Annals of behavioral medicine*)和《健康心理学》(*Health Psychology*)杂志发表的论文多集中在阶段1和阶段3。行为医学年刊有近50%的论文在关注行为与健康的关系(阶段1),而健康心理学期刊的论文中则有50%的论文在研究行为与健康的影响因素或致病原因。很少有研究关注如何设计干预,以及如何将干预应用、推广至实践中。与之相反,《营养教育》(*Journal of Nutrition Education*)和《控烟》(*Tobacco Control*)杂志发表的论文则主要集中于阶段3和阶段4,而没有阶段1和阶段2的相关研究成果发表。所有的杂志在阶段3的研究成果都最为集中,而阶段2的研究成果最少。《行为医学年刊》和《健康心理学》

杂志上有关干预的研究成果发表最少；而营养教育杂志则在研究成果向实践转化阶段的研究成果最多。

现在的问题是，上述的分析结果揭示了什么？不难理解，大部分的研究都集中于阶段3，因为要设计行之有效的干预，必须基于对行为影响复杂因素的充分了解；横向研究设计简便易行，则为大量实施阶段3相关研究任务提供了便利。与此同时，研究向实践转化的成果却异常缺乏。尽管Sallis及其同事分析的杂志仅有四本，普适性受到一定质疑，但结果却也警示我们，研究成果向实践的传播、推广和扩散将是未来一个重要的研究领域。当然研究的最终目标是发展、评价和扩散行为改变干预以提高群众健康水平。

（2）Owen及其同事的论述

2006年，Owen及其同事对如何基于循证的方法（evidence-based approaches）传播和扩散体育健康促进干预进行了论述，并以成功实施的SPARK项目为例进行了说明，以期对体育健康促进干预的传播和扩散起到启示作用。

**循证实验研究基础**

SPARK是为了最大限度提高儿童青少年在校期间上体育与健康课程时体育锻炼参与程度而设计的，是以提高学生体适能水平、运动技能和乐趣为主要目的项目。每一节课都包含两种形式的课堂活动：以发展肌肉力量、耐力、心肺耐力、柔韧性、移动能力为主要目的的健康体适能相关活动；以发展运动技能控制为主要目的的技能体适能相关活动。项目设计实施之后，以四年级和五年级的学生为研究对象，对项目的实施效果进行评价后发现，参与项目的学生不但提高了体育课期间的体育锻炼水平，而且健康体适能水平也出现了积极变化。18个月之后的跟踪研究显示，接受过SPARK项目专项培训的教师仍旧在体育课中使用SPARK项目的内容以实现提高学生体育锻炼水平的目的；同时，相对于控制组而言，参与SPARK项目学生的学习成绩保持了原有水平甚至出现了提高。项目不但显示出了相对的优势性，同时也显示出了与学校环境的兼容性。良好的实践基础，使得一家以运营体育课程和体育锻炼装备的公司——Sportime与SPARK项目结合，使用改善项目资源、提高教师培训水平、市场营销分销等多种商业运营的手段传播和扩散SPARK项目。

**商业运营模式介入**

在商业运营模式之下，项目、课程内容和材料都被设计得更加接近干预研究的主旨——培养专门的职员和提供售后服务。跟踪服务包括培训为上课体育教师提供咨询、指导、器械使用技巧、课程内容计划,甚至是教学技巧等方面专业帮助的服务商。由于巨大的市场需求,SPARK项目内容迅速扩展至从幼儿园到六年级的体育课程;涉及初中体育课程和课外体育锻炼内容的项目也单独被推广。推广的方法包括直接与体育课教师、校长、区域教育主管部门官员、健康管理部门官员,甚至是家长的沟通咨询;不同场合的活动展示、报告;Sportime公司广告、网络版广告;邀请学校相关人员直接参与项目展示;个人合同和口头推荐等等多种方式。以至于SPARK在美国国内的使用范围迅速扩大,甚至扩展至国外。

**循证实验证据的有效性和市场需求**

大部分研究者认为,干预或健康促进项目的成功与否应以研究的有效性为衡量指标。但项目在没有控制的实际环境中应用和推广,项目使用者的需要或市场需求也是值得关注的重要问题。体育锻炼不足可能引发多种慢性疾病,并且作为导致可预防性死亡的第四大风险因素已是众所周知;有关于体育锻炼不足危害的严重性、普遍性、急需干预以控制医疗费用支出的紧迫性,也已经得到了充分证实。因此,有关于需要的证据已足够充分。

那么市场的需要又是什么呢? 使用者对干预项目的主观认知决定了它看起来是否可行、可接受,以及是否与自身的生活方式、生活环境相匹配。例如,一个以校外体育锻炼为主要内容的干预项目,推广时可能会遇到来自青少年自身、家长和学校教师等多方面的"质疑"。因为青少年在校期间的体育锻炼时间尚且受到其他功课的挤占而无法完全保障,何况离校之后? 干预项目有效性的验证结果并不是在实践中检验推广性好坏的唯一标准,项目推广的实际环境、使用者的需求、个案研究的结果,甚至是成功推广的经验案例,均是具有参考价值的材料。有一点值得注意,即学术和科学研究的标准未必是衡量体育锻炼干预项目推广成功与否的唯一标准。

**循证干预扩散的路径**

循证干预项目扩散的可能路径有以下三种:

①直接应用于实践。即项目通过公共卫生或组织机构的渠道进行宣传,专业人员或接受过培训的相关人员均可对项目、资料或课程进行专业性的说明和推广。

②由政策到实践。大量循证结果支持的干预项目既可以促成相关政策的出台,同时也可以融入到相关健康促进的政策体系中去,以便于借助国家推行政策的力量而得以扩散。例如,地区教育主管部门可以规定区域范围内小学每周体育与健康课程的最低课时数要求,推荐相关干预项目。而校长掌握政策,可以在

政策允许范围内,结合实际推进干预项目的使用。

③系统性的扩散研究。通过系统性研究,监督不同策略、不同阶段扩散效果的影响,以及成功扩散的经验。

# 4.2  组织发展理论

组织发展理论(organizational development theory)是论述组织内部变化的理论之一,主要用于解释人们如何成功完成组织变化和提高绩效。组织发展理论被认为是,一个运用行为科学知识,让组织更加有效、有计划变化和发展的策略、设计的全系统。组织变化则指由一个变化中介所导致的不同程度、性质和自然属性的活动,来提高组织的整体绩效。组织被认为是一个异常复杂的社会系统,存在有不同的水平,包括成员、工作团队和作为整体的组织自身。组织发展理论强调组织是一个系统,以及不同系统以及系统和环境之间的相互作用关系。而组织的发展则是一个不断诊断、计划行动、实施和评价的过程,其目的则是为了通过知识和技能的转化来提高组织解决问题和面向未来的能力。

当心理学家在20世纪30年代首次认识到组织的结构和运作过程可以影响工人的行为、动机、不同机构之间的沟通,以及解决组织内部或不同团队之间问题时,有关组织发展的理论就从人类关系研究中被分离出来了。例如,增加对工人的关注会导致工人工作动机和效率提高的研究结果等。

## 4.2.1  对理论框架的理解

组织发展理论由以下主要成分构成,详见表4-3。

表4-3  组织发展理论的主要构成成分及说明

| 概念 | 定义 | 说明 |
| --- | --- | --- |
| 组织发展(organizational development) | 提高工作质量的方式、方法 | 明确工作的各个方面,通过组织诊断积极或消极影响员工 |
| 组织氛围(organizational climate) | 一个组织的个性 | 使用现有组织的一切作为改变努力的一部分 |
| 组织文化(organizational culture) | 组织成员共享的理念、设想,并在工作中无意识地起作用 | 通过组织外人员对组织文化的评价,基于对组织更深入的理解以计划干预 |

续表

| 概念 | 定义 | 说明 |
|------|------|------|
| 组织能力(organizational capacity) | 一个组织各子系统的最佳功能 | 明确组织的优势和劣势作为计划发展的一部分 |
| 行动研究(action research) | 提高组织绩效的四步骤:诊断、行动计划、干预和评价 | 基于对组织的诊断,以发展和实施计划实现组织变化 |
| 组织发展干预(organizational development interventions) | 用于提高组织绩效的特别技术,例如t-groups。 | 问卷、文化清单、t-groups和过程咨询等干预技术 |

注:参考自 Glanz, K., & Rimer, B.K. Theory at a glance[M]. Washington, D.C., National Cancer Institute, NIH Publication 05-3896, 1995.

**组织氛围**

组织氛围被认为是组织所特有的一种气氛或个性。员工对于组织的态度和信念构建了组织氛围,而这些看法又反过来影响组织成员的集体行为。氛围的特征包括领导力、沟通的开放性、参与性管理、角色的明确性、矛盾的解决等,它与员工对组织的满意度呈正相关,与员工在组织内感受到的压力呈负相关。同时,还与员工对工作的满意度、参与度、绩效以及行动计划的实施效果等相关。

**组织文化**

与组织氛围接近,组织文化包括组织成员共享的深层次价值观、社会准则以及行为。组织文化的五个基本组成成分是:设想、价值观、行为规范、行为模式和文化产品(例如反映组织文化的信息、符号、徽标等)。组织文化的主观特征反映了组织成员无意识地对组织的所想、所虑;反之,这些主观特征又形成了组织内部行为和产品的意义。有学者认为,组织氛围是"共享的理解或看法",而组织文化则是"共享的设想、理念"。氛围会依据环境动态变化,而文化的形成则更慢、更复杂、更稳定、更抗拒变革。目前,有关于氛围和文化的差异也存在一定的争议,但有学者认为,组织文化其实可以被认为是组织氛围构成四要素之一,其他三个分别是生态环境、社会环境和结构。

**组织能力**

组织氛围和组织文化均是组织实现有效的、有力的功能的组织性能。组织将从环境中获取的资源变为产品,再用产品来反作用于环境。有学者构建了组织生存能力评价框架,认为组织能力由四个成分组成:获取资源能力、维持系统能力、产生系统能力和外部目标达成能力。因此,任何一个组织如果未能获取充足的、适当的资源,发展机构专门运作于资源获取和管理,使资源有效地、有力地发挥作用并将其发展成为产品的话,组织终将停止运作。

### 4.2.2 组织发展理论的应用

Lewin在1946年建议的"行动研究",其实是帮助组织实现变化的最普通的方法之一。它包括诊断、行动计划、干预和评价四个步骤。

诊断可以帮助一个组织明确存在的、影响其有效性的问题所在,并能分析存在问题的潜在原因。对组织发展的诊断通常情况下由专业咨询人员完成,他们通过帮助组织审视自己的使命、目标、政策、结构和技术,以及与之相应的氛围和文化、环境、期望的结果,审视是否已经准备好采取行动等多方面,让组织了解自己的问题所在。诊断的方法不仅包括访谈,也可以使用针对组织成员的问卷调查。

行为计划的制订通常在诊断完成之后进行,包括针对存在的问题制定干预策略。而对干预策略的选择则应基于组织已具备的基础,准备好接受建议,如何和怎样利用组织完成,以及组织发展操作人员是否具有完成所制定干预的能力等几方面。随后,组织就会进入行动策划阶段,评估不同变化干预策略的可行性,最终采取行动。

干预则包括管理再设计、结构再设计、过程咨询和团队发展等。变化过程是有针对性的、有顺序的,并且接受监督。在干预的过程中,咨询者有义务帮助组织成员明确影响变化的障碍因素是什么,以及如何面对和克服障碍。

最后的评价阶段则需要跟踪组织执行干预的情况、出现的变化,记录干预对组织产生的影响,以及是否需要进一步提出额外的替代方案等。例如,导致干预效果不佳的组织层面因素可能是什么,如何解决等等。

目前针对青少年体育健康促进行为,国内不少专家学者提出了"家庭、学校和社区"联动的干预影响策略,但前期相关研究结果仅提出了构想并未提出有效可行的,以及如何实现家庭、学校和社区联动的操作性方法或建议。组织性质、规模、目标任务,以及运作方式均存在差异,或许,组织发展理论的构想以及具体的实施研究结果值得国内研究体育健康促进的专业人士参考和借鉴。

参考文献

[1] 唐兴通,郑常青,张延臣译. 创新的扩散(第五版).美 E.M.罗杰斯著.电子工业出版社,2016.

[2] 吴重涵. 从国际视野重新审视家校合作——《学校、家庭和社区合作伙

伴:行动手册》中文版序[J]. 教育学术月刊, 2013, 1:108-111.

[3] 杨燕国. 上海市青少年儿童体质健康促进的学校、家庭、社区联动模式研究——以卢湾区为例[D]. 上海华东师范大学, 2012.

[4] 郑兵, 罗炯, 张驰, 等. 学校、家庭、社区一体化促进青少年阳光体育活动长效机制的模型构建[J]. 体育学刊, 2015, 22(2):63-71.

[5] Ashforth, S.J. Climate formations: Issue and extensions[J]. Academy of Management Review, 1985, 25(4): 837-947.

[6] Cummings, T. Organizational Development and Change[M]//J. Boonstra (ed.) Dynamics of Organizational Change and Learning. West Sussex, England: Wiley, 2004.

[7] Forehand, G.A., & Gilmer, B. Environmental variation in studies of organizational behavior[J]. Psychological Bulletin, 1964, 62: 361-381.

[8] Glanz, K., Rimer, B.K., & Viswanath, K. Health behavior and health education: Theory, research and practice[M]. Fourth edition.San Francisco:Jossey-Bass, 2008.

[9] Gregory, B.T., Armenakis, A.A., & Moates, K.N. Achieving scientific rigor in organizational diagnosis: An application of the diagnostic funnel[J]. Consulting Psychology Journal: Practice and Research, 2007, 59(2): 79-90.

[10] Hawe, P., & Shiell, A. Social capital and health promotion: A review[J]. Social Science & Medicine, 2000, 51: 871-885.

[11] Lewin, K. Action research and minority problems[J]. Journal of Social Issues, 1946,2: 34-36.

[12] Litwin, G.H., & Stringer, R.A. Motivation and organizational climate [J]. American Journal of Sociology,1968,82(4):1220-1235.

[13] Oldenburg, B., & Glanz, K. Diffusion of innovations[M]//Glanz, K. et al. (ed.), Health behavior and health education: Theory, research, and practice 4th ed. New York: John Wiley & Sons, Inc. 2008: 313-333.

[14] Owen, N., Glanz, K., Sallis, J., et al. Evidence-based approaches to dissemination and diffusion of physical activity intervention[J]. American Journal of Preventive Medicine, 2006, 31(4 Suppl.): S35-44.

[15] Owen, N., Glanz, K., Sallis, J.F., et al. Evidence-based approaches to dis-

semination and diffusion of physical activity intervention. American Journal of Preventive Medicine, 2006, 31(4S): S35-S44.

[16] Porras, J.I., & Robertson, P.J. Organization development theory: A typology and evaluation[M]// R.W. Woodman and W.A. Pasmore(eds.), Research in Organization Change and Development. Vol. 1. Greenwich, Conn.: JAI Press, 1987.

[17] Prestby, J., & Wandersman, A. An empirical exploration of a framework of organizational viability: Maintaining block organizations[J]. The Journal of Applied Behavioral Science, 1985, 21(3): 287-305.

[18] Roethlisbergen, F. J., & Dickson, W.J. Management and the worker[M]. Cambridge: Harvard University Press, 1939.

[19] Sallis, J.F., Owen, N., & Fotheringham, M.J. Behavioral epidemiology: A systematic framework to classify phases of research on health promotion and disease prevention [J]. Annual Review of Behavioral Medicine, 2000, 22 (4): 294-298.

[20] Schneider, B. Organizational Behavior[J]. Annual Review of Psychology, 1985, 36: 573-611.

# 5. 体育健康促进的研究方法

有关体育健康促进的研究方法可分为定性研究和定量研究两大类。定量研究广为人知,作为传统的、常见的研究方法,定量研究关注测量,通过对数据意义的解读来揭示研究的意义。但数据有时无法解释生命意义、价值观和态度等问题,此时,定性研究则是一个有益的补充。尽管定性研究因主观性强、信效度低等问题导致应用范围受限,但关注个体生命本身,关注事件发生的情景,在自然状态下发现和探索事件的意义和本质,通过归纳对事件进行解读,以及系统而又灵活,具有小样本、充分描述等的特征,是定量研究无法替代的(见图5-1)。在目前的健康促进领域和体育健康促进领域内存在同时使用各具优势的两种研究方法、全面发现和探索研究本质的趋势。

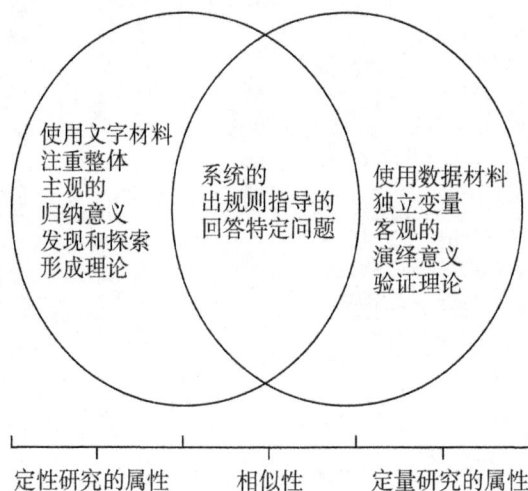

图 5-1　定性研究和定量研究的异同比较(参考自 : Pitney, W.A., Parker, J. Qualitative Research in Physical Activity and the Health Professions. Human Kinetics, 2008: 6)

# 5.1 定性研究

定性研究方法又称为质性研究方法,是以解释现象为目的,引出经历或行为的脉络化本质,并对其进行深度和综合分析的过程。相对于较为客观的定量研究方法而言,定性研究常常被赋予主观性强、信效度低、缺乏评估标准、推广性差,以至于价值、意义受限等缺点。但定性研究方法作为有多种理论观点支撑和具备实用技术的研究方法,聚焦于对现象的解释和意义的赋予,具有发生在自然状态之下,关注现象发生的环境,使用多种方法,使之自然显现而非预想,从本质上对现象进行解读等特征;是对定量研究的一个有益补充。在定量研究只能拿着数据进行推理的时候,定性研究却可以帮助研究者发掘数据背后深藏着的原因或本质。

定性研究作为研究的探索阶段,尤其是研究者对所涉及的领域了解不多的时候,显得尤为重要。同时,通过定性研究将定量研究的数据进行补充挖掘和解释,讲成可信的故事时,也更加可能被政策制定部门或相关人员理解和接纳。

利亚姆帕特唐(P. Liamputtong)等人认为,开展任何一项定性研究,研究者需要首先澄清三个相互关联的问题:研究的理论框架是什么? 研究问题是什么? 研究的预期结果是什么? 以问题为导向的研究可能从尝试回答第二个问题开始,但上述三个问题其实是具有逻辑上的紧密联系的。哪个问题需要优先考虑,上述三个问题应该如何回答,取决于研究的目的。

## 5.1.1 定性研究理论

应用于健康促进领域的质性研究理论是相对完整的,之所以对理论进行梳理和说明,是与本书所强调的一贯理念相一致的,即理论对指导实证研究和实践异常重要。尽管不同的研究项目对理论的需求可能存在不同,但是,如果本书对方法的介绍有助于帮助研究者思考如何使用质性理论,什么理论更适合什么样的研究项目,那么,介绍的主要目的就达到了。本部分将选取现象学、符号互动理论、诠释学进行简单介绍。

(1)现象学

现象学(phenomenology)家关注的焦点是生活世界的社会建构,强调只有将个体的行为放置于其日常的生活中时,才能被理解。同时还强调,在解释个体的行为目的时,必须先理解行为的意义和意图,重在使用理解的过程和方法去解释后天经历和互动行为中的典型化(typification)。现象学研究经常使用深度访谈法。

(2) 符号互动理论

符号互动理论(symbolic interactionism)又称为象征互动论,主张从互动的个体的生活环境去研究行为的理论。符号是指具有象征意义的事物。该理论认为,事物对个体行为的影响取决于事物本身相对于个体的象征意义,而意义产生于个体和他人的互动。符号互动论对定性研究最大的贡献之一是扎根理论的发展,经常使用的研究方法包括深度访谈法、焦点小组讨论(focus group)、非干预性方法等。

(3) 诠释学

诠释学(hermeneutics)又称为解释学,是解释和理解文本的一种哲学技术,认为人类行为也可以像文本一样被诠释。主张研究对生活经历的解释和故事化的解释以及其继续相互影响的循环。叙事法是诠释学主要使用的方法。

## 5.1.2　定性研究步骤

尽管定性研究有很大的灵活性、主观性和调适性,但也需要像其他类型研究一样进行研究设计,做研究计划,遵循研究原则和研究方法等(见图5-2)。定性研究也包括理论基础或理论构架部分(如上所述),用来解释支持研究观点的主要概念或理论。有学者认为,没有理论基础的研究是狭隘的;没有研究支持的理论,则是不切实际的企图。而文献综述是帮助我们实现研究概念化的重要途径。例如,Thompson等学者在对儿童青少年时期体育锻炼参与水平对成年后锻炼认知和锻炼行为的影响研究中,通过进行文献综述使其研究概念化的过程如下。

促进儿童青少年参与体育锻炼,是因为活跃的儿童会变成活跃的成人(Pate et al., 1999)。换言之,成年人的体育锻炼行为可追溯至儿童青少年。儿童青少年期也被认为是将体育锻炼内化为生活方式的最佳时期,因为这一时期形成的态度、发展的运动技能,对成年后是否参与规律的体育锻炼异常重要(Telama, Yang, Laakso, & Viikari, 1997)。对于此种现象的解释是,儿童青少年时期获得的体育锻炼体验和习得的运动技能能够促进成人的体育锻炼行为以及提高接受其他形式体育锻炼或运动的可能性(Telama et al.,1997)。综上,早期体育锻炼经历是预测成人体育锻炼行为的重要因素(Engstrom, 1991)。

随后则需要通过文献综述进一步明确研究问题,并基于此开始收集和分析定性材料。收集和分析定性材料过程中,解释定性材料的过程和标准、抽样的方法和过程以及收集和分析的过程等均需详细说明,以提高定性研究的可信度。同时,通过对确实性(credibility)、可转化性(transferability,类似定量研究的效度)和可靠性(dependability,类似定量研究的信度)的评价进一步实现对定性研究可信度的分析。

最后需要关注的,则是定性研究的伦理问题。

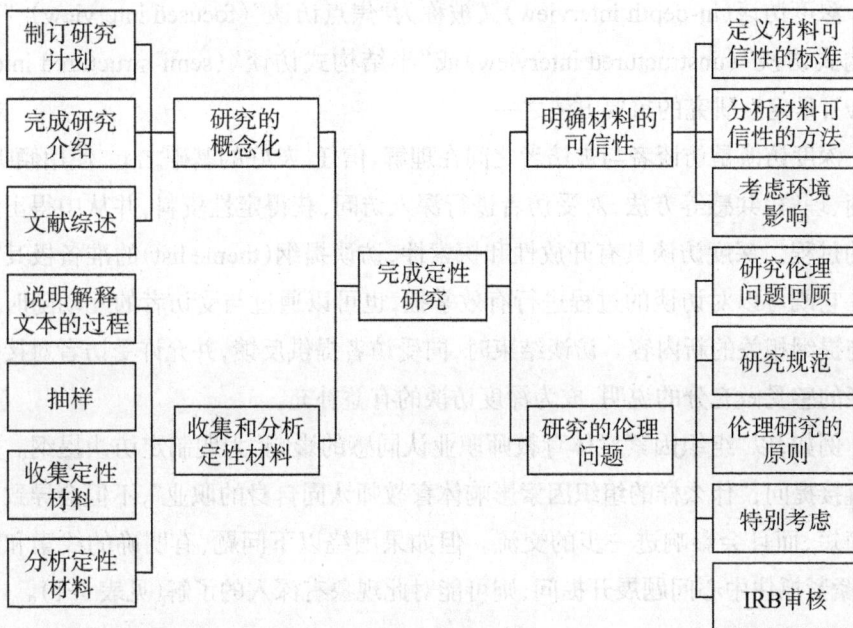

图5-2　定性研究的步骤(参考自:Pitney, W.A., Parker, J. Qualitative Research in Physical Activity and the Health Professions. Human Kinetics, 2008. p: 30)

### 5.1.3　定性研究方法类型及应用

对定性研究结果的检验最后要看是否被大众所接受,并引导人们从一个新的视角去理解、看待和分析事物。因此,定性研究强调遵循正确的程序,采用严谨的方法和目的性抽样的重要性,以及研究的伦理和真实结果的重要性。

（1）观察法

观察法（observation）是研究者有目的、有计划地在自然条件下对社会现象及其中的个体进行认识和资料收集的过程。由于可以在对被观察对象不产生任何影响的情况下收集资料，因此观察法能够提供被观察对象的最直观、最自然、最深入和最丰富的第一手资料。但也存在研究不可复制、无法重复，研究质量很大程度上依赖于研究者专业素质等缺点。

实施观察时，研究者应当关注研究现场中的以下六大相关信息，即谁（who）、什么（what）、何时（when）、何地（where）、为什么（why）和怎么样（how）；并关注记录的真实性、准确性和条理性。

（2）深度访谈法

深度访谈（in-depth interview）又被称为"焦点访谈"（focused interview）、"无结构式访谈"（unstructured interview）或"半结构式访谈"（semi-structured interview），是定性研究的重要方法之一。

深度访谈是访谈者与被访者之间在理解、信任、友好的基础之上，使用倾听、协商、理解、共感等方法，对受访者进行深入访问，获得定性资料，并从中得出结论的过程。深度访谈具有开放性和探索性，访谈提纲（theme list）的准备极其重要。它既可以对访谈的过程进行有效掌控，也可以通过与受访者的互动随时发掘与提纲相关的新内容。访谈结束时，向受访者提供反馈，并允许受访者对接受访谈的感受做充分的说明，成为深度访谈的有益补充。

例如，以"组织因素对体育教师职业认同感的影响"为题制定访谈提纲。如果直接提问，"什么样的组织因素影响体育教师认同自身的职业"，不但会导致回答简短，而且会影响进一步的交流。但如果围绕以下问题，有明确的线索和范围，紧紧抓住中心问题展开提问，则可能对此现象有深入的了解（见表5-1）。

表5-1　访谈提纲案例

| 访谈提纲： |
| --- |
| 1. 请您告诉我，认同您的角色是一名体育教师，对您意味着什么？ |
| 2. 您如何维持自身对教学的认同？ |
| 3. 请您描述，什么情况曾经挑战到您对教学的认同？您是如何应对的？ |
| 4. 您的同事如何维持自身对体育教师的认同？ |
| 5. 您对新体育教师的建议是什么？如何帮助他们保持对职业认同的热情？ |

（3）重点小组讨论法

重点小组讨论法（focus group）又称为焦点小组法或小组讨论法。是选定一组（一般6～10人）具有相似经历、关注和背景的团队，以描述和理解他们的特定观点和信念为目的，获得他们对特定事件理解的过程。重点小组讨论法具有人员少，可进行深入交流，讨论针对感兴趣的某一特定问题展开，互动多，可协调等特征。在健康促进和体育健康促进领域，重点小组讨论法可以对探索性研究，如促进青少年参与体育锻炼的有效途径是什么，对特定项目的接受度和相关想法，如对体育进高考的看法是什么等问题进行探究。

值得注意的是，重要小组讨论并不是一组人的访谈，而是一组人聚集在一起通过互动，讨论一个受关注的问题。有学者认为，重要小组讨论的特点是通过小组成员的互动而产生定性分析资料，并加深对某一问题理解的过程。通过小组互动，获得其他如问卷调查、访谈等方法，不可能获得的资料和见解。当然，重点小组讨论的参与者存在同质者与异质者、熟人与陌生人等的差异，话题敏感性，以及是否有利于参与者产生共鸣等，都是组织者在抽取重点小组讨论参与者，以及组织过程中应该关注的问题。

决定重要小组讨论质量有以下几个因素：清晰的意图、合适的环境、充足的资源、合适的参考者、熟练的组织员和有效的问题。

（4）非干预性研究法

非干预性研究法指的是被研究者在不知道自己被研究的情况下，被研究的方法。研究者主要通过现存的资料或人们的行为来提取其中的社会和文化意义。包括跟踪研究（trace study）、档案研究（archival study）、内容分析（contents analysis）和自然实验（naturalistic experiments）等。非干预性研究法，如深度访谈法可以作为其他定性研究方法收集资料过程中的一种补充方法。

既然是从现存资料中提取有价值的结果，那么，应该如何科学提取呢？其实，无论你观察什么，都有大量的信息、资料可以通过非干预性研究法进行再审视。例如，你是否关注过2017年上半年《人民日报》网络版论述"健康"的文章主要涉及什么内容？你是否关注过智能手机的出现，如何在影响人们的生活方式或体育锻炼行为？非干预性研究法的使用者对资料的诠释有多种方法，例如内容分析（content analysis）、主题分析（thematic analysis）和符号分析（semiotic analysis）等。

# 5.2 定量研究

科学研究的基本目的是为解释自然和社会现象提供理论，并基于此实现理解、预测和控制的过程。正如 Kerlinger 所说，"科学是对自然现象进行的系统的、有控制的、实证的和批判的调查研究，这些研究是基于理论和存在于现象中的假定关系的假设建立的。"

作为健康促进领域重要的研究方法，定量研究主要有两种：实验研究和非实验研究。其中实验研究又被分为真实验和准实验；而非实验研究则包括描述性研究、相关研究、分析性研究。

## 5.2.1 实验研究

（1）真实验

实验研究应包含自变量（被控制的变量）和因变量（被观察的变量），而自变量至少要有两个值或是两个水平。如实验室内，固定时长，不同噪音水平下（50分贝 VS 65分贝），血压的变化。不同噪音水平为自变量，而血压则是噪音水平变化下引发的结果，称为因变量。实验是用来验证理论，并提供解释行为的数据的，因此，具有可操作性和可重复性的特点。

上述研究问题出现后，研究者需要考虑的第一个问题可能是，如何将被试分配到不同的自变量水平中去。被试被分为两组，A组接受50分贝噪音水平影响下的血压测试，而B组接受65分贝情况下的血压测试，称为被试间设计。而被试在不分组的情况下，既接受50分贝下的，又接受65分贝噪音水平影响下的血压测试，则被称为被试内设计。使用被试间设计时，研究者要尽量减少两组被试间的差异，通过基线测试将静息状态下血压测试分数相同或相似的被试随机匹配到自变量的两个水平中。而使用被试内设计时，需要注意的则是练习效应和差异延续效应。被试接受固定时长，相同实验处理的不同水平噪音刺激时，如果因熟悉实验程序或对实验任务感到厌倦而产生的效应，称为练习效应。使用平衡技术，即一半被试接受50分贝、65分贝的测试；另一半被试则接受呈现顺序相反的65分贝、50分贝的测试，可以在一定程度上控制由于刺激呈现顺序不同，以及多次呈现给被试带来的练习效应影响。还有一个在被试内设计中需要关注的问题是差异延续效应,即前部分实验条件的接触会改变被试在后部分实验条件中的行为。例如,被试在接受65分贝下噪音影响时,其身心的变化会持续改变和影响其在后续接受50分贝噪音测试时的反应。应对上述问题,除考虑平衡技术外(如平衡技术仍不能很好地消除此种效应),可能需要考虑足够延长被试接受两个不同水平处理之间的时间间隔,甚至考虑使用被试间设计。还有一种实验设计称为混合设计,即一部分自变量由被试间设计处理,另一些则由被试内设计处理。

(2) 准实验(quasi-experiment)

在教育学和行为干预领域,由于研究对象是活生生的个体,完全如真实验一般严格控制实验条件,在现实环境之下是相当困难的事情,同时也不是研究者能力范围之内可控的事情。在流行病学研究领域或健康促进研究领域,同样存在需要在现实环境之下,对比自变量可能对因变量产生影响的研究问题。应运而生的"准实验"是一种接近真实验,但不完全符合真实验条件的研究方法。准实验研究具有以下几个特点:①研究对象多为自然情境下存在的自然教学班、年级或学校;②研究设计中设有实验组和控制组。例如,比较使用了不同可穿戴设备的体育教学和正常体育教学中,初中生在体育课期间体育锻炼行为的特征差异。选择初中一年级的两个自然教学班,随机指定其中一个班作为实验班,使用不同可穿戴设备+体育教师口头反馈+自陈报告监督体育课期间的体育锻炼行为特征;而另一个班则为对照班,只接受正常体育教学,并使用体育教师口头反馈+自陈报告了解体育课期间的体育锻炼行为特征。通过一学期的教学实验,比较接受不同实验处理的两个班级同学在参与体育课体育锻炼行为时的特征差异和身心特点差异。在上述实验中,两个自然教学班的学生各方面条件无法保证完全相同,实验期间可能受到诸多无关变量对实验结果的影响。因此,准实验研究结果不完全精确,控制不严格可能导致无法或难以考察变量之间的因果关系。

准实验研究具有不等同比较组设计(nonequivalent comparison group design)、单组时间序列设计(single time series design)和多组时间序列设计(multiple time series design)等不同形式。其中,多组时间序列设计可以看作不等同比较组设计和单组时间序列设计的组合,具有上述两种设计的优点。因此,在干预实验中使用较多。多组时间序列设计研究的框架如图5-3所示。司琦及其同事,2011年以听障残疾人为研究对象进行的促进其参与体育锻炼的干预实验研

体育健康促进研究的行为理论与方法

究即采用了不等同比较组前后测设计,即多组时间序列设计。干预研究的框架
如图5-4所示(可参考附录4)。

图5-3  多组时间序列设计框架

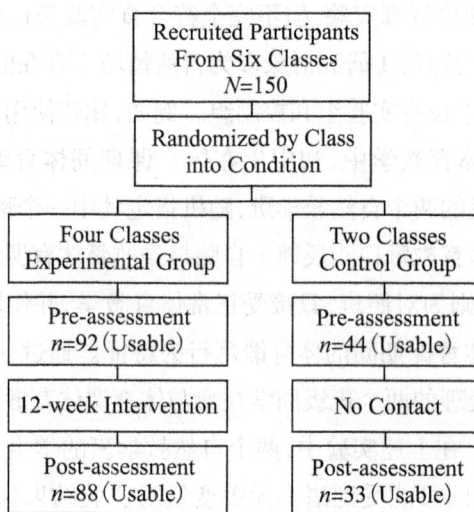

图5-4  司琦等干预研究中的研究设计构架

## 5.2.2  非实验研究

非实验设计通常是一种描述性或相关性研究的方法,用于识别和检验自然
界中存在的变量及其相互关系。非实验设计不同于实验设计,严格控制实验过
程并探讨自变量和因变量之间的因果关系;也不同于准实验设计,达到了部分控
制的要求。非实验设计使研究者对变量之间存在的相关关系进行描述,并对因
果关系进行假设(但并不解释因果关系)。因此,也可以被看作为真实验设计的

组成部分。

（1）描述性研究

描述性研究包括现状研究和纵向研究两大类。其中现状研究主要是使用普查（census）和抽样调查的方法，针对特定人群，收集特定时间内健康状况及相关因素的资料，对健康状况在人群中的分布情况加以说明，为后续纵向研究提供线索、把握现状和方向。例如"改革开放以来我国残疾人体育锻炼模式研究"，针对1978年至今的特定时间段，就我国残疾人这一特定群体，依据国际体育锻炼模式评价的标准，对其参与体育锻炼的持续时间、频率、强度、项目，以及影响上述表现的人口统计学因素进行调查研究，为后续通过干预有效促进残疾人积极参与体育锻炼，保持健康身心，融入社会提供线索和方向。

纵向研究又称为"随访研究"（survey follow-up study），是定期对特定人群的病情变化和健康状况进行追踪观察的一种方法。

（2）相关研究

相关研究是不施加任何人为影响因素，对变量间关系进行探索和探讨的方法。可以对变量间的关系进行解释和说明，但无法就变量间是否存在因果关系下结论。例如，可穿戴设备对青少年体育锻炼参与行为的影响研究。使用不同类型的可穿戴设备，如运动手表、运动手环、便携式运动实时监控设备，智能服装或智能鞋等，考察不同可穿戴设备对青少年参与体育锻炼在行为表现和心理变化方面的影响作用。

（3）分析性研究

分析性研究可分为病例对照研究和队列研究两种。病例对照研究（case-control study）又称为回顾性研究（retrospective study），是一种在疾病或特定条件，如干预之后，追溯可能病因或条件发生相关因素的方法。例如，肥胖青少年儿童Ⅱ型糖尿病患病影响因素研究。按照1∶1配对的病例对照设计，将××儿童医院中确诊为Ⅱ型糖尿病的肥胖青少年儿童分配至患病组；将同样数量，随机从同一地区抽取的未患病肥胖青少年儿童分配至对照组。运用条件逻辑回归计算优势比（odd ratio）和95%的置信区间（confidence interval），在控制父母肥胖、父母参与体育锻炼习惯等因素后，就被试参与体育锻炼、饮食习惯和生活习惯等因素与患Ⅱ型糖尿病的关系进行因果分析（见表5-2）。

**表5-2　病例对照研究在肥胖青少年儿童Ⅱ型糖尿病患病影响因素分析中的应用说明**

| 影响因素 | 病例组<br>（患有Ⅱ型糖尿病的<br>青少年儿童人数） | 对照组<br>（未患Ⅱ型糖尿病的<br>青少年儿童人数） | OR | 95%CI | p |
|---|---|---|---|---|---|
| 体育锻炼 | | | | | |
| 饮食习惯 | | | | | |
| 生活方式 | | | | | |
| ┆ | | | | | |

队列研究（cohort study）又称为前瞻性研究（prospective study），主要用于研究影响因素与因变量之间的关系，并验证研究假设是否成立。例如，暴露于雾霾之下的青少年，或规律性参与体育锻炼的青少年，称为一个群组（cohort）。暴露于雾霾之下的群组被称作暴露队列（exposure cohort），而非暴露的队列则被称为对照组。队列研究是选择暴露于雾霾和未暴露于雾霾的两组青少年，观察一段时间，以确定两个群组体质健康变化，并就是否参与体育锻炼进行比较，从而验证体育锻炼与两种不同情况下青少年体质健康变化关联程度大小的一种研究方法。

**参考文献**

[1] 常艳鹏,魏戍,谢雁鸣.临床随访研究中存在的问题及对策[J].中医杂志,2012,53(22):1913-1916.

[2] Dimitrov,心理与教育:中高级研究方法与数据分析[M].王爱民,韩瀚,张若舟,等译.中国轻工业出版社,2015.

[3] Kantowitz, B.H., Roediger, H.L.,Ⅲ., & Elmes, D.G.实验心理学(第九版)[M].郭秀艳,等译.华东师范大学出版社,2009.

[4] 利亚姆帕特唐,艾子著.质性研究方法:健康及相关专业研究指南[M].郑显兰等译.重庆:重庆大学出版社,2009.

[5] 卢敏贞,黄岸仲.噪声对作业工作血压的影响[J].现代预防医学,2006,33(10):1882-1882.

[6] 栾荣生.流行病学研究原理与方法[M].2版.成都:四川科学技术出版社,2014.

［7］马长生,周玉杰,等.北京地区非瓣膜病心房颤动患者缺血性脑卒中发生率及影响因素的随访研究［J］.中华心血管病杂志,2002,30(3):165-167.

［8］Frankel, R.M., & Devers, K.J. Study designs in qualitative research-1: Developing questions and assessing resource needs［J］. Education for Health, 2000, 13(2): 251-261.

［9］Kerlinger, F.N. Foundations of behavioral research［M］. New York: Holt. 1986.

［10］Krueger, R.A., & Casey, M.A. Focus groups: A practical guide for applied research［J］.Thousand Oaks Ca Sage,2014,14(2):7076

［11］Kvale, S. Interviews: An introduction to qualitative research interviewing［J］. Urdogic Nursing,1996,196(2):267-271.

［12］Pitney, W.A., Parker, J. Qualitative Research in Physical Activity and the Health Professions［J］. Human Kinetics, 2008.

［13］Si, Q., Yu, Kehong., Cardinal, B.J., et al. Promoting exercise behavior among Chinese youth with hearing loss: A randomized controlled trial based on the Transtheoretical model［J］. Psychological Reports, 2011, 109(3): 896-906.

［14］Thompson, A.M., Humbert, M.L., & Mirwald, R.L. A longitudinal study of the impact of childhood and adolescent physical activity experiences on adult physical activity perceptions and behaviors［J］. Qualitative Health Research, 2003, 13(3): 358-377.

# 6. 体育健康促进的应用
## ——青少年儿童体育健康促进干预

体育锻炼不足对健康的影响已经得到了越来越多的研究证实。而我国青少年儿童肥胖、近视检出率居高不下,以及体质健康持续下降等,也被证实与体育锻炼不足相关。体育健康促进领域干预的研究兴起于21世纪初,其产生的动因静坐不动已成为可预防的、导致死亡的最主要原因之一,而参与规律性体育锻炼则可以大大降低患心血管疾病、抑郁等健康问题的风险,但全球各年龄阶段人群体育锻炼不足的比例却居高不下。

国外有关体育健康促进干预的研究起始于1992年Marcus对基于阶段变化模型构成要素测量量表的编制、检验,以及以职场、社区为环境进行的系列干预研究;而国内最早始见于2004年许亮文等对社区居民锻炼行为的干预研究。那么,体育健康促进干预究竟是什么?以青少年儿童为对象的体育健康促进干预研究的现状如何?又存在怎样的问题呢?

基于干预的狭义定义,本部分将体育健康促进干预定义为:综合运用多项技术,如认知行为改变和可穿戴设备等,有效影响特定群体在所处社会生态系统中的心理变量和环境因素,进而影响其体育健康促进行为表现,最终实现增进健康目的的过程。

## 6.1 青少年儿童体育健康促进行为理解

参与规律的体育锻炼,有助于青少年儿童的身心健康。尤其相较于体育锻炼不足的青少年儿童,经常参与体育锻炼的青少年儿童具有更高的体适能水平,更有力的肌肉,更强健的骨骼和更少的焦虑、抑郁症状。不但如此,在青少年儿童时期形成的体育锻炼习惯将极有可能影响成年后体育锻炼习惯的形成和保持;同时,对于体育锻炼的积极态度、认知的形成也将影响成年后的体育锻炼行为。在健康促进领域,参与规律性体育锻炼的青少年儿童将降低出现心脏病、高血压、Ⅱ型糖尿病、骨质疏松等慢性疾病的风险。由此,不同国家均建议青少年儿童每天至少参与累积一小时的体育锻炼。

### 6.1.1 美国ACSM的建议

美国运动医学学院(American College of Sports Medicine, 简称ACSM)为青少年儿童获得健康收益而建议的最低体育锻炼量如下:

**频率(frequency)**:最好每天,至少一周3~4天;

**强度(intensity)**:中等(体育锻炼显著增加心率、呼吸频率,出汗)至高强度(体育锻炼大幅度增加心率、呼吸频率,出汗);

**持续时间(time)**:30分钟中等强度加30分钟高强度体育锻炼,累积60分钟体育锻炼;

**形式(type)**:大量有趣的、适合青少年儿童发展的体育锻炼活动形式,可以是走路,主动的活动、游戏,舞蹈,运动和增强肌肉、骨骼力量的活动。

青少年儿童在有监督的条件下,可以适当参与力量锻炼。通常情况下,适合成年人的力量锻炼也适合青少年儿童。在中等疲劳情况下,重复8~15次的力量练习即可。如果青少年儿童患有疾病或功能障碍(disabilites),例如哮喘、肥胖、糖尿病或脑瘫等,必须遵照医嘱,在充分考虑其状况、症状、功能的前提下,安全、科学地参加体育锻炼。

### 6.1.2 世界卫生组织的建议

世界卫生组织对青少年儿童参与体育锻炼的建议是,体育锻炼包括玩耍、游戏、运动、交通性身体活动、家务劳动、休闲活动、上体育课和有计划的体育锻炼等。上述体育锻炼可以在以下任一情景中发生,家庭、学校和社区。为促进青少年儿童的心肺适能、肌肉适能、骨骼健康以及心血管和新陈代谢的体征,对青少年儿童参与体育锻炼的具体建议如下:

(1)5~17岁的青少年儿童应每天参与累积1小时的中等或高强度体育锻炼;

(2)超过1小时运动量的锻炼将带来额外的健康收益;

(3)每天大部分的体育锻炼应为有氧锻炼,适当加入高强度体育锻炼,并考虑一周至少参与3次增强肌肉力量和骨骼健康的体育锻炼。

### 6.1.3　2008年美国人体育锻炼纲要

美国健康和人类服务部(U.S. Department of Health and Human Services, DHHS)2008年针对青少年儿童参与体育锻炼的建议中强调,青少年儿童要参与累积1小时的中等或高强度体育锻炼,这些锻炼既应该包括不同形式的有氧锻炼,同时还应加入与年龄相适应的、增强肌肉和骨骼力量的锻炼。尽管目前的证据还有待进一步充实,但研究表明,相对于成年人,青少年儿童参与体育锻炼的总运动量比任何一种特征(频率、强度、持续时间和形式)或形式组合(有氧锻炼、增强肌肉力量方面的锻炼、增强骨骼方面的锻炼)对促进健康的作用都更重要。尤其是促进骨骼健康的锻炼,如跳绳等尤为重要。

美国健康与人类服务部建议青少年儿童为获得健康收益而参与的体育锻炼量如下。

青少年儿童应每天参与1小时的体育锻炼。

(1) **有氧锻炼**:每天至少参与1小时或更长时间的中等或高强度有氧体育锻炼,一周中至少应有3天要参与高强度有氧体育锻炼。包括跑步、跳跃、游泳、骑自行车等促进心肺适能的体育锻炼。

(2) **增强肌肉力量的锻炼**:作为每天锻炼1小时的组成部分,青少年儿童一周中至少应有3天参与增强肌肉力量的锻炼。这些增强肌肉力量的锻炼可以是锻炼的组成部分,如操场上的游戏和玩耍;也可以是组织性的活动,如适当的力量练习和使用弹力带的力量练习等。

(3) **增强骨骼的锻炼**:作为每天锻炼1小时的组成部分,青少年儿童一周中至少应有3天参与增强骨骼健康的锻炼。通过体育锻炼促进骨骼的生长发育和力量,而这些力量大多来自体育锻炼过程中身体与地面的反作用力。例如,跑步、跳绳、网球、跳房子游戏等。增强骨骼的锻炼也可以是有氧锻炼或增强肌肉力量的锻炼。

### 6.1.4　英国健康部的建议

英国健康部(Department of Health)对5~18岁的青少年儿童参与体育锻炼的建议如下:

(1) 所有的青少年儿童都应参与每天至少60分钟或几小时的中等或高强度的体育锻炼。中等强度体育锻炼让青少年儿童身体发热、呼吸加速、心跳加快,但仍旧可以进行正常的对话,例如骑车、操场上的活动等;高强度体育锻炼则可使上述表现加剧,且无法进行正常对话,例如快跑、游泳、足球等。

(2) 高强度体育锻炼包括那些增强肌肉力量和骨骼健康的活动,一周应至少进行3次。增强肌肉力量和骨骼健康的锻炼既可以借助自身重量来完成,也可以使用器械,通过抵抗阻力来完成,例如跳绳、跳跃、体操和网球等。

(3) 所有青少年儿童都应尽量减少静坐不动的时间。减少静坐不动行为包括减少看电视时间、使用电脑或玩电脑游戏的时间;而打破长时间静坐不动模式的方法有,在可能情况下,在驾车或乘车过程中加入一定时间的步行活动。

### 6.1.5 日本政府的建议

日本政府将青少年儿童的发展分为了两个阶段:儿童早期(3~6岁)和青少年儿童晚期(7~18岁)。儿童早期参加体育锻炼主要是为了玩耍,帮助儿童打下随着成长而参加体育锻炼的基础,并学会与包括家庭和朋友在内的社会环境之间的交流。青少年儿童晚期参加体育锻炼的主要目的是,促进青少年儿童肌肉和骨骼的发展,以及心理健康。由此可知,日本政府相当重视通过参与体育锻炼以促进青少年儿童心理健康,同时关注青少年儿童对体育锻炼积极态度的培养和形成,以及如何预防损伤和意外事故等。具体建议如表6-1所示。

表6-1 日本关于青少年儿童参加体育锻炼的建议

| 阶段 | 锻炼强度 | 锻炼持续时间 | 锻炼的选择 | | | 特殊考虑 |
| --- | --- | --- | --- | --- | --- | --- |
| | | | 日常活动 | 户外玩耍、爱好和休闲活动 | 运动和锻炼 | |
| 儿童早期(3~6岁) | 相关锻炼强度和持续时间的研究证据并未完全建立,但建议儿童每天至少参与60分钟的户外活动。 | | 与成人一起步行去超市或公园 | 骑三轮车或两轮车,在操场上玩耍和参加选择性的球类运动。 | 锻炼、玩耍或其他在学校或俱乐部可以参加的活动 | •参与各种可以锻炼身体不同部位的体育活动;<br>•防止损伤和猝死;<br>•防止出现对体育锻炼的消极态度。 |
| 青少年儿童晚期(7~18岁) | •为了提高有氧能力,锻炼强度应在60%最大吸氧量以上,或主观认为相对较轻或困难的强度。<br>•应当坚持和增加力量练习。 | •每周至少参加200分钟的有氧锻炼。<br>•每周参加2~3次能够练习到主要大肌肉群的力量锻炼。 | 步行或骑车去学校 | 徒步旅行或游泳 | 体操、慢跑、滑雪、武术和其他球类运动 | |

### 6.1.6　中国的建议

我国在2016年10月颁布的《"健康中国2030"规划纲要》中指出："实施青少年体育活动促进计划,培育青少年体育爱好,基本实现青少年熟练掌握1项以上体育运动技能,确保学生校内每天体育活动时间不少于1小时。青少年学生每周参与体育活动达到中等强度3次以上,国家学生体质健康标准达标优秀率25％以上。"

综上所述,对比国外建议,我国对青少年儿童体育锻炼的建议有以下不足:(1)尽管建议青少年儿童每天锻炼1小时,但希望体育锻炼在校内,以体育课和大课间为保障完成,并未鼓励户外以及离校后的自由体育运动;(2)对体育锻炼的强度和频率提出了建议,但并未有效兼顾有氧锻炼、肌肉锻炼和骨骼锻炼等不同形式的体育锻炼让其进入每天锻炼1小时体系;(3)每天锻炼1小时是各国青少年儿童关于体育锻炼的最低要求或基线水平(bottom line),大多数国家均建议"多多益善";而我国的建议更多强调了学生体质健康标准达标优秀率要超过25％,更多强调了上限,则可能不利于促进更多的青少年喜爱体育锻炼和发动他们积极参与到体育锻炼中来。

## 6.2　青少年儿童体育健康促进干预研究

### 6.2.1　针对女孩的体育健康促进干预研究

2011年,Camacho-Minano及其同事以5～18岁的青少年女孩为研究对象,对发表于2000年至2010年间,基于随机控制组设计或准实验设计的促进青少年女孩参与体育锻炼的干预研究的有效性和促进干预成功的关键因素进行了系统综述。研究发现,(1)干预设计过程中对理论的使用存在非常大的差异性,使用最普遍的理论是社会认知理论,其次是阶段变化模型;学校是实施干预的最主要场所,而借助体育课实施的干预最为常见,其次是校外体育锻炼促进项目;上述干预在实施过程中,大多加入了家庭在促进青少年女孩参与体育锻炼中的积极影响作用,但却极少尝试在学校和社区之间建立联系,共同发挥他们的联动作用;干预的持续时间从1周至3年不等,但有三分之一左右的干预研究实施时间为12周,另有三分之一左右的干预研究实施时间为16周至1年。(2)综述基于前期研究结果,使用11条标准对干预研究方法使用的质量进行了评估(见表6-2)。结果发现,进入综述的干预研究中,有近六成的干预研究质量优良,但其余研究则存在极大的改进空间。质量优良的干预研究主要表现在以下几方面:追踪干预研究时被试的流失率低(2%~26%),对结果进行测量的工具具有良好的信效度,大多数研究对结果进行测量时使用了加速度器、心率监测器等客观工具。而研究质量堪忧,且具有局限性的干预研究主要表现在:没有对被试进行随机匹配,测量结果的工具缺少有效性和可靠性的检验与说明,缺乏追踪实验以检验干预对体育锻炼行为促进的影响是否具有持续性等。(3)研究质量高且干预效果好的研究具有以下一些特征:①有效借助体育课,并对体育课进行了加入健康教育、充分利用朋友的社会支持等方面的革新;②重视母亲教师和社会支持的重要作用;③加强对体育教师的培训,使获得过专业培训的体育教师在干预结束之后,仍旧可以作为研究者和青少年女孩之间的桥梁,并在体育课中继续发挥干预对青少年女孩体育锻炼的重要影响作用;④重视学校环境,校内相关人员、职员的健康教育,以及研究者、学校与社区之间的联动。

**表6-2 评价干预研究方法质量的参考标准**

- 可否进行关键变量的基线对比分析? 如果不行,可否估计人口统计学变量对结果变量的影响?
- 研究设计是否是随机控制组设计? 如果是,随机匹配过程是否在论文中进行了详细说明并在干预过程中科学实施。
- 统计分析是否是基于个体进行的? 如果不是,区组或随机区组分析则无法对个体水平分析进行说明。
- 那些负责评估体育锻炼结果的研究者是否对组成群组的个体所在位置不知情?
- 对干预组和控制组的干预结果测量是否具有时间上的匹配性? 对全部重要干预结果的测量是否均具有时间上的可比性?
- 对干预结果的测量是否有效? 是否对测量工具的信效度进行了说明或使用了众所周知、具有良好信效度的测量工具?
- 干预结果是否是客观测量出来的?
- 干预是否对被试在干预结束后进行了至少6个月的追踪?
- 追踪期间被试的流失率(retention rate)是否有明确的说明? 如果有,是否有多于80%的被试在追踪期的6个月或是更短的时间里接受了追踪。或者有多于70%的被试在超过6个月的追踪期里接受了追踪?
- 分析时是否对潜在的影响因子(confounder)进行了控制?
- 使用统计分析方法的意图是什么?

## 6.2.2 针对以学校为基础的青少年体育健康促进干预理论的研究

Chen及其同事,对以学校为基础展开的、基于体育课程改革、对青少年体育健康促进行为实施影响的、被广泛认为是最有效的干预类项目进行了反思。他们认为,基于学校体育课程进行的青少年体育健康促进干预项目,虽然具有一定的效果,但前期研究结果存在不一致性;干预对青少年体育健康促进行为的持续性影响结果也并不理想。究其原因:(1)干预设计过程中所使用的理论基础并不具有情境性,即理论是普适性的理论,并不仅仅针对学校或青少年儿童说明行为改变的影响因素之间可能存在因果关系。例如,自我效能理论。理论提出增强自我效能感的四个来源分别是:成功体验、替代经历、口头说服和身心状态,但并未特指上述来源仅对青少年或老年人,仅在工作单位或学校,才能发挥提高自我效能的作用。(2)干预设计过程中使用的理论均不是以研究青少年体育健康促进行为为中心提出的。(3)很多理论在使用过程中都是针对具有高健康风险的成人,而不是关注可能存在健康风险的青少年儿童。因此,上述干预研究的理论基础的有效性值得质疑。

Chen等学者着重就影响青少年行为改变的动机,尤其是青少年儿童的动机具有情境性的特点,强调了如何将情境性动机或外在动机(extrinsic motivation)转化为自发动机(self-initiated motivation)或内在动机(intrinsic motivation)的重要性。例如,青少年的动机很容易被体育锻炼的趣味性、新颖性、令人兴奋等特点所激发。如果体育课或是其他不同场合之下进行的体育锻炼行为具有上述特点,则很可能非常容易就改变了青少年的短期体育锻炼行为,即非常享受一节生动有趣、内容新颖的体育课。但是,维持一个行为则需要自发动机或内在动机;驱使个体坚持一个行为需要自我概念系统中包含主观竞争性、自我效能和对该行为的期待信念、价值观等多方面因素。如何将青少年对待体育锻炼行为的具有情境性的动机或外在动机,转变为自发动机或内在动机,是促进青少年儿童参与体育健康促进行为干预研究过程中一个值得思考的问题。例如,国内外研究结果均显示,对于青少年儿童而言,体育课是相对于其他科目而言最有趣的科目(情境性动机或外在动机);但却被认为是最没有价值或最浪费时间的科目。

随后,研究者以教育心理学中的学习行为改变(learning behavioral change)和支持学习者有效行为改变的相关理论为基础,构建了一个以体育课改革为中心,以转变青少年参与体育锻炼的情境性动机为自发动机为目的,以学校和社区联动为桥梁的操作性干预模型(见图6-1),并选取不同层面的影响因素,对操作模型进行了论述。模型假设,青少年的体育锻炼行为直接受自发动机影响,而自发动机又受到社区相关因素和情境性动机因素的影响。其中情境性动机的影响因素均与体育课相关。

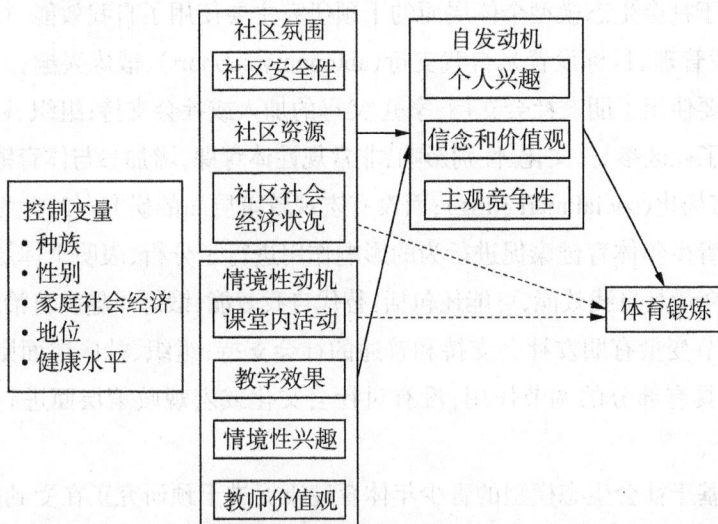

图6-1　青少年参与体育锻炼动机与行为改变路径图(参考自:Chen, Ang., & Hancock, G.R. Conceptualizing a theoretical model for school-centered adolescent physical activity intervention research. Quest, 2006, 58: 355-376)

此研究给基于学校的青少年体育健康促进干预项目的设计提供了一个新的思路或视角。体育课作为可改变的变量,是影响青少年体育健康促进行为干预的最重要载体。如何通过改变体育课,以及参与体育课的个体,包括学生和教师等相关因素来提高青少年学生的参与动机,值得关注。青少年在被过多限制的体育课中,变得越来越盲目,越来越没有目的和兴趣。如何减少体育课中的教师管控时间,组织和安排好青少年学生自己的自由活动时间,同样值得关注。同时,在影响青少年体育健康促进行为的复杂的因素体系中,区分因果影响变量,中介变量、特别是调节变量等因素对行为的影响也显得异常重要。

### 6.2.3　基于社会生态模型的青少年体育健康促进干预研究

2012年Perry及其同事,对发表于1977年至2009年间的、以12~18岁青少年为研究对象的、以体育锻炼行为为主要测量结果变量的干预研究进行了分析,最终对发表的30篇论文中的19个基于社会生态模型的青少年体育健康促进行为干预研究进行了综述。研究结果显示：(1)74％的研究(14项)结果显示，干预积极影响了青少年的体育锻炼行为；另有26％(5项)的研究则发现，没有影响或呈现消极影响。19项干预研究中仅有2项基于社会生态模型中的一个水平层面(如个体层面)进入干预，其余则至少基于两个或两个以上水平层面设计、实施干预。(2)基于社会生态模型个体层面的干预研究主要使用了自我效能、行为技术(包括自我管理、目标设置)、自我支持(autonomy support)、锻炼兴趣；人际层面的因素主要使用了朋友社会支持、家庭/父母的加入或社会支持；组织、社区层面主要使用了社区参与，文化、性别影响，非常规性体育课，增加参与体育锻炼的机会，社会市场化(social marketing)；而没有宏观政策层面的研究。(3)此综述对调节变量对青少年体育健康促进行为的影响作用进行了分析，表明个体层面最重要的调节变量是自我效能，可能还包括：替代自我效能、锻炼乐趣和自治性；人际层面的调节变量有朋友社会支持和普通的社会支持；组织、社区层面则发现社区间活动具有部分的调节作用；没有对社会文化或宏观政策层面进行的分析研究。

目前基于社会生态模型的青少年体育健康促进干预研究正在受到关注，相关研究开展得较多。但如何基于社会生态模型进行有效的干预，不同层面影响青少年体育健康促进行为的决定因素是什么，以及如何探讨不同层面决定因素之间的关系并基于此设计干预，等等诸多的未知问题需要通过横向、纵向以及干预设计去解答。

国内以本书作者为主导的研究团队，在过去7年时间内，主要基于社会生态模型的近端生态子系统，即个体层面系统、人际层面系统和组织层面系统等进行了一系列的横向、纵向和干预研究(见图6-2)，下面就本团队的主要研究成果进行简单的介绍，为后续干预研究提供可借鉴和参考的意见和建议。

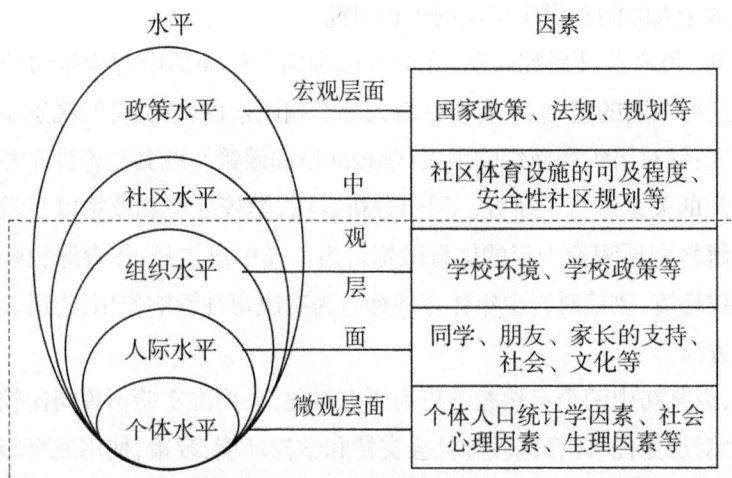

图6-2  基于社会生态模型近端子系统的研究示意图

（1）基于个体层面的干预研究

2016年司琦及其研究团队,分别对国内外发表于2015年之前,以青少年体育锻炼行为为对象,影响青少年参与体育锻炼的个体层面影响因素进行了综述分析。研究结果发现:①国外影响青少年参与体育锻炼的个体层面影响因素包括人口统计学因素和心理因素两类,其中人口统计学因素包括性别、种族和父母受教育程度;心理因素包括态度、意图、自我效能、主观认知活动胜任能力、目标定位/动机、计划和抑郁(负相关)。②国内影响青少年参与体育锻炼的个体层面影响因素研究较多,但缺乏统一测量和分析标准,经半定量分析后发现,影响青少年参与体育锻炼的人口统计学因素包括性别、年龄(年级)和家庭经济状况;心理因素包括学业压力、兴趣、态度、动机和自我效能;行为学因素包括锻炼习惯和运动技能(见附录5)。

随后选取在国内外研究中具有较好一致性的性别、态度、动机和自我效能4个因素,以134名初中生为干预对象,采用准实验不等同比较组前后测实验设计,使用散页印刷品为干预方式,进行了为期10周的针对性干预实验。重复测量方差分析结果发现,实验组学生相对于对照组学生在锻炼自我效能、态度、每天体育锻炼时间和每天体育锻炼量上均出现了非常显著的提高,并且随时间推移增加幅度大于对照组学生。但锻炼动机在10周的干预实验后组间差异不显著。通过10周针对初中生参与体育锻炼的干预研究,证明了基于社会生态模型的干预措施有效地影响了初中生的锻炼态度、锻炼自我效能和体育锻炼水平,为后续进一步干预研究奠定了基础。

（2）基于人际间和组织层面的干预研究

2014年，司琦及其研究团队，在对人际和组织层面影响青少年参与体育锻炼的因素进行综述的基础上，着重针对人际影响因素（社会支持），区别不同来源和影响程度；针对组织层面影响因素（学校环境和政策）；就其与青少年参与体育锻炼行为间的关系进行了研究。回归分析表明，学校环境和政策以及教师社会支持能够解释和预测青少年的体育锻炼行为。其中班主任、体育课教师的社会支持和学校环境、政策对青少年体育锻炼行为有决定性影响作用，为后续干预研究探明了方向。

随后，以某初中两个自然教学班为研究对象，采用准实验不等同比较组前后测设计，针对班主任、体育课教师社会支持和学校环境、政策，使用散页印刷品为干预方式，进行了为期8周的针对性干预实验。重复测量方差分析结果发现，实验组学生相对于对照组学生在体育锻炼水平、教师社会支持认知上均出现了非常显著的提高，并且随时间推移增加幅度大于对照组学生。但对学校政策、环境认知上的变化在8周干预实验后不存在组间差异。通过8周基于社会生态学模型的干预研究，部分证明了干预的实施有效地影响了初中学生参与体育锻炼行为和对社会支持的认知，但并未影响到学校政策环境因素。

# 6.3　干预研究的启示与后续努力方向

针对青少年的体育健康促进行为干预研究是一项异常复杂的系统工程，之所以复杂主要体现在两个方面：一是体育健康促进行为本身复杂；二是影响该行为的因素系统复杂。由于研究对象和研究问题的复杂性，前期研究多呈现出干预有效性检验结果不一致、干预持续性影响效果差的结果。结合前期国外研究结果和本研究团队持续近7年的研究经验，就后续干预研究提出以下几点启示并指出后续研究的方向。

## 6.3.1　研究理论基础方面

前期研究结果已证实，有理论基础的干预研究有效性更好。但鉴于体育健康促进干预研究领域目前尚没有一个针对性的理论，使用诸如社会生态模型等兼顾个体、环境和政策等不同环境层面因素对不同人群体育健康促进行为影响的综合性理论模型,是未来研究发展的主流方向之一。

## 6.3.2 研究方法方面

综合使用定性和定量方法的研究,尤其是关注如何在群体中传播和实施体育健康促进行为的理论以及方法的研究值得关注。例如创新扩散理论在体育健康促进领域的运用和实施、社会市场化(social marketing)在体育健康促进领域的运用与实施等。与此同时,国家宏观政策如何影响体育健康促进行为,使用怎样的方法进行研究等,同样值得关注。我们对个体层面影响体育健康促进行为的理论、方法、干预等都已有了充分的认识。但超越个体层面之外,人际因素、组织因素、社区因素乃至国家政策等中观、宏观因素通过何种途径怎样影响人们的体育健康促进行为,应当使用怎样方法进行研究等,都亟待思考。

## 6.3.3 干预的有效性、持续性影响检验方面

干预的有效性和持续性影响检验是干预评估的重要内容,目前国内外对此方面的研究还不多见。但在遴选干预项目,并针对特定的体育健康促进行为和特定人群推广干预项目时,必须对干预的有效性和持续性影响效果进行全面、客观地评估。前期研究中对体育健康促进行为干预的有效性检验标准相对单一,对干预持续性影响的检验更是少之又少。因此,加强干预评估理论及方法的研究,可能是后续值得关注的研究问题之一。

## 6.3.4 干预的推广方面

体育健康促进行为干预研究结果如何与现实对接,并成功实现可操作化,值得思考。预防医学和流行病学的方法和前期研究成果值得借鉴和参考。我国作为自上而下推行政策或干预的国家,如何实现自上而下、自下而上的有效衔接?在有效发挥政策效力的前提下,如何兼顾个体能动性和主动性的问题等有待思考。

参考文献

[1] 马骉.影响初中生参与校内课外身体活动的个体系统干预研究[D].杭州:浙江大学,2016.

[2] 司琦.锻炼心理学[M].杭州:浙江大学出版社,2008.

[3] 苏传令.青少年在校期间闲暇时间体育锻炼参与的影响因素研究:基于

社会生态模型[D].杭州:浙江大学硕士学位论文,2012.

[4] 汪霖之.促进萧山区初中生参与校内体力活动的干预实验研究:基于社会生态模型[D].杭州:浙江大学,2014.

[5] 许亮文,杨廷忠,马海燕,等.对杭州市社区居民锻炼行为的干预效果观察[J].中国运动医学杂志,2004,23(3):313-315.

[6] 中国学生体质与健康研究组.2005年中国学生体质与健康调研报告[M].北京:高等教育出版社,2007:92-94;71-81.

[7] Alexander, P.A., Jetton, T.L., & Kulikowich, J.M. Interrelationship of knowledge, interest, and recall: Assessing a model of domain learning[J]. Journal of Educational Psychology, 1995, 87: 559-575.

[8] American College of Sports Medicine. ACSM's guidelines for exercise testing and prescription[M]. 8th ed.Philadelphia; Lippincott Williams & Wilkins, 2008.

[9] Camacho-Minano, M.J., LaVoi, N.M., & Barr-Anderson, D.J. Interventions to promote physical activity among young and adolescent girls: A systematic review[J]. Health Education Research, 2011, 26(6): 1025-1049.

[10] Chen, Ang., & Hancock, G.R. Conceptualizing a theoretical model for school-centered adolescent physical activity intervention research[J]. Quest, 2006, 58: 355-376.

[11] Department of Health. UK Physical Activity Guidelines[R]. 2011.

[12] Goodlad, J.I. A place called school: Prospects for the future. New York: McGrawHill, 1984.

[13] Hidi, S., & Anderson, V. Situational interest and its impact on reading and expository writing. In K.A. Renninger, S. Hidi, & A. Krapp(Eds.). The role of interest in learning and development. Hillsdale, NJ: Lawrence Erlbaum Associates.1992:(pp. 215-238).

[14] Marcus, B. H., & Owen, N. Motivational readiness, self-efficacy and decision making for exercise[J]. Journal of Applied Social Psychology, 1992, 22: 3-16.

[15] Marcus, B. H., Banspach, S. W., Lefebvre, R. C., et al. Using the stages of change model to increase the adoption of physical activity among community participants[J]. American Journal of Health Promotion, 1992, 6: 424-429.

［16］ Marcus, B. H., Rakowski, W., & Rossi, J. S. Assessing motivational readiness and decision-making for exercise［J］. Health Psychology, 1992, 11:257-261.

［17］ Marcus, B. H., Rossi, J. S., Selby, V. C., et al. The stages and processes of exercise adoption and maintenance in a worksite sample［J］. Health Psychology, 1992, 11: 386-395.

［18］ Marcus,. B.H., Williams, D.M., Dubbert, P.M., et al. Physical activity intervention studies: What we know and what we need to know［J］. Circulation, 2006, 114: 2739-2752.

［19］ Perry, C.K., Garside, H., Morones, S.,et al. Physical activity intervention for adolescents: An ecological perspective［J］. Journal of Primary Prevention, 2012, 33: 111-135.

［20］ Sallis, J F., Prochaska, J. J., & Taylor, W. C. A review of correlates of physical activity of children and adolescents［J］. Medicine and science in sports and exercise, 2000, 32(5): 963-975.

［21］ Short, S.E., Zha,i FY., Xu, SY., et al. China's one-child policy and the care of children: an analysis of qualitative and quantitative data［J］. Social Forces, 2001, 79:913-44.

［22］ The U.S. Department of Health and Human Services(HHS). 2008 Physical Activity Guidelines for Americans. 参见P178［24］

［23］ Toshiki Ohta., Izumi Tabata., & Yumiko, Mochizuki. Japanese national physical activity and health promotion guidelines［J］. Journal of Aging and Physical Activity, 2000, 8: 178-193.

［24］ Uijtdewilligen, L., Nauta, J., Singh, A.S., et al. Determinants of physical activity and sedentary behavior in youth people: A review and quality synthesis of prospective studies［J］. British Journal of Sport Medicine, 2011, 45(11): 896-905.

［25］ Van DHK, Paw, M., Twisk, J.W.R., et al. A brief review on correlates of physical activity and sedentariness in youth［J］. Medicine and Science in Sports and Exercise, 2007, 39(8): 1241-1250.

［26］ Wigfield, A., & Eccles, J.S. The development of achievement task values: A theoretical analysis. Developmental Review, 1992, 12: 265-310.

［27］ World Health Organization. Global Strategy on Diet, Physical Activity and Health. 本条参见 P207 [17] http://www.who.int/dietphysicalactivity/fact-sheet_young_people/en/.

[28] Yu, ZB., Han, SH., Chu, JH., et al. Trends in overweight and obesity among children and adolescents in China from 1981 to 2010: a meta-analysis. [C]// 庆祝中国当代儿科杂志创刊15周年大会暨当代儿童论坛.2013:e51949.

[29] Zhang, J., Middlestadt, S.E., & Ji, CY. Psychosocial factors underlying physical activity[J]. International Journal of Behavioral Nutrition and Physical Activity. 2007, 4:38.

# 附录1

## 阶段变化模型在身体活动领域应用研究的综述：1998年至2012年[①]

**摘要：**阶段变化模型于1998年首次引入我国，至今尚没有对基于该模型的身体活动研究成果进行过系统综述。本研究对1998年至2012年间，我国以此模型为基础进行的身体活动研究进行了综述；并论证了基于该模型，制订促进青少年每天锻炼一小时干预策略的可行性。在对知网等数据库的期刊论文进行计算机检索，并对符合检索条件论文的全文和参考文献进行人工检索后，114篇论文进入综述。论文被编码、分类，并使用半定量方法进行了分析。结果显示：阶段变化模型虽是我国锻炼心理学领域内倍受关注的理论模型之一，但前期基于整体模型的研究和干预（或纵向）研究较少，模型在我国的适用性和应用性仍有待进一步检验。12项涉及青少年身体活动的研究中，基于整体模型的研究和干预研究各占不到一成，为后续研究提供的可参考结果极其有限。与青少年身体活动具有稳定关系的因素是性别、年级（年龄）和均衡决策。后续应考虑关注纵向设计、检验测量工具、研究不同性质被试以及整体模型；研究需明确界定身体活动和变化阶段的划分标准。基于阶段变化模型制定促进青少年参与体育锻炼干预策略的证据有限。

**关键词：**锻炼；心理；研究方法；青少年

## A Systematic Review of Physical Activity Study Based on the Transtheoreical Model in China from 1998 to 2012

**Abstract:** The Transtheoretical Model (TTM) was first proposed in China in 1998. Since its initial introduction some 15 years ago, no systematic review has

① 原载于《体育科学》2013年第5期，第74-83页。本文略有修改。

been conducted on the body of whole work that has been produced. The purpose of this study is to address this gap by systematically reviewing the body of work on TTM and the physical activity behavior in China between 1998 and 2012, and test the feasibility of developing TTM based intervention to promote adolescents' physical activity. Studies published between January 1, 1998 and December 31, 2012 were located by searching three databases(i.e., CNKI, WANFANG DATA, & VIP). Each of the full texts of the identified papers and the associated reference lists of all relevant publications were retrieved and reviewed($N$=114). Data were coded and analyzed using a semi‐quantitative summary, with the 12 studies that emphasized adolescents' physical activity behavior being further analyzed. The results showed that the TTM remains a popular theoretical basis for the study of physical activity in China, however, intervention and/or longitudinal designs, as well as the study carried out using all of the core TTM constructs were insufficient, and the suitability and applicability of the model remains to be further tested. Of the 12 studies that focused on adolescents' physical activity, only one was an intervention design, and one was based on all dimensions of the model, referable results for the follow-up research being extremely limited. Variables consistently associated with adolescents' physical activity were gender(male＞female), grade in school(inverse) and decisional balance. Future research is needed that focuses on longitudinal study designs, diverse participant recruitment, measurement validation, and studies based on all dimensions of TTM. There is an increasing need to provide definitional criteria for physical activity(i.e., information about duration, intensity, or frequency) and standardize the stage of change. Furthermore, the evidence about how to develop physical activity improving intervention for adolescents based on the TTM is limited.

**Key words:** Exercise; Psychology; Research Methodology; Youth

## 1. 前言

近期颁布的《2008美国人身体活动指南》(2008 Physical Activity Guidelines for Americans)，对有关身体活动健康效益的重要研究成果进行了总结：(1)任何人都可从身体活动中受益，其给个体带来的健康收益远远大于可能引发的危害；(2)动比不动好(有氧运动和抗阻力肌肉拉伸运动均可产生健康收益)；每周进行至少150分钟中等强度的身体活动,即可获得较大的健康收益;增加身体活动的强度、持续时间和频率,则可增加收益;(3)坚持规律的身体活动可大大降低产生健康问题的风险[31]。参与身体活动的健康收益和各国不高的坚持规律性身体活动的人口比例,已如"老生常谈",似乎尽人皆知;但与此同时,又有多少人已经认识到,静坐不动(physical inactivity)或身体活动不足(insufficiently physical active)已经成为21世纪最重要的公共卫生问题之一,甚至可能成为最重要的公共卫生问题[22]? 世界卫生组织指出:2008年,全世界15岁以上成年人有31%身体活动不足,其中男性28%,女性34%。因为身体活动不足而引发死亡的,每年大约有三百二十万人[32]。Blair及其团队的纵向研究成果显示:如果去除导致心肺功能低下的特殊风险因素,如身体活动不足,可以避免由此而引发的16%的男性死亡率和超过17%的女性死亡率(见图1)(Blair, 2009)[22]。通过数据我们不难推测,身体活动之于公共卫生、国民健康,乃至社会、国家的关键性可能被低估了;身体活动之于国民、国家的意义可能被狭隘化了。

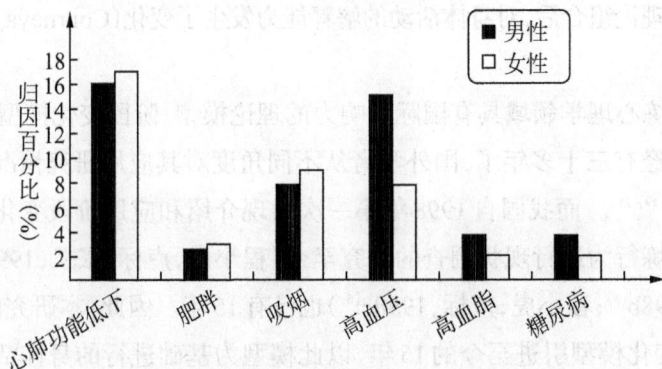

图1 减少健康问题可避免死亡的人口归因百分比

要应对久坐不动或身体活动不足所引发的公共卫生问题的挑战,重要的途径之一是设计和制订行之有效的身体活动干预措施。阶段变化模型自1983年提出至今,一直作为设计身体活动干预策略的重要理论框架之一,得到广泛使用。尽管该模型本身,以及以该模型为基础制订的促进健康和身体活动干预策略的有效性均受到不同程度的质疑(Carron, Hausenblas, & Estabrooks, 2003;Adams & White, 2003;Bridle, Riemsma, & Pattenden., et al, 2005;Noar, Benac, & Harris, 2007)[21][23][24][29],但也有学者解释了基于阶段变化模型的身体活动研究缺乏强有力支持的原因:(1)身体活动是比吸烟、进行乳腺检查等单一行动更为复杂的行为[21]。它不同于吸烟、饮酒和使用药物等戒除行为(cessation behavior),

是一种接纳行为(adoption behavior),"阻力最小"或惯性是这种行为所缺乏的;它不是一种必需行为(相对于健康饮食);它需要时间的保障(相对于刷牙、防晒行为);身体活动进行过程中出现的生理反应虽可以适应,但这些生理反应却可能引发压力过大、饮酒和使用药物等消极行为;是否参与或坚持身体活动不是一次性的暂时决定(相对于癌症筛查),并且它必须在安静代谢水平之上完成(Rhodes, & Nigg, 2011)[34]。任何忽视身体活动复杂性和特殊性的研究尝试都可能缺乏力量。(2)准确判定个体目前身体活动变化阶段的重要性。前期的研究结果显示,被综述的干预研究缺乏对目前身体活动变化阶段的准确评价(Adams, & White, 2003)[21]。(3)前期的众多研究没能全面地反映阶段变化模型的多维性。绝大多数的研究只使用了该模型中"变化阶段"这一核心概念,而忽视了模型中其他的重要概念,如变化过程、自我效能等(Hutchison, Breckon, & Johnston, 2008)[27]。(4)身体活动还可能受阶段变化模型之外的因素影响。该模型没有将性别、年龄、社会经济地位等因素考虑在内[21],同时,该模型与合理行动理论/计划行为理论组合后,对身体活动的解释能力发生了变化(Courneya, & Bobick, 2000)[25]。

作为锻炼心理学领域具有国际影响力的理论模型,阶段变化模型自1983年提出至今已经有三十多年了,国外学者从不同角度对其应用研究情况进行过多次综述[21][23][29][25]。而我国自1998年第一次出现介绍和应用阶段变化模型对大学生体育锻炼行为进行现状调查的研究至今(程小虎,卢标,张凯,1998a[4];程小虎,张凯,1998b[5];程小虎,卢标,1998c[6])也已有15年。因此,本研究的目的是:(1)对阶段变化模型引进至今的15年,以此模型为基础进行的身体活动研究进行系统综述,描述相关研究现状,指出存在的主要问题,并就未来的发展方向提出建议;(2)论证以该模型为基础,制订促进青少年每天锻炼一小时干预策略的可行性。

## 2. 研究方法

### 2.1 检索资源和检索方法

首先,在中国CNKI世纪网、维普网和万方数据三个建立最早,具有影响力的中文电子数据库中,以摘要中包含"锻炼"或"身体活动",并且同时包含"阶段变化",或"阶段",或"跨理论模型",或"跨理论模式"为专业检索条件,对发表于1983年1月1日至2012年12月31日期间的中文期刊论文进行了计算机检索;其次,对首次论文检索过程中,符合检索条件论文的全文和参考文献进行了人工检索,增补在计算机检索过程中漏检的论文中;第三,通过三大数据库获取增补论文全文时,对同时被检索到的同类论文进行了人工检索,并增补在第一、第二次检索过程中漏检的论文中。

## 2.2 论文选取标准

入选的论文必须符合以下条件:(1)经过盲审的中文期刊论文;(2)发表于1983年1月1日至2012年12月31日(因为阶段变化模型在1983年被提出);(3)基于阶段变化模型,以身体活动(或如何克服久坐不动行为)为研究对象。以下论文被排除在综述之外:(1)会议论文、学位论文、英文论文、研究报告和未正式发表的论文;(2)基于阶段变化模型,但研究对象非身体活动的论文;(3)经验总结,没有任何研究依据的论文。

## 2.3 论文编码、分类标准

(1)论文首先按照正式发表的年度进行了排序。(2)研究类型、研究设计的编码和分类标准:针对某一特定研究主题,对前期研究结果中的数据、资料和观点进行整理、归纳、分析、总结和评价的研究[38],包括单纯介绍某一理论模型的研究,被编码为"综述";使用问卷调查方式,针对某一特定行为(身体活动),收集个体关于当前状况、条件和人口统计学等方面信息的研究[38],被编码为"现状调查";使用问卷调查方式,针对某一特定行为(身体活动),收集个体关于当前状况、条件和人口统计学等方面的信息,并同时对研究主题的特点、影响因素、与其他因素关系等做出分析的研究,被编码为"现状调查分析";针对影响身体活动的心理、环境、人口统计学等因素,或身体活动本身,基于某一理论模型或某些概念、观点进行影响的研究,被编码为"干预";针对某一理论模型的构成因素,或某些概念、特质、属性等,编制问卷(或对已有问卷进行修订),进行测量、检验的相关的研究,被编码为"工具研发、修订、检验";对人口总体或特定人群的属性、特质等,在某一特定时间点,进行单次观察、描述的研究,被编码为"横向研究";在某一特定时间段内,对研究对象进行反复观察的研究,被编码为"纵向研究"。本综述中涉及的干预研究(准实验设计),被归入纵向研究。(3)研究对象按照年龄、职业和属性进行分类和编码。(4)使用阶段变化模型的情况,按进入研究模型构成因素的个数进行分类和编码(见表1,论文编码列表见附录,略)(如需相关数据,请直接与该书作者联系)。

## 2.4 综述内容和方法

本研究对基于阶段变化模型、以身体活动为研究对象、发表于1983年至

2012年间的中文期刊论文进行综述,着重对论文发表年度特征和变化趋势、研究方法(即不同研究类型、设计)、不同研究对象、使用阶段变化模型情况,以及以青少年身体活动为研究对象的论文进行描述和对比分析,因此,分析遵循了Sallis等人提出的描述、半定量(semi-quantitative)的综述方法[35]。

## 3. 研究结果

### 3.1　论文检索结果

(1)在中国CNKI世纪期刊中,首次检索共获得论文1968篇,逐一检索论文题目、摘要和全文后,删除无关论文、不符合条件论文和重复论文1888篇,从该数据库中检索获得符合条件论文80篇。(2)在维普网中,对发表于1989年1月1日至2012年12月31日期间的论文进行了检索(数据库数据的时间起点为1989年),共检索出论文171篇,删除无关论文、不符合条件论文、重复论文和知网检索结果重复论文164篇,从维普网中检索增补符合条件论文7篇。(3)在万方数据中,对发表于1990年1月1日至2012年12月31日期间的论文进行了检索(数据库数据的时间起点为1990年),共检索出论文2870篇。删除无关论文、不符合条件论文、重复论文和知网、维普网检索结果重复的论文2868篇,从万方数据中检索增补符合条件论文12篇。(4)通过全文阅读符合检索条件的99篇论文,对从论文全文和参考文献中,以及从三大数据库获取的增补论文全文和被检索到的同类论文进行检索,增补符合条件论文19篇;删除上述论文中研究存在重大问题(如统计方法存在问题、纯经验总结等)或没有研究依据的论文4篇。因此,共计114篇论文进入了最后的分析(见图2)。

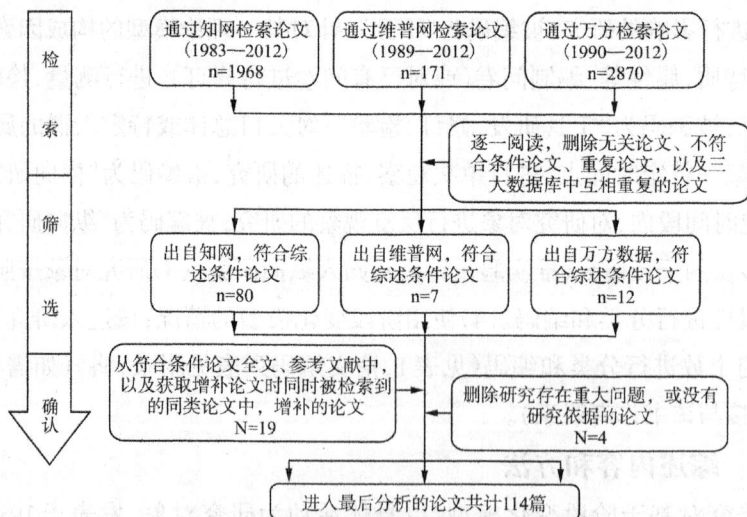

图2　进入综述论文的检索、筛选和确认过程

## 3.2 综述论文的特征描述

### 3.2.1 国内基于阶段变化模型代表性研究的出现

#### 3.2.1.1 首个相关研究的出现

国内关于阶段变化模型的理论介绍和现状调查研究最早出现在1998年。当年,程小虎及其同事发表了3篇论文,其中1篇对阶段变化模型及国外相关研究进行了简单介绍;另外两篇则以大学生为研究对象,使用变化阶段(stage of change)概念,对大学生体育锻炼行为的阶段变化分布特点及转换(stage transition)进行了研究(程小虎等人,1998a[5], 1998b[4], 1998c[6])。程小虎等人的研究虽仅使用了变化阶段一个因素,但通过对大学生体育锻炼行为的现状调查,把握了其锻炼行为变化阶段分布的特点;更为重要的是对锻炼行为的动态变化,即不同变化阶段间的转换做出了初步研究,对后续国内相关研究的进行产生了影响。

#### 3.2.1.2 首个干预研究的出现

2004年,许亮文等人首次基于阶段变化模型,以杭州市居民为研究对象,使用针对性干预策略(stage-matched intervention),对其体育锻炼行为进行了持续3个月的干预。研究使用随机整群抽样的方法,随机设定干预组和对照组,主要基于变化过程,对干预组被试分层(前意向阶段和意向阶段为第一层次,准备阶段为第二层次,行动阶段和维持阶段为第三层次)进行针对性干预,且每隔20天左右通过专人调查或电话联系的方式,了解干预组被试的锻炼情况,并提供针对性的指导和鼓励,持续3个月。而对照组被试仅接受了一次社区统一开展的运动健康讲座,并有机会接触到板报宣传。3个月后,研究者对干预组和对照组居民实验前后锻炼行为的变化阶段分布特点、对锻炼重要性的认识态度、保持锻炼的信念的差异进行了比较[16]。研究并未对阶段变化模型中均衡决策、自我效能和变化过程因素在干预实施前后的变化情况等进行比较分析,限制了其为后续研究提供更为行之有效的干预建议的可能性。

#### 3.2.1.3 首个基于整体模型研究的出现

2005年,司琦首次引进和翻译了反映整体阶段变化模型的量表,以大学生为研究对象,对测量工具进行了本土化修订,并随后对我国大学生体育锻炼行为的变化阶段分布特点进行了调查研究,提出了三个解释大学生体育锻炼行为阶段发展变化的心理决定因素模型(司琦,2005)[13]。又在此基础上,对三个影响大学生锻炼行为阶段转换模型构成要素间的因果关系进行了分析说明(司琦,2006)[14]。

#### 3.2.1.4　首个以青少年为对象研究的出现

以青少年体育锻炼行为为对象的国内研究最早发表于2006年,方敏等人使用变化阶段、自我效能和均衡决策三个因素,对12~18岁青少年锻炼行为的变化阶段分布特点、心理决定因素随变化阶段的发展趋势,以及心理因素对锻炼行为的影响程度进行了研究(方敏,孙影,赵俊红,2006)[8]。研究结果发现:青少年体育锻炼参与率低,且高中生低于初中生,女生低于男生;随着锻炼行为的阶段发生变化,影响青少年参与体育锻炼的自我效能、锻炼收益因素呈现上升趋势,而锻炼弊端因素则出现下降趋势,与理论假设相符;经多元回归分析,心理决定因素对青少年体育锻炼行为总变化的解释超过四成,其中自我效能预测青少年体育锻炼参与行为的能力最强。此后,基于阶段变化模型的各类研究在国内迅速展开。

### 3.2.2　论文发表年度变化特征

在过去的15年间,基于阶段变化模型研究身体活动的论文共计发表114篇,1998年4篇,占3.5%;进入2007年后,发表论文篇数上双;2007年至2012年6年间发表论文的篇数占了发表论文总数的75.4%。由此可见,我国有关阶段变化模型的各类研究于2006年后蓬勃展开(见图3)。

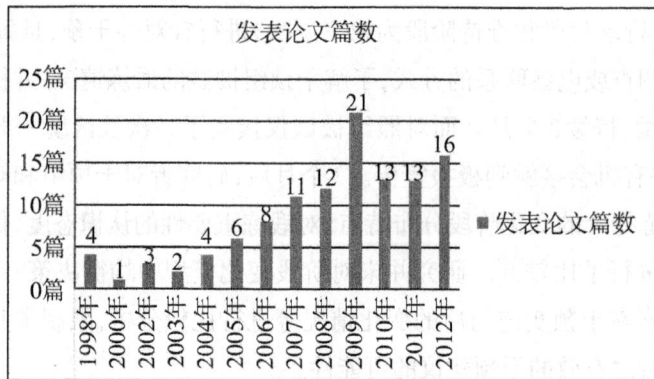

图3　年度别论文发表篇数统计图

### 3.2.3　论文研究类型、研究设计的特征

明确公布有效样本含量的研究共84项,其中样本大于100的研究80项,占研究总数的95.2%。

114篇已发表论文中,综述或单纯介绍阶段变化模型的研究有29项,占研究总数的25.4%;对不同性质人群身体活动变化阶段分布特点,不同人口统计学特征下研究对象身体活动变化阶段分布的变动及差异比较,以及模型构成因素随身体活动变化阶段呈现的变化趋势和差异比较、阶段转换等进行现状调查的研究有32项,占研究总数的28.1%;对不同性质人群身体活动变化阶段分布特点,及与其他心理因素间、锻炼水平间关系进行现状调查分析的研究有27项,占研究总数的23.7%;现状调查类研究占了研究总数的五成以上;针对不同性质人群,进行阶段变化模型构成因素测量工具研发、修订、检验及相关的研究有14项,占研究总数的12.3%;基于模型进行的干预研究有12项,占研究总数的10.5%。干预研究为准实验设计,且持续一段时间,可被视为纵向研究;过去15年间,国内基于阶段变化模型的横向研究有102项,占了研究总数近九成(见图4)。

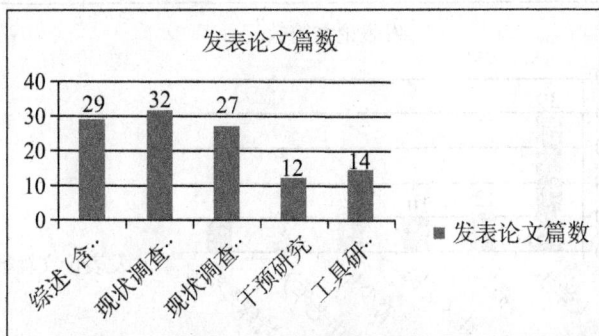

图4　不同类型研究统计图

　　针对阶段变化模型构成因素进行测量工具编制、修订、检验及相关分析的14项研究中,8项以大学生为对象进行,3项为青少年,2项为城镇居民,还有1项针对减肥人群这一特殊群体进行。14项研究中,(1)修订各类测量工具的研究有10项,10项研究分别对不同西方学者(或中国台湾地区学者)针对阶段变化模型各组成要素编制的测量工具进行了修订;(2)检验测量工具的研究有3项,对已修订的相关问卷再次进行检验,并做了相关研究;(3)还有一项针对减肥人群进行了《变化过程测量问卷》的全新编制。

　　所有12项干预研究均采用了准实验对照组前后测设计,10项研究基于变化阶段进行;除一项研究采用动机访谈方式外,其余研究均使用了教育(授课)、咨询和发放散页印刷品的干预方式;干预持续时间从3个月到6个月不等(另有2项研究没有公布该项信息);12项研究均采用多次接触的干预形式;有9项研究基于一个或多个理论概念进行干预,使用的理论概念多为出自计划行为理论的态度、信念,但还有多项研究干预内容不明;另有3项研究明确依据整体阶段变化模型进行。

### 3.2.4　研究对象的特征

在涉及研究对象的85项研究中(除综述),有45.9%的研究以大学生(含研究生、不同类型大学生、大专生、高职生等)为对象进行,占第一位;14.1%的研究以青少年儿童(含小学高年级段儿童、初中生、高中生等不同年龄阶段的青少年)为对象进行,14.1%的研究针对高知(含高校教师、科研单位研究人员、职工等)、公务员进行,两者并列第二位;以社区居民(含特殊年龄段的居民)为对象进行的研究有10项,占11.8%;以中老年人和特殊人群(含残疾人、少数民族、工人和农民工)为对象的研究分别有3项和9项,各占3.5%和10.6%(见图5)。

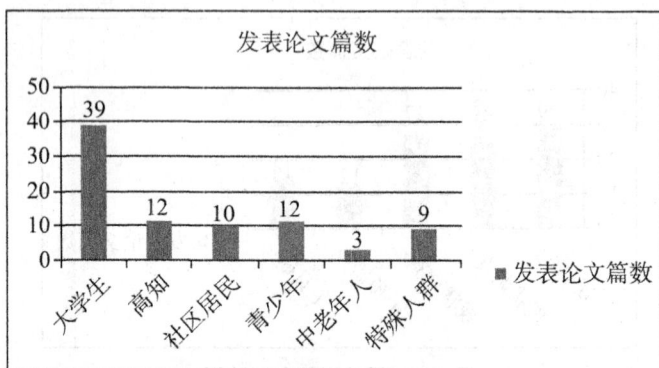

图5　不同性质被试研究统计图

### 3.2.5　研究使用阶段变化模型的特征

在全部114项研究中,除一项研究之外,所有研究均使用了变化阶段因素。29项综述或理论介绍研究中,大部分研究整体介绍了阶段变化模型,还有小部分研究仅介绍了变化阶段因素;除综述外的其余85项研究中,有46项研究单纯使用变化阶段因素进行,占研究总数的54.1%,超过五成;其余39项研究中,基于整体模型进行的研究有15项,占17.6%;其他24项研究则分别使用了变化阶段、均衡决策、自我效能和变化过程因素(见图6)。

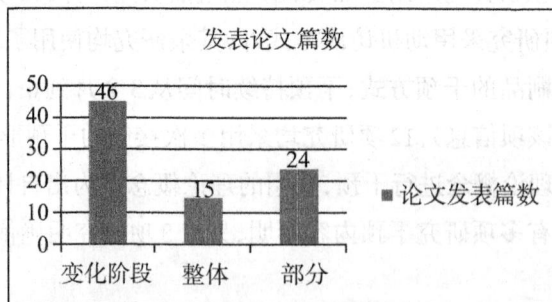

图6　研究使用阶段变化模型构成因素的统计图(综述除外)

### 3.2.5.1 锻炼行为变化阶段分布特点

50项公布研究对象锻炼行为变化阶段分布特点的研究(29项综述或理论介绍研究,以及没有公布研究对象锻炼行为变化阶段分布情况的研究除外),共涉及样本总含量$N=36644$人。其中,19.0%的被试被报告处于前预期阶段($n=6946$),18.0%处于预期阶段($n=6594$),34.6%处于准备阶段($n=12663$),17.1%处于行动阶段($n=6279$),11.3%处于维持阶段($n=4162$)。尽管不同的研究对锻炼行为和变化阶段的定义不同,但分析结果显示,处于规律锻炼阶段的国民不足三成。

### 3.2.5.2 自我效能随变化阶段的发展趋势

39项使用除变化阶段因素以外模型构成成分进行的研究中,23项涉及自我效能。其中12项研究(占52.2%)显示(有研究结果显示不同变化阶段间,研究被试的自我效能呈现上升趋势,但不具统计学意义),随锻炼行为变化阶段的升高(由前预期阶段向维持阶段发展),自我效能呈现上升趋势;进一步回归分析结果显示,自我效能对锻炼行为的影响积极且显著。

### 3.2.5.3 均衡决策随变化阶段的发展趋势

使用除变化阶段因素以外模型构成成分进行的39项研究中,25项涉及均衡决策。其中10项研究(占40%)显示(有研究结果显示变化趋势呈非线性),随着锻炼行为变化阶段的升高,锻炼收益呈现上升趋势,而锻炼弊端则出现下降趋势;且锻炼收益与锻炼行为呈正相关,锻炼弊端与锻炼行为呈负相关。

### 3.2.5.4 变化过程随变化阶段的发展趋势

涉及变化过程的研究相对较少,且结果不一致,有待进一步研究。

### 3.2.6 以青少年为对象进行研究的特征

过去15年间,以青少年①为对象进行的研究共12项(有一项研究以3~5年级的儿童为对象进行),占研究总数的10.5%。最早以青少年为对象进行的研究发表于2006年[8]。其中,现状调查研究3项[7][10][11],占25%;现状调查分析研究5项[8][1-3][20],占41.7%;测量工具的修订、检验及相关研究3项[12][9][18],占25%;干预研究1项(该研究以中学生的久坐行为为研究对象)[17],占8.3%。除干预研究持续9个月之外,其余研究均为横向研究。12项研究中,1项单独针对变化过

---

① 世界卫生组织(WHO)将青少年定义为10岁至19岁间的个体;美国心理协会(APA)将青少年定义为10岁至18岁的个体;Sallis的研究中将青少年定义为13岁至18岁的个体。本综述中,作者将青少年统一定义为13岁至18岁间的个体。

程进行研究[29],6项单纯使用变化阶段[7][10-11][1][3][20]对青少年学生身体活动行为变化阶段分布特点、不同人口统计学特征下分布变化特征、处于不同身体活动阶段青少年不同心理因素的变化和差异等进行了研究；基于整体阶段变化模型进行的研究仅有1项[17]；其余4项研究使用除变化阶段外的一个或两个模型构成因素来完成[8][2][9][12],对青少年学生身体活动变化阶段分布特点,模型构成因素的阶段变化趋势和差异,处于不同身体活动阶段青少年不同心理因素的变化和差异比较,锻炼行为阶段转换及相关测量工具的编制、修订、检验和相关问题进行了研究。

　　12项研究均采用大样本进行,有效样本含量在662人至1738人之间,平均数$M=1175(sd=385)$。包括身体活动在内,上述每项研究讨论了2个至7个不等变量间的关系,平均数$M=4(sd=1.4)$。91.7%的研究使用了横向研究设计。12项研究全部采用自陈式问卷调查来反映研究对象锻炼行为(或久坐行为)所处的变化阶段(2项研究使用了1周活动回忆测量量表),其中7项研究(占58.3%)没有提供测量工具的任何信效度检验信息；1项研究(占8.3%)提供了测量工具有效信效度检验结果；其余4项研究(占33.3%)提供了测量工具部分的信效度检验结果(或信度检验结果,或效度检验结果)。没有研究辅助使用客观测量工具反映研究对象的锻炼行为。

　　以青少年为对象进行的研究中共有8项报告了其锻炼行为变化阶段分布的特点,共涉及样本总含量$N=9744$人。其中,1254人被报告处于前预期阶段(占12.9%),2255人处于预期阶段(占23.1%),3615人处于准备阶段(占37.1%)；处于行动阶段和维持阶段的个体分别是1434人(占14.7%)和1186人(占12.2%)(见图七)。坚持规律锻炼的青少年不足三成。

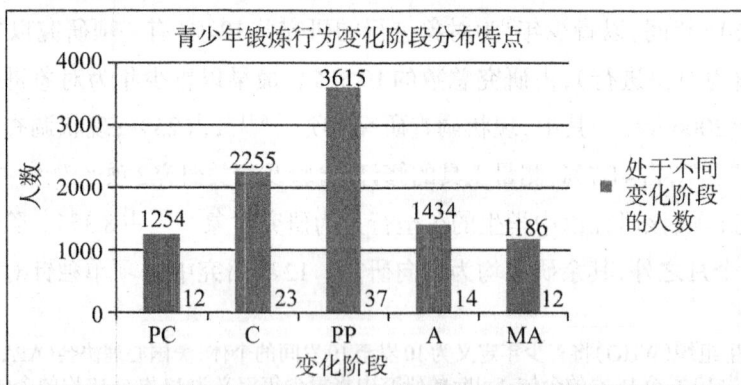

图7　青少年锻炼行为变化阶段分布特点图
注:PC为前预期阶段,C为预期阶段,PR为准备阶段,A为行动阶段,MA为维持阶段

　　表2对可能影响青少年身体活动(或锻炼行为所处变化阶段)的决定因素
进行了总结和分析。至少三个以上研究结果表明,该决定因素与青少年身体活
动行为具有统计学意义时,该决定因素才被认为可能影响青少年身体活动
(Sallis et al, 2000)[35]。分析结果发现:(1)青少年男生比女生更多参加体育锻
炼,6项涉及该因素的研究中有5项支持该结果,支持率为83.3%;(2)年级(年
龄)与青少年锻炼行为呈负相关,初中生比高中生更多参加体育锻炼,4项涉及
该因素的研究全部支持该结果,支持率为100%;(3)均衡决策与青少年锻炼行
为相关,其中,锻炼弊端对前预期阶段、预期阶段青少年锻炼行为的影响更大;而
锻炼收益则对准备阶段、行动阶段和维持阶段青少年锻炼行为的影响更显著;3
项涉及该因素的研究全部支持该结果,支持率为100%;(4)社会支持(父母、同
伴)与青少年锻炼行为相关,所获社会支持越多,青少年越倾向于处于越高的锻
炼变化阶段,3项涉及该因素的研究全部支持该结果,支持率为100%;(5)锻炼
态度与青少年锻炼行为相关,3项涉及该因素的研究全部支持该结果,支持率为
100%。鉴于上述研究中,有关社会支持和锻炼态度的测量方面存在一定不足,
且为同一研究分解发表为多篇论文的情况,因此,社会支持、锻炼态度和青少年
锻炼行为间的关系有待进一步证实。

表2　影响青少年锻炼行为变化阶段的决定因素分析

| 决定因素 | 研究编号 | 与锻炼行为<br>变化阶段有关 | 与锻炼行为<br>变化阶段无关 | 结果(N/%) |
|---|---|---|---|---|
| 人口统计学因素 | | | | |
| 年级(年龄) | 28,38,69,98 | 28,38,69,98 | | 4/4(100) |
| 性别 | 28,38,68,69,98,104 | 28,68,69,98,104 | 38 | 5/6(83.3) |
| 学校类型 | 104,105 | 104,105 | | |
| 心理因素 | | | | |
| 自我效能 | 28 | 28 | | |
| 均衡决策 | 28,38,68 | 28,38,68 | | 3/3(100) |
| 变化过程 | 98,114 | 98,114 | | |
| 社会支持 | 69,83,105 | 69,83,105 | | 3/3(100) |
| 健康危险感知 | 68 | 68 | | |
| 锻炼态度 | 68,69,83 | 68,69,83 | | 3/3(100) |
| 家庭文化资本 | 109 | 109 | | |
| 家长体育意识 | 109 | 109 | | |
| 环境因素 | | | | |
| 设施 | 105 | 105 | | |
| 锻炼机会 | 105 | 105 | | |
| 体育社团 | 105 | 105 | | |

## 4. 讨论与分析

### 4.1　阶段变化模型应用研究发展趋势

　　根据综述,1983年提出的阶段变化模型,1998年首次被介绍到我国。20世纪90年代末发表的4篇论文中有3篇由程小虎等人完成,虽然他们的研究仅使用了变化阶段这一核心概念,但却对后续国内的相关研究产生了重大影响,甚至近期仍有众多研究带有当年"程小虎式"研究的痕迹。2007年后,基于阶段变化模型的身体活动研究论文首次达到二位数,2007年至今发表的论文占了全部论文的七成以上,由此可见,阶段变化模型仍是我国锻炼心理学领域内倍受关注的理论模型之一。

### 4.2　研究方法特征分析结果

　　在对研究类型、研究设计的特征逐一进行编码、对比和分析后发现,基于阶段变化模型的横向研究占了绝对优势,而对设计干预更具指导意义的纵向研究仅占一成。综述类研究中,一定数量的论文仅对阶段变化模型进行重复的、单纯的介绍,"述"而不"综",对其他类型研究的借鉴作用极为有限。

　　现状调查类研究(含现状调查和现状调查分析)占了研究总数的五成以上,但其中基于整体阶段变化模型进行的研究不足一成,有超过七成的研究基于变化阶段单一概念进行,从严格意义上来讲,类似研究无法被称为"基于阶段变化模型的研究",也无法回答整体模型如何描述、解释和说明锻炼行为的问题(模型还包括自我效能、均衡决策和变化过程等重要因素)[23]。上述研究中使用的测量工具多种多样,以测量变化阶段的工具为例,有研究使用Macus等人1992年依据Prochaska等人的阶段变化模型编制的系列问卷,有研究使用1995年起Cardinal研发的阶梯式问卷,有研究使用的是Prochaska等人针对戒烟人群开发的测量问卷。同时,有使用五级变化阶段划分标准的研究(包括前预期阶段、预期阶段、准备阶段、行动阶段和维持阶段),也有使用四级变化阶段划分标准的研究(删除了准备阶段)。Reed等人在对8种用于锻炼阶段划分的方法进行比较后认为,在不同的阶段划分方法之间,阶段是一个概念或结构的结论毋庸置疑(Reed, Velicer, et al, & Marcus, 1997)[33]。但由于在不同研究中,缺乏对研究对象变化阶段划分的信效度检验和相关信息,为横向研究结果的比较带来了极大的困难和问题。加之,在多数研究中,有关于锻炼行为或身体活动的界定不甚清晰,并且对何为规律性体育锻炼或身体活动的定义也多有不同,这将在一定程度上影响变化阶段的分布情况。另一个问题也值得引起注意,即阶段划分锻炼行为方法的广泛使用,虽然与其易操作性和易评价性存在部分的关系,但研究者应该清楚,锻炼行为的阶段特征无法替代锻炼行为本身,因为变化阶段无法提供锻炼行为持续时间、频率和强度方面的明确特性。研究者应该意识到使用锻炼行为特征(如持续时间、频度和强度等)对其进行定义和研究的重要性,以及使用变化阶段作为一种方式去评价锻炼行为分布特点时可能引入的潜在偏差(bias)[28]。建议研究者在后续研究过程中,明确身体活动的定义,并且提供频率、持续时间和强度上明确的判定标准,为后续类似研究成果的互相比较分析奠定基础[15]。同时,尝试使用客观测量工具,以减少自陈式问卷调查自身局限性对研究结果的影响。

多数干预研究采用了干预效果较大的发放散页印刷品和多次接触[7]的干预方式,但研究尚存在干预内容和理论基础不明确的问题。超过半数研究对干预前后,研究被试在变化阶段分布上的人数变化百分比或是运动量(运动行为)变化的百分比进行了描述,但没有提供有效统计分析的结果,因此难以对干预的效果进行判断。仅5项研究报告了,干预前后,处于不同锻炼变化阶段被试的心理指标出现了具有统计意义的差异,这在一定程度上提供了干预有效性的信息。仅有3项研究依据整体阶段变化模型进行,为如何有效依据阶段变化模型进行后续干预研究提供的信息极为有限。没有干预研究对比分析针对性干预(stage-matched intervention)和非针对性干预(non-stage-matched intervention)或传统干预(action oriented)效果的不同,因此,也无法证明基于阶段变化模型的针对性干预的效果优于后者。

针对阶段变化模型构成因素进行测量工具编制、修订、检验的相关研究,研究程序规范、对象相对多元;且有学者针对某一特定人群(如青少年),进行了系列研究,为后续扩大阶段变化模型在我国的应用打下了良好基础。但因绝大多数研究发表于2007年之后(一项除外),后续尚需对修订过的测量工具进行进一步的应用和检验。

## 4.3 研究对象多样性分析

虽然近五成的研究以大学生为对象进行,但中老年人、残疾人、工人、农民工和少数民族等对象也受到了一定关注。阶段变化模型被广泛证明能有效地描述、解释、说明和预测成年人的锻炼行为,对青少年锻炼行为的说明和预测能力却极其有限[3]。可喜的是,国内已有学者持续关注青少年,并在测量工具的修订、检验,以及现状分析方面进行了系列研究。建议研究者在后续研究过程中,进一步关注除大学生之外的其他各类人群。

### 4.4　模型应用情况分析

单纯使用变化阶段单一概念进行的研究过多,而基于整体阶段变化模型进行的研究过少,证明阶段变化模型在我国具有适用性和可行性的证据仍有待进一步补充,建议后续研究尝试依据整体模型设计和实施。

研究总样本中近四成的被试处于不锻炼状态(37%),即处于前预期阶段和预期阶段;处于无规律锻炼状态的被试(准备阶段)超过三成(34.6%),坚持规律性体育锻炼(行动阶段和维持阶段)的被试不足三成(28.4%)。处于不锻炼状态人群的百分比高于2001年Marshall等人同类研究显示的结果(30%)[28],同时也高于1996年美国"卫生与人类服务部"(Department of Health and Human Services, HHS)负责人报告的群体样本研究结果(25%)[39]。而坚持规律性体育锻炼人群的百分比则远低于上述两个研究样本(47%和40%)。国内研究对身体活动和变化阶段两个概念界定不统一或不同,可能会导致样本变化阶段分布特点的变化,并出现与国外同类研究结果不一致的情况。因为,如果研究者没有提供判定身体活动的明确标准,个体则极有可能认为其处于不锻炼状态。这可能由于个体将锻炼和身体活动等同为高强度(vigorous intensity)运动[28]。同时,锻炼行为变化阶段分布趋势还显示与抽样和招募被试的方式有关。非随机抽样(non-random sampling)和被动招募策略(passive recruitment strategy)相对于随机抽样和那些主动招募技术(active recruitment technique),倾向于低估处在前预期阶段的人群[33]。而对变化阶段测量的反应模式(response format)也会影响到分布趋势,李克特式测量(Likert measure)可能造成被试变化阶段分布趋势的向上偏移(upward shift)(维持阶段除外)[28]。

涉及自我效能的研究显示,随着锻炼行为变化阶段的升高,自我效能出现上升趋势,且自我效能对锻炼行为有影响积极。由于上述结果多出自横向研究设计,且有近五成的研究结果没有支持(出现或不具统计学意义)上述变化趋势和关系。因此,后续研究有必要尝试使用纵向研究设计,进一步检验自我效能和变化阶段之间的因果关系,及自我效能在不同变化阶段间的变化特征。如,自我效能随变化阶段的上升出现提高,但在不同变化阶段间提高的程度不同,前期阶段(预期阶段和准备阶段)提高幅度小,而后期阶段提高幅度大[28]。

涉及均衡决策的研究中,四成研究结果显示,均衡决策与变化阶段之间的关系与模型研究假设一致,但另有六成研究结果显示上述变化趋势和关系不明确。相对于锻炼收益,锻炼弊端与变化阶段、锻炼行为之间的关系似乎更为复杂,相应关系仍有待进一步检验。

## 4.5 青少年相关研究结果分析

以青少年为对象进行的研究占综述研究总数的一成且具有现状调查类横向研究多,单纯使用变化阶段概念的研究多,而基于整体模型进行的研究少,干预研究少的特点。这些与整体研究显现的特点相同。因此,基于阶段变化模型,对青少年身体活动的研究在国内并未受到足够关注,且研究水平亟待进一步提升。

研究均采用大样本、自陈式问卷调查方式实施。研究总样本中超过八成的青少年处于不锻炼或无规律锻炼状态,而坚持规律性体育锻炼的青少年不足三成。其分布特点与进入综述研究总样本分布变化趋势基本相同,但处于无规律锻炼状态的青少年百分比高于总样本,而坚持规律性锻炼的青少年百分比却低于总样本。经卡方检验,青少年样本与总样本在不同锻炼行为变化阶段上的人数分布差异并不具统计学意义($\chi^2=2.0$,$p>0.05$)。

青少年的身体活动是一种极其复杂的行为,受多种因素影响[15]。这些因素可能来自个体、社会和环境,有效的干预策略应针对上述各方面因素进行综合影响,最终实现行为改变。本研究发现,(1)性别与青少年锻炼行为密切相关,男生比女生更活跃,这与Sallis等人的研究结果一致[35]。该结果建议,应更加重视青少年女生锻炼行为的决定因素,并制定更具针对性的干预措施。(2)年龄(年级)与青少年锻炼行为密切相关,随年龄增加,锻炼呈下降趋势。该结果也与Sallis等人的研究相一致[35]。国内出现该现象的原因,可能是高年级学生所面临的高考压力更大,因此参与锻炼的时间、可能性、意识也受到严重影响。有一点值得强调,即参与体育锻炼并不会影响或减少青少年学习的兴趣[35]。同时,Dwyer等人的研究结果还发现,参与体育锻炼可以提高7~15岁青少年的学业表现[26]。Strong等人的综述结果则发现:①教学课程中加入体育课,会导致学业成绩微小的积极变化;②准实验研究结果显示,增加体育课的教学时间对学业成绩并不产生消极影响,而增加其他科目的教学时间则会降低学业成绩;③横向研究结果显示,学业成绩和身体活动之间存在正相关关系[37]。(3)均衡决策与青少年的锻炼行为相关。Norman等人的研究发现,减少久坐行为的弊端因素与增加青少年男女生(11~15岁)的行为相关,而久坐行为的收益因素则与青少年女生的该行为相关[30]。与本综述的结果基本一致。

本综述的局限性之一体现在半定量分析方法的使用上,所有研究结论均基于研究者的判断。虽然研究者也希望使用元分析的方法,但由于是初次对我国在过去15年间基于阶段变化模型的研究进行系统综述,且前期研究结果还存在不可比性,因此,需谨慎看待研究结果。第二,可能尚有基于阶段变化模型的相关研究没有被纳入本综述。尽管研究者使用了国际上占主导地位的文献检索方法,但也极可能因检索词设置不全面,或人工检索不到位等原因,无意遗落部分研究。第三,针对影响青少年锻炼行为的因素,本研究仅对具有一致相关关系的因素进行了论述,无法对其关系的强度进行评价。

本综述的优势显现在,首次对国内基于阶段变化模型的研究进行分析,结果对后续研究具有一定的借鉴和参考价值。其次,对基于阶段变化模型设计青少年锻炼行为干预措施的可能性和有效性进行了初步分析。

## 5. 结论

①阶段变化模型是目前我国锻炼心理学领域内受关注的理论模型之一,但后续各类研究可考虑基于整体模型进行设计和实施,而非仅使用变化阶段单一因素;

②研究需明确界定身体活动的定义,及检验变化阶段的划分标准;

③阶段变化模型在我国的适用性有待进一步检验;

④性别、年龄与青少年的锻炼行为密切相关;

⑤出自阶段变化模型的均衡决策因素与青少年的锻炼行为相关,社会支持亦与其相关。但可否应用于干预设计,有待研究进一步检验。同时,可否基于阶段变化模型对青少年锻炼行为进行干预,仍有待进一步研究。

参考文献

[1] 曹佃省,唐语林,汤彬等. 长沙市2所中学学生课外锻炼现状调查[J].中国学校卫生 2010,,31(3):279-283.

[2] 曹佃省,谢光荣. 长沙市中学生健康危险感知与闲暇锻炼相关分析[J].中国学校卫生,2009,30(10):896-900.

[3] 曹佃省,谢光荣. 社会支持在青少年课外锻炼性别差异中的作用[J]. 中国健康心理学杂志 2009,17(6):702-704.

[4] 陈羲. 青少年锻炼行为阶段变化模式研究[J]. 淮北职业技术学院学报 2007,6(5):38-39.

[5] 程小虎,卢标,张凯.对大学生体育锻炼行为阶段性特点的调查研究[J].体育与科学,1998,19(2):55-58.

[6] 程小虎,卢标.一、二年级大学生体育锻炼行为阶段性特点的调查研究[J].武汉体育学院学报,1998,125():44-47.

[7] 程小虎,张凯.国外关于体育锻炼行为的研究理论和成果的综述[J].湖北体育科技,1998,1:44-47.

[8] 方敏,孙影,赵俊红.青少年锻炼行为的阶段变化模化研究[J].中国公共卫生2006,22(8):902-903.

[9] 方敏.青少年锻炼行为阶段变化与变化过程的关系[J].西安体育学院学报2011,28(3):349-355.

[10] 付道领,郭立亚.初中生体育锻炼行为及学校因素调查研究[J].中国教育学刊,2012,5:66-69.

[11] 付道领,郭立亚.重庆市初中生体育锻炼情况调查研究——性别年级及学校类型间的特征与差异[J].西南大学学报(社会科学版),2012,38(4):63-69.

[12] 耿宁,方敏.中学生锻炼行为与决策平衡的关系[J].沈阳体育学院学报,2007,26(6):70-73.

[13] 司琦.大学生体育锻炼行为的阶段变化与心理因素研究[J].体育科学,2005,25(12):76-83.

[14] 司琦.阶段变化模型的现场应用及启示:以体育锻炼行为为例[M].杭州:浙江大学出版社,2012.

[15] 司琦.影响大学生锻炼行为阶段变化的各心理因素间的路径分析[J].体育科学,2006,26(8):29-32.

[16] 徐莉,瞿旭平,毛晨佳等.运用跨理论模型对中小学生久坐行为干预效果评价[J].中国流行病杂志,2011,32(2):142-145.

[17] 许亮文,杨廷忠,马海燕,等..对杭州市社区居民锻炼行为的干预效果观察[J].中国运动医学杂志,2004,23(3):313-315.

[18] 赵俊红,方敏.青少年锻炼行为变化过程量表的修订与检验[J].安徽师范大学学报(自然科学版),2012,35(1):77-82.

[19] 郑祥荣.社会学视角下青少年锻炼行为阶段转变影响因素研究——以福建省七城市为例[J].福建体育科技,2012,31(3):12-15.

［20］赵俊红,方敏.青少年锻炼行为变化过程量表的修订与检验［J］.安徽师范大学学报(自然科学版),2012,35(1):77-82.

［21］2008 Physical Activity Guidelines for Americans［E］. U.S Department of Health and Human Services.2008.参见P176(24)条.

［22］ADAMS, J., & WHITE, M.. Are activity promotion interventions based on the Transtheoretical Model effective? A critical review［J］. British Journal of Sports Medicine, 2003,37: 106-114.

［23］BLAIR, S.N.. Physical inactivity: the biggest public health problem of the 21st century［J］. British Journal of Sport Medicine,2009, 43(1): 1-2.

［24］BRIDLE, C., RIEMSMA, R. P., PATTENDEN, J., et al. Systematic review of the effectiveness of health behavior interventions based on the trans-theoretical model［J］. Psychology and Health, 2005,20: 283-301.

［25］CARRON, A.V., HAUSENBLAS, H.A., & ESTABROOKS, A. The Psychology and Physical Activity［M］. New York:McGraw Hill, 2003.

［26］COURNEYA, K.S., & BOBICK, T.M.. Integrating the theory of planned behavior with the processes and stages of change in the exercise domain［J］. Psychology of Sport and Exercise, 2000,1:41-56.

［27］DWYER, T., SALLIS, J.F., BLIZZARD, L., et al. Relation of academic performance to physical activity and fitness in children［J］. Pediatric Exercise Science, 2001,13: 225-237.

［28］HUTCHISON, A.J., BRECKON, J.D., & JOHNSTON, L.H.. Physical Activity Behavior Change Interventions Based on the Transtheoretical Model: A Systematic Review［J］. Health Education and Behavior, 2008,36(5): 829-845.

［29］MARSHALL, S.J., & BIDDLE, S.J.H. The transtheoretical model of behavioral change: A meta-analysis of applications to physical activity and exercise ［J］. Annuals of Behavioral Medicine, 2001,23(4): 229-246.

［30］NOAR, S.M., BENAC, C.N., & HARRIS, M.S. Does tailoring matter? Meta-analysis review of tailored print health behavior change interventions［J］. Psychological Bulletin, 2007,133(4): 673-693.

［31］NORMAN, G.J., SCHMID, B.A., SALLIS, J.F., et al. Psychological and environmental correlates of adolescent sedentary behaviors［J］. Pediatrics,2005, 116

(4): 908-915.

[32] Physical inactivity: A global public health problem[EB/OL]. WHO. http://www.who.int/dietphysicalactivity/factsheet_inactivity/en/

[33] REED, G.R., VELICER, W.F., PROCHASKA, J.O.,et al.What makes a good staging algorithm? Examples from regular exercise[J]. American Journal of Health Promotion. 1997,12: 57-66.

[34] RHODES, R.E., & NIGG, C.R. Advancing Physical activity theory: A review and future directions[J]. Exercise and Sport Sciences Reviews, 2011,39(3): 113-119.

[35] SALLIS, J. F., PROCHASKA, J. J., & TAYLOR, W. C. A review of correlates of physical activity of children and adolescents[J]. Medicine and Science in Sports and Exercise, 2000,32: 963-975.

[36] SPENCER, L., ADAMS, T.B., MALONE, S., et al. Applying the transtheoretical model to exercise: A systematic and comprehensive review of the literature[J]. Health Promotion Practice, 7: 428-443.

[37] STRONG, W.B., MALINA, R.M., BLIMKIE, C.J, et al. Evidence based physical activity for school-age youth[J]. The Journal of Pediatrics, 2005,146(6): 732-737.

[38] U.S. Department of Health and Human Services: Physical Activity and Health: A Report of the Surgeon General [R]. Atlanta,GA: U.S. Department of Health and Human Services, Centers for Disease Control and Prevention, National Center for Chronic Disease Prevention and Health Promotion, 1996.

[39] THOMAS, J., NELSON, J., & SILVERMAN, S. Research Methods in Physical Activity(5-th Eds.)[M]. Birmingham: Human Kinetics, 2005. pp: 17, 18.

# 附录2

## 基于社会生态模型的青少年校内闲暇时间身体活动影响因素研究[①]

**摘要**：本研究以初中生为研究对象，选取自我效能、乐趣、主观障碍、社会支持和学校环境等五个反映社会生态模型个体水平、人际水平和组织水平的因素，就其对青少年参与校内闲暇时间身体活动的影响进行了分析。研究结果显示，午饭后身体活动强度（$F=3.79,p<0.05$）、持续时间（$F=4.03,p<0.05$）和对锻炼乐趣（$F=0.82,p<0.05$）、学校政策与管理（$F=10.67,p<0.05$）的认知存在显著的性别差异。自我效能（$F=3.79,p<0.05$）、过程障碍（$F=6.43,p<0.01$）和对运动场地与设施（$F=10.95,p<0.01$）的感知上存在显著的年级差异。回归分析显示：自我效能（$\beta=0.29,p<0.05$）、老师社会支持（$\beta=0.21,p<0.05$）、学校绿化建设（$\beta=0.13,p<0.05$）对青少年参与校内闲暇时间身体活动的影响具有统计学意义。结论：学校应重视特定时段学生身体活动的组织和管理，尤其是对女生的组织和管理。自我效能、老师社会支持、学校绿化建设是影响青少年参与校内闲暇时间身体活动的主要因素。

**关键字**：个体水平；人际水平；组织水平；初中生；校内闲暇时间；锻炼

## Determinants of Adolescent's In-school Leisure Time Physical Activity: Based on the Social Ecological Model

**Abstract:** This study explored the determinants of adolescent's physical activity during the school leisure time based on the social ecological model. Four hundred and thirty nine old adolescents of 14 to 16 years were recruited and were asked to completed self-efficacy, enjoyment, subjective barriers, social support, school en-

---

① 原载于《首都体育学院学报》2015年第4期，第341-345页。本文略有修改。

vironment scales and three days physical activity recall; the results supported the measures' psychometric adequacy. Research results showed that there mere significant difference on physical activity intensity($F=3.79, p<0.05$) and duration($F=4.03, p<0.05$), enjoyment($F=0.82, p<0.05$) and school environment and management($F=10.67, p<0.05$) during lunch time Self-efficacy($F=3.79, p<0.05$), process barriers($F=6.43, p<0.01$) and accessibility to exercise places and facilities ($F=10.95, p<0.01$) showed statistical differences on grades. Regression analysis showed that self-efficacy($\beta=0.29, p<0.05$), social support from teachers($\beta=0.21, p<0.05$) and school greening($\beta=0.13, p<0.05$) statistically influenced significantly adolescent's physical activity. Schools should pay more attention to organize physical activity during special time period, such as lunch time, and especially to girls. Self-efficacy, social support from teachers and school greening are determinants for this type of physical activity.

**Key words:** Interpersonal Factor; Intrapersonal Factor, Organizational Factor; Middle School Students; In-school Leisure Time, Exercise

## 1. 前言

身体活动①不足所导致的各种健康相关疾病(如心血管疾病、肥胖症、骨质疏松等)日益成为影响青少年成长的重大因素[1]。2008年,《美国身体活动指南》(Physical Activity Guidelines for Americans, U.S Department of Health and Human Services)建议,儿童和青少年每天应进行至少60分钟以上中等或高强度的身体活动[2]。美国调查数据显示,有1.7%的2~19岁青少年儿童超重,另有16.9%肥胖[2]。加拿大以学校儿童为对象的调查发现,儿童肥胖和超重的比例分别为8.0%和17.9%[3]。我国青少年体质与健康调研报告显示,2005年,7~22岁城乡男女生超重、肥胖比例相对2000年的检测比例呈持续增加趋势;青少年耐力、力量等反映身体素质的指标均下降,我国青少年身体素质呈下降趋势[4]。身体活动不足是造成这一结果的重要原因之一。

针对我国青少年身体活动不足的现象,《中共中央国务院关于加强青少年体

---

① 本研究中,作者将体育锻炼(exercise)、身体活动(physical activity)和锻炼行为等专业词汇统称为"身体活动",不加区别地互换使用。有关体育锻炼和身体活动的具体定义,请参见《锻炼心理学》,司琦,浙江大学出版社,2008,P12.

育,增强青少年体质的意见》中要求,青少年"每天锻炼一小时",旨在促进青少年参与身体活动,以达到促进我国青少年体质健康的目的[5]。学校被认为是"通过体育锻炼促进青少年健康的最合理环境"[6]。由于青少年学业负担重,并且放学后还要参加各种兴趣班、补习班等,身体活动时间大受影响;但青少年在校期间有一定的闲暇时间(in-school leisure time),若能充分利用好在校闲暇时间进行身体活动,对于促进青少年身心健康有着积极的影响。同时,闲暇时间身体活动因其形式多样、内容丰富、可以由青少年自由支配而倍受研究者的关注[7]。

　　传统的健康行为理论(如,健康信念模型、社会认知理论等)基于个体进行干预,主要通过改变个体心理因素(如,自我效能、态度、信念等)以达到影响其身体活动的目的。上述理论对于短期内影响个体的身体活动产生了一定作用,但干预一旦结束,个体极易重新回到原本身体活动不足的生活方式中去。因此,它们解释干预维持长期身体活动效益的成效并不乐观[8]。社会生态模型的基本观点认为,环境属性能够影响身体活动[9]。Hillesdon认为,个体身体活动干预策略始终受到环境限制,研究需要关注个体行为在自然与社会环境下的改变[10]。20世纪90年代,Sallis和Owen等人将社会生态模型应用到身体活动干预研究中[11],目前干预研究主要从五个不同水平展开,包括个体水平(intrapersonal)、人际水平(interpersonal)、组织水平(organizational)、社区水平(community)和政策水平(policy)。

　　基于上述现状,本研究以青少年参与校内闲暇时间身体活动的现状,以及社会生态模型中个体水平、人际水平和组织水平因素对其的影响为切入点,以期把握青少年参与校内闲暇时间身体活动的特点及影响因素,为后续干预研究奠定基础。

## 2. 研究方法

### 2.1 研究对象

　　随机选取杭州市西湖区两所初中的初一、初二、初三年级的青少年,每个年级随机抽取两个班级,对503人发放了问卷。实际回收问卷477份,其中有效问卷439份,有效回收率为92.03%。样本平均年龄13.78岁($sD=1.03$)。各年级人数分别为:初一148人、初二152人、初三139人,分别占总人数的33.7%、34.6%、31.7%;其中,男生241人,占54.9%。

## 2.2 研究工具

### 2.2.1 问卷的编制

研究使用的问卷包括3部分：（1）人口统计学信息，包括性别、年级、年龄等。（2）青少年身体活动影响因素问卷。国内外大量研究结果显示，无论是在不同的年龄阶段、文化背景、实验设计中，都有大量的研究结果支持自我效能在解释、说明和预测身体活动方面的作用[12]。其对青少年身体活动的影响作用也很稳定、一致[13～15]。Sallis等人在全美范围内对1504名4～12年级的青少年儿童及其父母进行调查后发现，利用下午时间进行的身体活动或运动、上体育课的乐趣以及社会支持是影响青少年儿童参与身体活动的重要因素[16]。同时，在他及其余同事2000年发表的综述研究结果中也显示，主观锻炼障碍与青少年的身体活动呈负相关[17]。学校的环境、政策等涉及身体活动管理、组织、设备等因素均被研究证实与青少年在校期间的身体活动相关[18～19]。因此，基于社会生态模型、依据前期研究成果，分别选取自我效能、乐趣和主观锻炼障碍，反映个体水平因素对青少年身体活动的影响；选取社会支持反映人际因素对青少年身体活动的影响；选取学校环境，主要包括运动场地与设施、学校政策与管理水平和绿化建设3个方面，反映组织因素对青少年身体活动的影响。（3）青少年3天身体活动回忆问卷（Three Day Physical Activity Recall，简称3DPAR）。

其中，自我效能问卷以Dishman等[20]编制的问卷为基础，修订后的问卷包括7道测题。乐趣问卷以Motl等[21]编制的问卷为基础，修订后的问卷包括8道测题。主观锻炼障碍问卷以Taylor等[22]编制的问卷为基础，修订后的问卷包括7道测题。社会支持量表以Malecki等[23]编制的问卷为基础使用。学校环境问卷自行编制，主要包括运动场地与设施、学校政策与管理和绿化建设等因素；问卷编制过程中，通过走访学校老师、领导，实地勘察学校校园环境，以及了解学校对青少年参与校内身体活动的日常管理、学校相关政策，结合前期文献自行设计了学校环境问卷。

3天身体活动回忆问卷以前期身体活动回忆问卷（Previous Day Activity Recall，简称PDPAR）为基础进行修订。3PDPAR要求被试以测试当天为止点，回忆前3天每天参与身体活动的情况，并将每天从7：00至23：59以每30分钟为单位，分为34个区组，要求被试回忆每一对应区组的身体活动类型（30分钟内从事时间最长的身体活动即为该区组的活动类型）、持续时间以及强度，一一记录在相应表格中。该问卷将身体活动强度分为轻度（light）、中等（moderate）、剧烈

(hard)和十分剧烈(very hard)4种类型,身体活动的强度由梅脱(MET)来反映。通常将MET≤3.0的身体活动视为低强度身体活动,中等强度身体活动的梅脱值范围为3.0<MET≤6.0,大强度的身体活动为MET≥6.0[24]。当被试按照要求完成问卷填答后,研究人员根据区组内身体活动类型和强度对应查找,并赋予其相应的梅脱值。随后,将一天中不同区组的梅脱值相加求出三天总梅脱值,计算均值后用来反映青少年校内闲暇时间身体活动的强度(见表1)[25]。

表1　身体活动类型对应的代谢当量赋值

| 身体活动类型 | 身体活动强度分级对应梅脱值(METs) | | | |
| --- | --- | --- | --- | --- |
| | 轻度 | 中等 | 剧烈 | 十分剧烈 |
| 篮球 | 4.5 | 4.5 | 4.5 | 7.0 |
| 骑自行车 | 4.0 | 4.0 | 7.0 | 8.0 |
| … | … | … | … | … |

　　根据本研究需要,校内闲暇时间身体活动被定义为,个体在校园内自由支配时间里所进行的各种自主性身体活动。并将学生在早晨上学前、中午吃饭后、下午放学离校前三个时段的身体活动时间进行分组,每30分钟为一个区组,共形成7个区组(上学前:7:00—7:30, 7:30—8:00;午饭后:11:45—12:15,12:15—12:45,12:45—13:15;放学离校前:16:30—17:00, 17:00—17:30)。

### 2.2.2　问卷的信效度检验

　　问卷编制完成后,随机抽取某初中3个年级90名同学进行了预测。结果显示,自我效能、乐趣、主观障碍、社会支持和学校环境问卷的克伦巴赫系数分别为0.88、0.81、0.84、0.82、0.83,问卷内在一致性信度良好。采用主成分分析法和方差正交最大旋转法,对问卷进行的探索性因素分析显示,自我效能、乐趣、主观障碍、社会支持和学校环境问卷对总变异的贡献率分别为63.62%、68.87%、67.41%、63.65%和58.52%,并根据因素所涵盖的题目内容和载荷优先的原则对公因子进行了命名(见表2)。

表2　各分问卷探索性因素分析结果

| 社会生态模型 | 因素 | KMO值 | 球形检验相伴概率 | 公因子命名 | 解释变异百分比 |
| --- | --- | --- | --- | --- | --- |
| 个体水平 | 自我效能 | 0.856 | 0.000 | / | 63.62% |
| | 乐趣 | 0.781 | 0.000 | / | 68.87% |

续表

| 社会生态模型 | 因素 | KMO值 | 球形检验相伴概率 | 公因子命名 | 解释变异百分比 |
|---|---|---|---|---|---|
| | 主观障碍 | 0.819 | 0.000 | 前期障碍 | 34.17% |
| | | | | 过程障碍 | 33.24% |
| 人际间水平 | 社会支持 | 0.787 | 0.000 | 同学/家庭社会支持 | 35.35% |
| | | | | 老师社会支持 | 28.30% |
| 组织水平 | 学校环境 | 0.517 | 0.000 | 运动场地与设施 | 24.28% |
| | | | | 学校政策与管理 | 21.39% |
| | | | | 绿化建设 | 12.85% |

## 2.3 研究过程

测试本着青少年自愿的原则,在取得学校领导同意并在班主任配合的情况下,由经过统一培训的调查员在教室内发放问卷,并指导青少年填写,随后当场回收。

## 3. 研究结果

### 3.1 青少年参与校内闲暇时间身体活动现状

描述性统计分析结果显示,青少年在上学前、午饭后和放学离校前三个时段,不参与身体活动的比例分别为46.1%、55.43%和40.5%。其中,男生在三个时段中"无活动"的比例分别为49.5%、55.9%和41.5%,女生则分别为41.9%、54.4%和39.4%;且身体活动的形式多为无组织、松散性的活动。

上学前青少年最常参加的身体活动类型是跑步和体操类(如,广播体操、拉伸运动等);午饭后主要为散步、游戏或嬉戏,有组织性身体活动以篮球和乒乓球为主;放学离校前的主要身体活动类型是散步、游戏或嬉戏,有组织性身体活动以篮球为主。其中,篮球是男女生在午饭后和放学离校前最常参加的组织性身体活动。

### 3.2 不同性别、不同时段青少年校内闲暇时间身体活动强度和持续时间的差异性检验

为比较男女生在上学前、午饭后和放学离校前参与身体活动的强度和持续时间的差异性,进行了$F$检验。结果显示,男女生在上学前、放学离校前参与身体活动的持续时间无显著差异($F=2.84, p=0.42>0.05$),而午饭后时段存在具有统计学意义的差异($F=4.03, p<0.05$)。与女生相比,男生更倾向于在午饭后参与身体活动。同时,男女生在午饭后参与身体活动的强度也存在显著差异($F=3.79, p<0.05$),男生的身体活动强度要高于女生。而在上学前和放学离校

前两个时段的身体活动强度上不存在差异。

### 3.3 不同性别、不同年级影响青少年参与校内闲暇时间身体活动因素的差异性检验

为比较不同性别、不同年级学生在影响其参与校内闲暇时间身体活动的个体水平、人际水平和组织水平因素上是否存在差异,进行了 $F$ 检验。结果表明,男女生在参与身体活动的乐趣($F=0.82,p<0.05$)和对学校环境中学校政策与管理对参与身体活动影响的认知($F=10.67,p<0.05$)两个因素间存在显著性差异(见表3)。自我效能($F=3.79,p<0.05$)、过程障碍($F=6.43,p<0.01$)、运动场地与设施的感知($F=10.95,p<0.01$)在不同年级青少年间存在显著性差异(见表4)。为进一步明确不同年级间的差异性,进行了事后分析的多重比较。结果显示,初一与初二、初一与初三年级学生在自我效能($t_{初一、初二}=0.34,p<0.01;t_{初一、初三}=0.29,p<0.05$)和过程障碍($t_{初一、初二}=0.39,p<0.01;t_{初一、初三}=0.54,p<0.01$)因素上存在显著差异,初二与初三年级间则不存在差异。初一、初二、初三三个年级学生在学校运动场地与设施对身体活动影响的认知方面均存在非常显著差异($F=10.95,p<0.01$)。

表3 不同性别在三水平因素上的差异检验

| 社会生态模型 | 变量 | | $F$ | $p$ |
|---|---|---|---|---|
| 个体水平 | 自我效能 | | 0.02 | 0.106 |
| | 乐趣 | | 0.82 | 0.036* |
| | 主观障碍 | 前期障碍 | 5.33 | 0.911 |
| | | 过程障碍 | 0.79 | 0.599 |
| 人际水平 | 社会支持 | 同学/家庭社会支持 | 0.74 | 0.172 |
| | | 老师支持 | 6.11 | 0.603 |
| 组织水平 | 学校环境 | 运动场地与设施 | 4.93 | 0.104 |
| | | 学校政策与管理 | 10.67 | 0.019* |
| | | 绿化建设 | 4.84 | 0.852 |

注:*表示 $p<0.05$。

表4 不同年级在三水平因素上的差异检验

| 社会生态模型 | 变量 | $F$ | $p$ |
|---|---|---|---|
| 个体水平 | 自我效能 | 3.79 | 0.02* |
| | 乐趣 | 1.53 | 0.22 |

| | | | | |
|---|---|---|---|---|
| 主观障碍 | 前期障碍 | 方差非齐性 | | |
| | 过程障碍 | 6.43 | 0.00** | |
| 人际水平 | 社会支持 | 同学/家庭社会支持 | 2.78 | 0.06 |
| | | 老师社会支持 | 0.87 | 0.42 |
| 组织水平 | 学校环境 | 运动场地与设施 | 10.95 | 0.00*** |
| | | 学校政策与管理 | 1.52 | 0.22 |
| | | 绿化建设 | 0.79 | 0.45 |

*:$p < 0.05$, **:$p < 0.01$:差异性显著.

### 3.4 三水平因素对青少年参与校内闲暇时间身体活动影响的分析

为进一步预测和解释基于社会生态模型的个体水平、人际水平和组织水平因素对青少年参与校内闲暇时间身体活动的影响,将自我效能、乐趣、前期障碍、过程障碍、同学/家庭社会支持、老师社会支持、运动场地与设施、学校政策与管理和绿化建设因素同时纳入了回归分析。结果显示,$R^2 = 0.11$,$p < 0.01$。三种水平因素可以预测青少年校内闲暇时间身体活动,上述因素对总变异的解释量为10.8%。其中,自我效能($\beta = 0.29$,$p < 0.01$)、老师社会支持($\beta = 0.21$,$p < 0.01$)、学校的绿化建设因素对青少年参与校内闲暇时间身体活动的影响具有非常显著的统计学意义($\beta = 0.16$,$p < 0.01$)(见表5)。

表5 三水平因素对青少年校内闲暇时间身体活动影响的回归分析结果

| 变量(V) | 回归系数($\beta$) | $t$ | $P$ |
|---|---|---|---|
| METs ⟷ 自我效能 | 0.294 | 3.310 | 0.001** |
| METs ⟷ 乐趣 | 0.148 | 1.939 | 0.054* |
| METs ⟷ 前期障碍 | $-.048$ | 0.540 | 0.590 |
| METs ⟷ 过程障碍 | $-.082$ | $-0.968$ | 0.334 |
| METs ⟷ 老师支持 | 0.211 | 2.380 | 0.018** |
| METs ⟷ 学校政策与管理 | 0.134 | 1.927 | 0.055* |
| METs 绿化建设 | 0.157 | 2.269 | 0.024* |

*:$p < 0.05$, **:$p < 0.01$.

## 4. 分析与讨论

### 4.1　青少年校内闲暇时间身体活动现状分析

研究结果显示,只有少部分青少年参与校内闲暇时间的身体活动,且主要是无组织性的身体活动。影响原因可能有以下五方面,(1)交通方式影响。前期研究表明,青少年由于年龄原因,上学和放学可能需要家长接送,这在一定程度上影响了青少年利用在校闲暇时间参与身体活动。同时,选择骑车或使用公众交通工具的青少年可能受到交通状况影响(如,须错开堵车高峰期),而无法利用在校闲暇时间参与身体活动[26]。(2)体育与健康课或大课间影响。体育与健康课和大课间的身体活动如若时间长、强度大,则会使青少年学生消耗能量,产生一定的疲劳,以致减少在校闲暇时间身体活动。(3)学校的运动场地与设施数量有限。部分青少年学生认为,学校的身体活动场地、设施数量有限,在一定程度上制约了他们参与身体活动。(4)学业影响。相当一部分青少年学生认为,由于学业负担较重,压力较大,闲暇时间身体活动大受影响。(5)本研究仅关注在校闲暇时间青少年参与身体活动的情况,而没有关注青少年放学后到睡觉前的这段时间。如若青少年在上述时间段有其他身体活动计划,或许也会影响到其在校闲暇时间的身体活动水平。

### 4.2　不同性别青少年参与校内闲暇时间身体活动的分析

本研究对男女生在上学前、午饭后和放学离校前参与校内闲暇时间身体活动的强度和持续时间进行了差异检验。在持续时间方面,男女生在午饭后参与身体活动的持续时间存在差异,而上学前和放学离校前不存在具有统计学意义的差异。在身体活动强度方面,男女生在午饭后的身体活动强度也存在显著性差异,男生高于女生;而这种差异在上学前和放学离校前时段均不存在。这说明男生更倾向于午饭后参加身体活动。我国青少年由于学业负担重、睡眠不足、无法就近入学等原因,利用上学前和放学离校前参与校内身体活动的学生人数、强度和持续时间都不容乐观,尤其是女生。而如何利用好午饭后时间,将其与大课间、体育与健康课程形成有机组合,最大限度利用学生在校时间,充分使其体验身体活动可能带来的乐趣和在消除压力、疲劳方面的积极影响[2],值得思考。条件允许的学校,可以考虑在午饭后的闲暇时间开放更多的室内和室外身体活动场所以吸引更多的学生参加身体活动;同时,提供更多的运动器械、设施、设备以满足学生锻炼的需要。相对于大课间和体育与健康课期间有组织的身体活动,可以考虑在此时间段鼓励学生多进行无组织、游戏性的身体活动,以充分实现通过身体活动放松身心、消除压力的效果。

此外,学校及相关部门还可设法鼓励更多的女生在此时段参与身体活动。本研究发现,女生相对于男生,无论在感受到身体活动带来的乐趣方面,还是受到学校政策的支持方面,都较低且具有统计学上的意义。同时,女生的身体活动持续时间和强度也低于男生,与国外的研究结果一致[27]。青少年阶段,女生身体活动水平的下降要大于男生,应针对青少年女生进行更为有效的身体活动干预。

### 4.3 社会生态模型三水平因素对青少年校内闲暇时间身体活动的影响分析

基于社会生态模型的三水平因素可以预测和解释青少年参与校内闲暇时间的身体活动,对总变异的解释量为10.8%。其中,自我效能、来自老师的社会支持和学校绿化建设对青少年参与校内身体活动的预测能力具有统计学意义。McAuley等人的研究结果表明,自我效能和身体活动之间是一种相互促进的关系,即自我效能与激发和坚持身体活动有关。反过来,短期或长期地参与身体活动又明显导致自我效能感的增加[28]。本研究结果与前期研究结果一致。来自老师的社会支持在解释和预测青少年参与校内闲暇时间身体活动中也起到了一定的促进作用,这与前期研究结果一致[17]。因此,后续应当考虑如何充分发挥老师在促进青少年参与校内闲暇时间身体活动方面的作用。

Sallis(2001)曾就学校环境特性,如学校活动区域的类型、大小和固定设施等,对青少年身体活动的影响进行研究。研究发现,环境特性与男女生身体活动的积极性存在关系。环境特性解释了42%影响女生参与身体活动的变异,59%影响男生参与身体活动的变异[29]。因此,学校加强管理以及提供更多的固定设施能够促进青少年参与校内闲暇时间的身体活动;同时,学校对身体活动所采取的政策支持和监督与管理对于青少年身体活动也有着积极的促进作用。

Lee等(2007)对青少年学生参与身体活动的调查发现,校园风景(如,绿树、草地)也可能影响其身体活动,这与本研究结果基本一致[30]。学校绿化环境建设会影响青少年参与校内身体活动的心情,如缺少植被则可能会使其置身于烈日或寒风下参与身体活动,从而影响或致使其放弃参与身体活动。

### 5. 结论

(1)青少年学生在校闲暇时间参与身体活动的情况不容乐观,他们更倾向于午饭后参与身体活动;与女生相比,男生在午饭后进行的身体活动强度更高,持续时间更低。

（2）不同性别、不同年级青少年学生对影响其参与校内闲暇时间身体活动的个体水平、人际水平和组织水平因素的认知上存在差异。

（3）自我效能（个体水平因素）、老师社会支持（人际间水平因素）、学校的绿化建设因素（组织水平因素）对青少年参与校内闲暇时间身体活动的影响具有非常显著的统计学意义。

参考文献

[1] 洪莰园.上海部分中学生体育锻炼和静态生活现状调查及影响因素的研究[D].上海:上海体育学院,2010.

[2] 李小英,燕子.生态学模型在锻炼心理学中的应用[J].西安体育学院学报,2010,27(6): 765-768.

[3] 司琦,于可红,陈谦,等.阶段变化模型在身体活动领域应用研究的综述:1998年至2012年.体育科学,2013,33(5):74-83.

[4] 司琦.身体活动的行为科学理论综述[J].体育科学,2007,27(9): 72-80.

[5] 中共中央关于全面深化改革若干重大问题的决定[R].中国共产党第十八届中央委员会第三次全体会议,2013.

[6] 中共中央国务院关于加强青少年体育增强青少年体质的意见[R].教育部,2007.

[7] 中国学生体质与健康研究组编.2005年中国学生体质与健康调研报告[M].北京:北京高等教育出版社, 2007:71-81;92-94.

[8] (2008 Physical Activity Guidelines for Americans[R]. 2008. www.health.gov/pa guidelines/.)参见P178页第[24]条.

[9] 3DPAR Methodology and Scoring.http://www.sph.sc.edu/usc_cparg/CPARG_TEST/docs/3DPAR_Scoring.pdf

[10] Ainsworth, B.E., Haskell, W.L., Leon, A.S. et al. Compendium of physical activities: Classification of energy costs of human physical activities[J]. Medicine AND Science IN Sports AND Exercise,1993, 25(1): 71-80.

[11] Biddle, S.H., & Nigg, C.R. Theories of exercise behavior[J]. International Journal of Sport Psychology, 2000,31: 290-304.

〔12〕 Dishman, R.K., Motl, R.W., Saunders, R.P., et al. Factorial invariance and latent mean structure of questionnaires measuring social-cognitive determinants of physical activity among black and white adolescent girls〔J〕. Preventive Medicine, 2002, 34(1): 100-108.

〔13〕 Hillsdon, M., Thorogood, M., White, I., et al. Advising people to take more exercise is ineffective: A randomized controlled trial of physical activity promotion in primary care〔J〕. International Journal of Epidemiology, 2002, 31 (4): 808-815.

〔14〕 Humpel, N., Owen, N., & Leslie, E. Environmental factors associated with adults participation in physical activity〔J〕. American Journal of Preventive Medicine, 2002, 22(3): 188-199.

〔15〕 Lee, S. M., Burgeson, C., R., & Fulton, J.E. Physical education and physical activity: results from the school health policies and programs study〔J〕. Journal of School Health, 2007,77(8): 435-463.

〔16〕 Malecki,C.K., & Elliott, S.N. Adolescents' ratings of perceived social support and its importance: Validation of the Student Social Support Scale〔J〕. Psychology in the Schools,1999, 36(6): 473-483.

〔17〕 McAuley, E., Bane, S. M., & Mihalko, S.L. Exercise in middle-aged adults: self-efficacy and self-presentational outcomes〔J〕. Preventive Medicine,1995, 24(4): 319-328.

〔18〕 McKenzie, T.L., Marshall, S.J., & Sallis, J.J. Leisure time physical activity in school environment: An observational study using SOPLAY〔J〕. Preventive Medicine, 2000, 30(1): 70-77.

〔19〕 Motl, R.W., Dishman, R.K., Saunders, R. et al. Measuring enjoyment of physical activity among adolescent girls〔J〕. American Journal of Preventive Medicine, 2001, 21: 110-117.

〔20〕 Pate, R.R., Pratt, M., Blair, S.N. et al. Physical activity and public health: A recommendation from the Center for Disease Control and Prevention and American College of Sports Medicine〔J〕. JAMA, 1995, 273(5): 402-407.

〔21〕 Sallis, J.F., & Owen, N. Ecological models of health behavior and health education: Theory, research, and practice〔M〕.(2nd ed.). San Francisco: Jossey-

Bass, 1997.403-424

　　[22] Sallis, J.F., Conway, T.L., Prochaska, J.J. et al. The association of school environments with youth physical activity[J]. American Journal of Public Health, 2001,91(4): 618-620.

　　[23] Sallis, J.F., Conway, T.L., Prochaska, J.J. et al. The association of school environments with youth physical activity[J]. American Journal of Public Health, 2001, 91(4): 618-620.

　　[24] Sallis, J.F., Prochaska, J.J., Taylor, W.C. et al. Correlates of physical activity in a national sample of girls and boys in grades 4 through 12[J]. Health Psychology, 1999, 18(4): 410-415.

　　[25] Sallis, J.F., Prochaska, J.J., & Taylor, W.C.A review of correlates of physical activity of children and adolescents[J]. Medicine and Science in Sports and Exercise, 2000, 32(5): 963-975.

　　[26] Spence, J.C., & Lee, R.E. Toward a comprehensive model of physical activity[J]. Psychology of Sport and Exercise, 2003, 4(1): 7-24.

　　[27] Statistics Canada. 2004 Canadian Community Health Survey: Obesity among children and adults [R]. http:// www. statcan.ca/ Daily/English /050706 / d050706a.html.

　　[28] Taylor, W.C., Sallis, J.F., Dowda, M. et al. Activity patterns and correlates among youth: differences by weight status [J]. Pediatric Exercise Science, 2002,14: 418-431.

　　[29] Van DHK., Paw, M., Twisk, J.,et al. A brief review on correlates of physical activity and sedentariness in youth[J]. Medicine AND Science IN Sports AND Exercise, 2007, 39(8): 1241-1250.

　　[30] Webber, L.S., Catellier, D.J., Lytle, L.A. et al. Promoting physical activity in middle school girls: Trial of activity for adolescent girls[J]. American Journal of Preventive Medicine, 2008, 34(3): 173-184.

# 附录3

## 基于人际和组织生态子系统的青少年校内课外身体活动影响因素研究①

**摘要**：为促进青少年参与形式多样、可自由支配的校内课外身体活动，在前期研究结果基础上，本研究从社会支持和学校环境、政策两个反映社会生态模型人际、组织生态子系统的因素入手，就其对青少年参与校内课外身体活动的影响进行了分析。使用经修订、检验后的问卷，随机抽取800名七至九年级初中生为研究对象进行问卷调查，结果发现：(1)父母社会支持对青少年参与校内课外身体活动的影响显著大于兄弟姐妹、亲戚($F=37.55,p<.01$)；父母社会支持的性别差异不显著($t=-0.78,p>.05$)，但年级差异显著($F=13.08,p<.01$)，九年级学生获得的家庭社会支持水平最高。(2)教师社会支持的性别差异不显著($t=0.074,p>.05$)，但年级差异显著($F=11.93,p<.01$)；学校环境、政策的影响同上($t=0.95,p>.05$；$F=19.63,p<.01$)。(3)回归分析显示，学校环境、政策($\beta=0.15,p<0.01$)和教师社会支持($\beta=0.11,p<.05$)能够解释、预测初中生的校内课外身体活动。班主任、体育教师的社会支持和学校环境、政策有决定性影响作用，这为后续干预实验探明了方向。

**关键词**：青少年；社会支持；学校环境政策；干预；锻炼

## Interpersonal and Organizational Level Factors of the Social Ecological Model Influencing Adolescents' In-school Extracurricular Physical Activity

**Abstract:** The purpose of this study was to explore the determinants of adolescents' in-school extracurricular physical activity based on interpersonal and organi-

① 原载于《首都体育学院学报》2017年第3期，第259～264页。本文略有修改。

zational level factors of the social ecological model. Eight hundred middle school students were recruited and were asked to completed social support, school environment and policy scales and three days physical activity recall according to the pilot study results; the psychometric adequacy of measures was acceptable. Research results showed:(1) Social support from parents for adolescents to participate in in-school extracurricular physical activity had significantly greater influence than that of the brothers sisters, and relatives($F=37.55, p<0.01$). The gender difference of parents' social support was not significant($t=-0.78, p>0.05$), however, the grade differences were significant($F=13.08, p<0.01$). The ninth grade students obtained the highest family social support.(2) The gender difference of teachers' social support was not significant($t=-0.074, p>0.05$), however, the grades difference were significant ($F=11.93, p<0.01$). The influence of school environment and policy was as above ($t=0.95$, $p>0.05$; $F=19.63$, $p<0.01$). (3) Regression analysis showed that school environment and policy($\beta=0.15, p<0.01$) and social support from teachers($\beta=0.11, p<0.05$) significantly influenced adolescents' in-school extracurricular physical activity. The social support of teachers in charge, physical education teacher and school environment and policy were determinants of adolescents' in-school extracurricular physical activity, which shed light on the future intervention study direction.

**Key words:** Adolescents; social support; school policy and environment; intervention; exercise

## 1. 前言

世界卫生组织明确指出,身体活动①不足是一个主要的公共卫生问题[1];大量流行病学研究结果已证实,规律性身体活动能有效降低患心血管疾病、抑郁、肥胖等慢性疾病发生的风险[2]。但研究显示仍有超过80％的青少年身体活动不足[3]。为此,美国疾病控制与预防中心建议,青少年儿童每天至少应进行1小时身体活动[4]。我国有中小学生约1.96亿人[5],但2005年全国学生体质与健康调

---

① 本研究中,作者将体育锻炼(exercise)、身体活动(physical activity)和锻炼行为等专业词汇统称为"身体活动",不加区别地互换使用。有关体育锻炼和身体活动的具体定义,请参见《锻炼心理学》,司琦,浙江大学出版社,2008, P12.

研结果显示,有66%的学生每天锻炼不足1小时,基本不锻炼学生的比例为24%[6];2010年结果公告发现,每天锻炼1小时的中小学生仅有21.95%,同时视力不良检出率、肥胖率持续上升,并出现低龄化倾向[7]。学校作为促进青少年参与身体活动的重要场所,探究影响青少年参与校内身体活动的决定因素,对后续制定、实施干预,促进青少年健康有积极影响作用;而课外身体活动则因形式多样,受青少年自由支配而倍受关注。

行为科学中的社会认知理论、阶段变化模型等,均为针对个体尝试行为改变的理论模型,基于此设计的干预能在短时间内实现行为改变的目标,但维持效果不尽如人意,且影响面有限[8]。社会生态模型(social ecological model)则在强调环境和政策等宏观因素对身体活动影响的同时,兼顾微观因素(如个体和人际间因素)。由于模型对多水平影响因素的综合考虑,基于此设计的综合干预策略更适合应用于群众样本以解决普适性问题(如青少年身体活动不足)。该模型认为:行为受多维因素影响,影响因素之间存在交互作用,探究上述关系对制定干预尤为重要。同时,环境影响是多重的,就某一水平因素而言,仍可能存在下位子因素——如人际子系统中的家庭成员、朋友等均可能对个体行为产生影响[9-10]。

鉴于前期国内外基于个体子系统影响因素及其干预效果的研究较多[11],并结合团队前期研究结果[12-13],本研究将探究社会生态模型中人际子系统中的社会支持和组织子系统中的学校环境、政策对青少年参与校内课外身体活动的影响。

## 2. 青少年身体活动干预——社会生态模型

### 2.1 社会支持与青少年身体活动

国外前期研究关注社会支持,并对不同来源社会支持对青少年身体活动的影响进行了探究。Vilhjalmsson等人的研究发现:朋友关系的亲疏程度对青少年参与身体活动存在不同程度的影响,亲密朋友的影响大于疏远朋友[14]。Zhang的研究则发现,朋友、父母、体育教师的社会支持对青少年参与身体活动的影响效果依次降低[15]。Haye和Wallis的研究结果指出,朋友关系网络和青少年身体活动存在相关关系,被试更倾向于和自己进行相似程度身体活动的人交朋友[16-17]。2011年,Hsu等人分析了350名初中生家庭社会支持与其参与身体活动行为之间的关系。结果指出,家庭社会支持和参与中到大强度身体活动显著相关,且影响被试对身体活动的态度[18]。国内前期研究发现,社会支持与青少年身体活动存在相关性[19-22],但也有研究结果不支持上述观点[23-24]。国内前期研究结果不一致,且少有研究对社会支持区分来源,分析不同来源的社会支持对青少年身体活动的影响。

## 2.2 学校环境与青少年身体活动

国外关于学校环境对青少年身体活动的影响研究发现,学校运动场地,器材的数量、种类均与青少年参与校内身体活动相关[25-29]。学校运动场地、器材的可及性(accessibility)对青少年参与身体活动也存在影响。Durangt等人在研究中指出,放学后运动场地的可及性与青少年身体活动水平存在相关关系[30]。Wechsler等的研究则发现,学校在课间休息和放假期间向学生开放使用运动场地,可以大大增加学生进行身体活动的机会[26]。学校政策影响青少年身体活动的研究指出,学校支持开展校内、校际体育活动能够增加青少年在校期间参与身体活动的机会[31-32]。国内前期研究主要从学校提供的锻炼机会(如,组织课外活动课、运动会等)和学校条件(如,运动场地、器材的数量)两个方面展开,并证实学校提供锻炼机会的数量以及运动场地、器材的数量和青少年参与校内身体活动相关[22][33-35]。但现状调查的研究设计,为后续干预研究提供的支持极其有限。

基于文献综述和团队前期研究结果,本研究将以青少年①校内课外身体活动②为研究对象,进一步分析不同社会支持来源以及学校环境、政策和青少年校内课外身体活动之间的关系。

## 3. 研究方法

### 3.1 研究对象

随机选取杭州市萧山区3所初级中学,发放问卷800份,回收有效问卷636份,有效率79.5%。被试平均年龄13.03岁,最大15岁,最小11岁;其中男生占42%。被试基本情况见表1。

表1 样本基本情况

| 类别 | 变量 | 人数 | 百分比 |
| --- | --- | --- | --- |
| 性别 | 男 | 267 | 42% |

---

① 世界卫生组织(WHO)将青少年定义为10～19岁间的个体;美国心理协会(APA)将青少年定义为10～18岁的个体;Sallis的研究中将青少年定义为13～18岁的个体[37]。本研究中,作者将青少年统一定义为13～18岁的个体。基于研究需要,本次系统研究选取了青少年中13～15岁的初中生作为研究对象。
② 校内课外身体活动:本研究中所指校内课外身体活动是指学生在校期间所参加的除体育与健康课之外的所有形式的课外身体活动。

| 类别 | 变量 | 人数 | 百分比 |
|---|---|---|---|
|  | 女 | 369 | 58% |
| 年级 | 七年级 | 159 | 25% |
|  | 八年级 | 365 | 57.4% |
|  | 九年级 | 112 | 17.6% |
| 学校 | ×× | 198 | 31.1% |
|  | ×× | 199 | 31.3% |
|  | ×× | 239 | 37.6% |

### 3.2  研究工具

（1）社会支持问卷

由家庭成员、朋友/同伴、教师三部分组成。综合前期相关问卷[36-39]形成《家庭成员社会支持》分问卷初测试题18项,《朋友/同伴社会支持》9项。其中家人被分为父母、兄弟姐妹、亲戚三类,要求被试从以上社会支持来源中选择一个对其参与校内课外身体活动影响最大的群体;再根据不同情景选择该群体对自身的影响程度。《教师社会支持》分问卷基于Daigle编制的问卷[40],新增文化课教师和班主任社会支持题项,形成初测试题9项。上述分问卷均采用李克特(Likert)5点量表,"完全不符合"标记为"1","完全符合"标记为"5"。

（2）学校环境、政策

《学校环境、政策》分问卷基于已有问卷[41][27][39]形成初测试题11项。其中,涉及运动设施题项4个,学校政策题项7个。选项设计同上。

（3）校内课外身体活动

采用经改编和检验的3天身体活动回忆进行测量(3-Day Physical Activity Recall)[42][13],最终测得的身体活动量单位为梅脱—分钟(MET-minutes),身体活动时间单位为分钟。要求被试回忆周一至周三所需调查时间段参与校内课外身体活动情况。

初测问卷包括:基本信息18个题项,社会支持36个题项,学校环境、政策11个题项,3天身体活动记录1个题项,共66个题项。

（4）问卷的修订和检验

第一轮问卷预测,基于42名初中生(男生26人,占61.9%)对问卷的可读性、文字表达的准确性和明了性提出的建议,对问卷进行了修改,对信效度进行了检验,问卷被修订为62个项目。

第二轮问卷预测,基于对110名初中生(男生50人,占45%)的测试,问卷内部一致性信度克伦巴赫系数在0.75~0.86。探索性因素分析结果显示:家庭成员社会支持分问卷提取因素特征值大于1的因子4个,分别命名为同伴性支持、信息性支持、工具性支持和情感性支持[43],累积解释变异量为60.35%。朋友/同伴社会支持分问卷使用上述方法,共抽取出2个因子,分别命名为同伴性支持和情感性支持,累积解释变异量为59.16%。教师社会支持分问卷抽取3个因子,分别命名为同伴性支持、信息性支持、情感性支持,累积解释变异量为69.85%。学校环境、政策分问卷提取3个因子,分别命名为场地设施、课外活动政策、课间活动政策,累积解释变异量为75.03%。

经过两轮预测,各分问卷信效度良好,形成了62个题项的正式问卷用于研究。

## 4. 研究结果与分析

### 4.1 青少年参与校内课外身体活动的基本特征

(1) 青少年参与校内课外身体活动的性别差异

从每天参与校内课外身体活动量的平均值看,男生略高于女生,但$t$检验显示两者不存在显著差异($t=1.60, p>0.05$)。

值得注意的是,这一结果与国外前期相关研究结果不一致。美国的前期研究指出,随着年龄的增长青少年身体活动会逐渐减少[44],女生更加明显[45],且女生参与身体活动的频率和强度都要低于男生[46][36]。2011年,美国疾控中心关于青少年危险行为的调查结果也显示,在9年级之前仅有22%的女生达到每天锻炼1小时的标准[47]。不仅在西方国家,一项关于伊朗青少年身体活动的研究也指出,仅有36%的青少年女生达到建议的身体活动量,而男生的达标比例则为61.5%[48]。前期章建成等人(2012)在对我国青少年参与课外体育锻炼现状及影响因素进行研究后指出,青少年对课外体育锻炼兴趣及价值取向认同度上存在着明显的性别差异,男生的认同度普遍高于女生。但对于在校期间(周一至周五),不同性别青少年在参与校内课外身体活动量上是否存在差异,没有进行比较[49]。出现上述不一致的可能原因是,本研究限制了身体活动发生的区域和时间;同时,我国体育中考制度的实施也是造成上述不一致的可能原因之一。

(2) 青少年参与校内课外身体活动的年级差异

单因素方差分析显示,不同年级青少年校内课外身体活动量上存在显著差异($F=3.35,p<0.05$)。事后比较检验发现,九年级学生平均每天的校内课外身体活动量与七年级、八年级相比差异显著,且明显高于上述年级;但七、八年级之间没有差异(见表2)。

青少年课外身体活动量随年级的升高呈上升趋势,这与国外前期研究结果不同。一项关于七年级学生至大一新生阻碍身体活动因素的研究结果显示,随着年级的升高,学生参与身体活动呈逐渐减少趋势,其中升学考试对身体活动的消极影响作用明显[50]。没有实施体育中考制度之前,我国青少年身体活动水平随年级升高也呈现下降趋势。但实施后,在应试教育的大背景下,促进学生体质健康、增加锻炼兴趣的初衷在升学压力下,变为了限于几个考试项目的技能技巧训练。为提高中考成绩而增加九年级体育课时,通过反复的考试项目练习,以快速提高成绩为最终目标的"中考体育"模式[51]是可能造成上述结果的原因之一。

表2 校内课外身体活动年级差异的事后检验

| 因变量 | I | J | 平均数差异(I-J) | 显著性p |
|---|---|---|---|---|
| 校内课外身体活动量 | 九年级 | 七年级 | 45.80* | .03 |
| | | 八年级 | 45.63* | .01 |
| | 八年级 | 七年级 | 0.17 | .99 |

### 4.2 青少年参与校内课外身体活动的影响因素分析

(1) 家庭成员社会支持的影响分析

58.3%的被试认为父母的支持对于其参与校内课外身体活动的影响最为重要。单因素方差分析显示,不同群体对青少年参与课外身体活动的社会支持水平之间存在显著差异($F=37.55,p<0.01$)。事后比较检验发现,父母社会支持水平要远高于其他群体,依次为:父母>兄弟姐妹>亲戚>不知道。这一结果也验证了国外前期研究中,青少年学生更容易从关系密切的社会成员处获得社会支持,关系亲近个体给予的社会支持更容易影响被试身体活动行为的结论[14-15][52]。

家庭社会支持不存在性别差异($t=-0.78,p>0.05$),但年级差异显著($F=13.08,p<0.01$)。其中,九年级学生的家庭社会支持水平最高,与七、八年级之间存在显著差异;而七、八年级之间差异不显著(见表3)。这一结果与本研究中被试参与校内课外身体活动的年级差异比较结果一致,再次证实了,在升学压力下,父母在青少年九年级阶段表现出的针对身体活动的过度社会支持也是导致体育中考目标偏失,学生全面发展受影响,素质教育目的落空的推手之一。如何

基于社会生态模型,从父母社会支持角度入手,改善青少年参与身体活动的人际间环境,是后续值得关注的研究问题。

表3 家庭社会支持年级差异的事后检验

| 因变量 | I | J | 平均数差异(I-J) | 显著性p |
|---|---|---|---|---|
| 家庭社会支持 | 九年级 | 七年级 | 0.25** | .00 |
| | | 八年级 | 0.37** | .00 |
| | 七年级 | 八年级 | 0.12 | .06 |

(2) 朋友/同伴社会支持的影响分析

65.4%的被试认为朋友的支持对于其参与校内课外身体活动影响最大。单因素方差分析发现,朋友和同伴的社会支持存在显著差异($F=28.67,p<0.01$),这一结果与国外前期研究结果一致[14-15]。国内研究结果也发现,给予中学生社会支持最多的依次是父母、同性朋友和教师。同时,中学生与同性朋友间的陪伴与亲密感、冲突、满意度均高于父母和教师[52][53]。对于处于青春期的个体,发挥同性朋友在促进青少年参与校内课外身体活动方面的积极作用,是基于社会生态模型、采用人际朋友网络构建干预策略过程中值得思考的问题[19-20]。

朋友/同伴的社会支持在性别上不存在差异($t=0.66,p>0.05$),年级差异非常显著($F=7.10,p<0.01$),趋势同上(见表4)。此结果与本研究前述研究结果一致。借助中学生同性朋友社会支持,发挥其在促进身体活动参与过程中的积极影响作用,对于处于青春期阶段的,尤其面临中考体育压力的青少年而言极为重要[19-20][52]。同时,基于社会生态模型从学校、家庭、社区"三位一体"的角度构建促进青少年体质健康的教育理论模式[54-55],尝试解决青少年身体活动不足也很重要,但青少年作为身心快速发展的特殊群体,调动其自身及同伴的主观能动性,加强其对体育健康促进的认知、实践也极为重要。国内前期研究结果也显示,青少年自身对参与校内课外身体活动锻炼的兴趣和动机对其身体活动的影响最大[49]。

表4 朋友/同伴社会支持年级差异的事后检验

| 因变量 | I | J | 平均数差异(I-J) | 显著性p |
|---|---|---|---|---|
| 朋友/同伴社会支持 | 九年级 | 七年级 | 0.30** | .00 |
| | | 八年级 | 0.24** | .00 |
| | 八年级 | 七年级 | 0.06 | .33 |

（3）教师社会支持的影响分析

教师社会支持水平的性别差异不显著（$t=0.074$，$p>0.05$），年级差异显著（$F=11.93$，$p<0.01$）。九年级学生的教师支持水平显著高于七年级、八年级学生，七、八年级间也存在显著差异（表5），依次为：九年级＞八年级＞七年级。年级越高，教师对学生的体育也越关注，并且主要表现为体育教师和班主任的社会支持。体育教师与班主任对学生参与校内课外活动的社会支持更多，这一结果与前期国内研究结果一致[49]。学校无疑是促进青少年参与身体活动的重要阵地，如何正确发挥校园内一大主体——教师群体的作用？充分调动除班主任、体育老师之外，文化课老师及校内各类老师对青少年参与身体活动的社会支持作用，形成合力，让促进身体活动、体育健康成为全体教师而非班主任、体育教师的任务，这也势必会缓解班主任、体育教师压力，形成良好校内锻炼氛围，进而积极影响学生。

表5　教师社会支持年级差异的事后检验

| 因变量 | I | J | 平均数差异(I-J) | 显著性p |
|---|---|---|---|---|
| 教师社会支持 | 九年级 | 七年级 | 0.35** | .00 |
| | | 八年级 | 0.23** | .00 |
| | 八年级 | 七年级 | 0.12* | .03 |

（4）学校环境、政策的影响分析

学校环境、政策对青少年参与校内课外身体活动影响的性别差异不显著（$t=0.95$，$p>0.05$）。由于体育中考的普遍影响，学校并未像国外在环境、政策上做出专门针对促进女生参与身体活动的改变。但值得一提的是，处于青春期的女生，锻炼愿望和行为均有明显下降趋势[36][45-46]，因为中考体育带来的强制性影响随着升入高中而消除后，锻炼意愿下降，不能形成良好的锻炼习惯；参与锻炼主要是为了保持身体健康和应付体育考试[56]的调查结果也就顺理成章了。学校环境、政策认知的年级差异显著（$F=19.63$，$p<0.01$）。九年级学生就学校环境、政策对其参与校内课外身体活动影响的认知与七、八年级间存在显著差异，但七、八年级间差异不显著（见表6）。九年级学生对学校环境、政策水平的评价最高，出现这一结果的原因可能仍旧与体育中考有关。为保证体育中考成绩，各学校在环境、政策上对九年级学生参与身体活动有相应倾斜。在问及学生是否知道所在学校有相关政策促进其参与校内身体活动时，调查显示，知道学校有相应

政策的学生比例分别为,七年级45.9%,八年级48.1%,九年级59.8%。由此可见九年级学生比七、八年级学生更关注、更了解政策,因此受到学校环境、政策水平的影响也就最大。

目前国内有关学校环境、政策对青少年参与身体活动的影响研究多集中于学校提供的锻炼机会和硬件条件方面的现状调查[22][33-35]。前期对锻炼设施使用的满意度、可及性调查研究发现,青少年认为场地器材能较好、完全满足需要的占五成以上;但对可及性的评价相对较低,主要表现在"使用不方便"、"数量不足"以及"场地太少、太小"等方面。而学校环境、政策的倾斜和支持是影响身体活动场地器材使用满意度和可及性的重要因素[49]。目前国内就学校对身体活动的政策支持、环境氛围营造等软实力影响的研究尚不多见。基于环境、身体活动和健康之间关系的研究已渐渐成为行为干预领域的热点之一[56],如果九年级学生由于面临中考,而不得不关注校内身体活动的环境和政策,学校如何在校内营造人人重视身体活动、人人认同身体活动的环境和氛围? 受益面大、影响持久的环境和氛围将使身处其中的青少年长期受益。

表6 学校环境政策认知年级差异的事后检验

| 因变量 | I | J | 平均数差异(I–J) | 显著性p |
|---|---|---|---|---|
| 学校环境政策 | 九年级 | 七年级 | 0.47** | 0.00 |
| | | 八年级 | 0.38** | 0.00 |
| | 八年级 | 七年级 | 0.09 | 0.13 |

### 4.3 社会支持和学校环境、政策对青少年参与校内课外身体活动的影响分析

为了进一步预测和解释各因素对青少年参与校内课外身体活动的影响,进行了逐步回归分析。结果显示,$R^2 = 0.05$,$F = 6.25 (p < 0.05)$。4个预测变量(家庭社会支持、朋友/同伴社会支持、教师社会支持和学校环境、政策)预测效标变量(青少年校内课外身体活动量)时,学校环境、政策和教师社会支持2个显著变量进入回归方程,并对青少年参与校内课外身体活动具有非常显著影响($\beta = 0.15, p < 0.01; \beta = 0.11, p < 0.05$)。回归分析结果发现,家庭成员和朋友/同伴社会支持对青少年参与校内课外身体活动不具有预测作用。这与国内前期研究结果部分一致,即同伴影响作用较弱[49];但与Zhang[15]等人的研究结果不一致。产生这一结果的可能原因是:本次研究将身体活动范围和时间限制于校内课外体

育活动,因此教师社会支持和学校环境、政策对青少年的影响起了决定作用。这也再次证明了,作为学校另一主体的各类教师以及学校本身,在促进青少年参与身体活动过程中的重要作用。

由于教师社会支持又被进一步区分为班主任、体育教师、文化课教师三个来源,为进一步明确教师社会支持对青少年参与校内课外身体活动的影响,再次进行了逐步回归分析。结果显示,$R^2=0.04$,$F=4.34(p<0.05)$。3个预测变量预测效标变量时,班主任和体育教师社会支持2个显著变量进入回归方程式,并对青少年参与校内课外身体活动具有非常显著影响($\beta=0.14,p<.01$;$\beta=0.10,p<0.05$)。班主任和体育教师社会支持是影响青少年参与校内身体活动的主要因素,这与前期研究结果一致[15][34]。

教师和学校作为促进青少年参与身体活动的重要力量,其积极影响作用在研究中得到了证实。发挥全体教师、家庭以及同伴,特别是同性同伴对青少年参与身体活动的影响,配合学校,从影响青少年参与身体活动的近端社会生态子系统(如个体因素的青少年身体活动态度、动机、自我效能及价值判断)、人际因素(如家长、同伴、教师的社会支持)、组织因素(如学校锻炼环境、政策、机会等[34][52])入手,探明个体、人际和组织因素间的相互影响作用及机制,并基于此制订青少年身体活动综合干预策略,是探索使用"组合拳"解决青少年身体活动不足及体质健康下降问题的未来发展方向。

## 5. 结论

(1)青少年校内身体活动量在性别上差异不显著,但随年级上升呈上升趋势,低年级学生身体活动量相对较少;

(2)不同来源社会支持对青少年参与校内身体活动的影响不同,班主任和体育教师社会支持是影响青少年参与校内身体活动的主要因素;

(3)学校环境、政策,班主任和体育教师社会支持对青少年参与校内课外身体活动起决定性影响。

参考文献

[1] 曹佃省,谢光荣. 社会支持在青少年课外锻炼性别差异中的作用[J]. 中国健康心理学杂志,2009,17(6):702-705.

[2] 陈炳传. 初中生体育锻炼与社会支持的相关性研究[J]. 福建体育科技,2011,30(1):33-35.

［3］董进霞.北京市海淀区高中一、二年级女生体育态度和体育参与的研究［D］.北京:北京体育大学,2014.

［4］付道领.初中生体育锻炼行为的影响因素及作用机制研究［D］.重庆:西南大学,2012

［5］戈莎.生态因素对我国城市青少年身体活动行为影响的研究［D］.北京:北京体育大学,2012.

［6］韩慧,郑家鲲.西方国家青少年体力活动相关研究述评——基于社会生态学视角的分析［J］.体育科学,2016,36(5):62-70.

［7］洪茯园.上海市部分中学生体力活动和静态生活现状调查及影响因素的研究［D］.上海:上海体育学院,2010.

［8］教育部.2011年全国教育事业发展统计公报［R］.2011.

［9］教育部.关于2010年全国学生体质与健康调研结果公告［R］.2010.

［10］黎凯.北京市中小学落实"每天锻炼一小时"的现状调查及影响因素分析［D］.北京:首都体育学院,2008.

［11］李业敏.锻炼意向与行为的关系:计划,自我效能与社会支持的作用［D］.北京:北京体育大学,2010.

［12］刘伟,杨剑,陈开梅.国际体力活动促进型建成环境研究的前沿与热点分析［J］.首都体育学院学报,2016,28(5):463-468.

［13］屈晓春.西安市不同外体育课外活动对学生体质影响因素的研究［D］.西安:西安体育学院2012.

［14］司琦,苏传令,Kim Jeongsu.基于社会生态模型的青少年校内闲暇时间身体活动影响因素研究［J］.首都体育学院学报,2015,27(4):341-345.

［15］司琦.锻炼心理学［M］.杭州:浙江大学出版社,2008.

［16］宋学岷,赫秋菊,张绍礼.健康促进视域下青少年体质健康教育模式的构建［J］.沈阳体育学院,2013,32:137-138.

［17］苏传令.青少年在校期间闲暇时间体育锻炼参与的影响因素研究——基于社会生态模型［D］.杭州浙江大学,2012.

［18］汪晓赞,郭强,金燕,等.中国青少年体育健康促进的理论溯源与构架构建［J］.体育科学,2014,34(3):3-14.

［19］谢卓锋.对我国体育中考实施情况的审视与思考［J］.首都体育学院学报,2008,20(5):7-9.

［20］章建成,张绍礼,罗炯,等.中国青少年课外体育锻炼现状及影响因素研究报告［J］.体育科学,2012,32(11):3-18.

［21］中国学生体质与健康调研组.2005年中国学生体质与健康研究报告［M］.北京:高等教育出版社,2008.

［22］邹泓.中学生的社会支持系统与同伴关系［J］.北京师范大学学报(社会科学版),1999,1:34-42.

［23］BARANOWSKI, T., ANDERSON, C., & CARMACK, C. Mediating variable framework in physical activity interventions: How are we doing? How might we do better?［J］. American Journal of Preventive Medicine, 1998, 15(4): 266-297.

［24］BOCARRO, J.N., KANTERS, M.A., & CERIN, E., et al. School sport policy and school-based physical activity environments and their association with observed physical activity in middle school children［J］. Health & Place, 2012, 18(1): 31-38.

［25］Centers for Disease Control and Prevention: Youth Risk Behavior Surveillance — United States, 2011［R］. Surveillance Summaries, 2012, 61(SS04): 1-162.

［26］DAIGLE, K.G. Gender differences in participation of physical activity: a comprehensive model approach［D］. /Loutsiana: Louisiana State University, the Department of Kinesiology,2003.

［27］Department of Health and Human Services. 2008 Physical Activity Guidelines for Americans［R］. Washington DC,Unixed States Department of Health 2008.

［28］DURANGT, N., HARRIS, S.K., DOYLE, S., et al. Relation of school environment and policy to adolescent physical activity［J］. Journal of School Health, 2009, 79(4): 153-159.

［29］DWYER, J.J.M., ALLISON, K.R., LEMOINE, K.N., et al. A provincial study of opportunities for school-based physical activity in secondary schools［J］. Journal of Adolescent Health, 2006, 39: 80-86.

［30］GYURCSIK, N.C., SPINK, K.S., BRAY, S.R., et al. An ecological based examination of barriers to physical activity in students from grade seven through first-year university［J］. Journal of Adolescent Health, 2006, 38(6): 704-711.

［31］ HAUG, E., TORSHEIM, T., SALLIS, J.F., et al. The characteristics of the outdoor school environment associated with physical activity［J］. Health Education Research, 2010, 25(2): 248-256.

［32］ HAYE, K. DE LA., ROBINS, G., & MOHR, P., et al. How physical activity shapes, and is shaped by, adolescent friendships［J］. Social Science & Medicine, 2011,73: 719-728.

［33］ HOBIN, E., LEATHERDALE, S., MANSKE, S., et al. A multilevel examination of factors of the school environment and time spent in moderate to vigorous physical activity among a sample of secondary school students in grades 9-12 in Ontario, Canada［J］. International Journal of Public Health, 2012, 57(4):699-709.

［34］ HSU, YA-WEN., CHOU, CHIH-PING., NGUYEN-RODRIGUEZ, S.T., et al. Influences of social support, perceived barriers, and negative meanings of physical activity on physical activity in middle school students［J］. Journal of Physical Activity and Health, 2011, 8: 210-219.

［35］ KIMM, S.Y. S., GLYNN, N.W., KRISKA, A.M., et al. Decline in physical activity in black girls and white girls during adolescence［J］. The New England Journal of Medicine, 2002, 347: 709-715.

［36］ LI, M., DIBLEY, M.J., SIBBRITT, D., et al. Factors associated with adolescents'physical inactivity in Xi'an city, China［J］ Medicine & Science in Sports & Exercise, 2006, 2075-2085.

［37］ MACDONALD-WALLIS, K., JAGO, R., PAGE, A.S., et al. School-based friendship networks and children's physical activity: A spatial analytical approach［J］. Social Science & Medicine, 2011, 73: 6-12.

［38］ MARCUS, B.H.,WILLIAMS, D.M., & DUBBERT, P.M., et al. Physical Activity Intervention Studies: What We Know and What We Need to Know. A Scientific Statement from the American Heart Association Council on Nutrition, Physical Activity, and Metabolism(Subcommittee on Physical Activity); Council on Cardiovascular Disease in the Young; and the Interdisciplinary Working Group on Quality of Care and Outcomes Research［J］. Circulation, 2006, 114:2739-2752.

［39］ MOTL, R.W., DISHMAN, R.K., & WARD, D.S.Perceived physical environment and physical activity across one year among adolescent girls: self-efficacy as a possible mediator[J]. Journal of Adolescent Health, 2005, 37(5): 403-408

[40] PARVANEH, T., SHAMSADDIN, N., TANYA, B., et al. A school-based randomized controlled trial to improve physical activity among Iranian high school girls[J]. International Journal of Behavioral Nutrition and Physical Activity. 2008, 5:18.

[41] PATE, R.R., ROSS, R., DOWDA, M., et al. Validation of a 3-day physical activity recall instrument in female youth[J]. Pediatric Exercise Science, 2003, 15: 257-265.

[42] PATE, R.R., WARD, D.S., SAUNDERS, R.P., et al. Promotion of physical activity among high-school girls: A randomized controlled trial[J]. American Journal of Public Health, 2005, 95: 1582-1587.

[43] PROCHASKA, J.J., RODGERS, M.W., & SALLIS, J.F. Association of parent and peer support with adolescent physical activity[J]. Research Quarterly for Exercise and Sport, 2002, 73(2): 206-201.

[44] REIMERS, A.K., JEKAUC, D., MESS, F., et al. Validity and reliability of a self-report instrument to assess social support and physical environmental correlates of physical activity in adolescents[J]. BMC Public Health, 2012, 12: 705.

[45] RICHARD, L., GAUVIN, L., & RAINE, K. Ecological model revisited: Their use and evolution in health promotion over two decades[J]. Annual Review of Public Health, 2011, 32: 307-326.

[46] SALLIS, J.F., CONWAY, T.L., PROCHASKA, J.J., et al. The association of school environments with youth physical activity[J]. American Journal of Public Health, 2001, 91(4): 618-620.

[47] SALLIS, J.F., GROSSMAN, R.M., PINSKI, R.B., et al. The development of scales to measure social support for diet and exercise behaviors[J]. Preventive Medicine, 1987, 16(6): 825-836.

[48] SALLIS, J.F., PROCHASKA, J.J., TAYLOR, W.C. A review of correlates of physical activity of children and adolescents[J]. Medicine & Science in Sports & Exercise, 2000, 32(5): 963-975.

[49] SPENCE, J.C., & LEE, R.E. Toward a comprehensive model of physical activity[J]. Psychology of Sport and Exercise, 2003, 4(1):7-24.

［50］STOKOLS, D., GRZYWACZ, J.G., McMahan, S., et al.Increasing the health promotive capacity of human environments［J］. American Journal of Health Promotion, 2003, 18(1): 4-13.

［51］U.S. Department of Health and Human Services. Healthy People 2020: Physical activity overview［EB］. www.healthypeople.gov/2020/topics - objectives/ topic/physical-activity.

［52］VERSTRAETE, S.J.M., CARDON, G.M., DE CLERCQ, D.L. R., et al. Increasing children's physical activity levels during recess periods in elementary schools: The effects of providing game equipment［J］. European Journal of Public Health, 2006, 16(4): 415-419.

［53］VILHJALMSSON, R., & THORLINDSSON, T. Factors related to physical activity: A study of adolescents［J］. Social Science & Medicine, 1998, 47(5): 665-675.

［54］WEBBER, L.S., CATELLIER, D.J., LYTLE, L.A., et al. Promoting physical activity in middle school girls: Trial of activity for adolescent girls［J］. American Journal of Preventive Medicine, 2008, 34(3): 173-184.

［55］WECHSLER, H., DEVERAUX, R.S., DAVIS, M., et al. Using the school environment to promote physical activity and healthy eating［J］. Preventive Medicine, 2000, 31: 121-137.

［56］World Health Organization. The world health report 2002 - Reducing Risks, Promoting Healthy Life［R］.Geneva, World Health Organization, 2002,

［57］ZHANG, T., SOLMON, M.A., GAO, Z., et al. Promoting school students' physical activity: A social ecological perspective［J］. Journal of Applied Sport Psychology, 2012, 24: 92-105.

# 附录4

*Psychological Reports*, 2011, 109, 3, 896–906. © Psychological Reports 2011

# PROMOTING EXERCISE BEHAVIOR AMONG CHINESE YOUTH WITH HEARING LOSS: A RANDOMIZED CONTROLLED TRIALBASED ON THE TRANSTHEORETICAL MODEL[①]

QI SI AND KEHONG YU     BRADLEY J. CARDINAL, HYO LEE, AND ZI YAN

*Zhejiang University*     *Oregon State University*

PAUL D. LOPRINZI     FUZHONG LI     HAIQUN LIU

*Bellarmine University*     *Oregon Research Institute*     *Zhejiang Huaqiang Vocational*

*Special College*

*Summary.*The transtheoretical model proposes that behavior change is experienced as a series of stages. Interventions tailored to these stages are most likely to be effective in progressing people through the model's hypothesized behavior change continuum. In this study, a stage-tailored, 12-week, exercise behavior intervention based on the transtheoretical model was conducted among a sample of 150 Chinese youth with hearing loss. Participants were randomized into an intervention or control group with all the core transtheoretical model constructs assessed pre- and post-intervention. Participants in the intervention group showed greater advances in their stage of exercise behavior change, decisional balance, and processes of change use compared to those in the control group. The intervention, however, was insufficient for increasing participants' self-efficacy for exercise behavior. The findings partially support the utility of the theory-based intervention for improving the exercise behavior of Chinese youth with hearing loss, while simultaneously helping

① Address correspondence to Qi Si, Ph.D., Department of Physical Education, College of Education, Zhejiang University, Hangzhou, Zhejiang, China, 310028 or e-mail(tyxsq@zju.edu.cn).

to identify areas in need of improvement for future applications.

Regular exercise participation results in numerous benefits to the musculoskel-etal, physiological, and neurological systems(Kruk, 2009). Some of these positive outcomes may also be associated with improved hearing function(Loprinzi et al;, 2011). In spite of these benefits, preliminary evidence suggests that Chinese youth with hearing loss demonstrate relatively low levels of exercise involvement(Si et al,, 2011).To better understand the exercise behavior of this special population, the present study was undertaken. Of particular interest was the focus on the develop-ment, implementation, and evaluation of the theoretically based exercise interven-tion for youth with hearing loss.

Toward this end, the intervention was built around the four core constructs of the transtheoretical model(Prochaska, Redding, & Evers, 2008), which has been broadly and fairly successfully applied to a variety of health behaviors and diverse groups of research populations(Spencer et al,, 2006), including Chinese youth with hearing loss (Si, *et al.*, 2011).[①] The first construct of the model is the *stages of change*, of which five temporal and motivational stages are most commonly studied within the exercise domain including precontemplation, contemplation, preparation, action, and maintenance. Second are the *processes of change*. These are the covert and overt activities people use to progress through the hypothesized stages. Five be-havioral (i.e., doing) and five cognitive (i.e., thinking) processes are proposed. Third is *decisional balance*, which is a weighing of the advantages (i.e., "pros" ) against disadvantages(i.e., "cons" ) associated with changing. Fourth is *self-effica-cy*, which refers to one's situation-specific self-confidence in making changes.

The transtheoretical model posits that interventions are most successful when they are matched to people's stage of readiness for change, and the processes of change, decisional balance, and self-efficacy are differentially applicable to people in these different stages. Consistent with the propositions of this model as well as prior research(Cardinal & Sachs, 1995; Kosma, Cardinal, & McCubbin, 2005; Kim,

---

① More information about the authors' surveys of this little-known population in China as well as a pilot test of the transtheoretical model scale, is found in the Appendix, pp. 905–906.

DOI 10.2466/06.11.13.15.PR0.109.6.896–906 ISSN 0033-2941

2008; Kim & Cardinal, 2009), it was hypothesized that relative to the control group, the experimental group participants who received a stage-tailored intervention would improve their use of the processes of change, develop higher levels of self-efficacy, and perceive more pros and fewer cons associated with exercise involvement. Also, the experimental group participants would show greater improvements in their stages-of-change progression over the course of the intervention than control group participants. Although this was an experimental study, it may be better to be described as a hypothesis-generating study. There is no previous study published in China whose results could be referenced.[2] Second, while there are some potentially related articles published in other languages, including English, the socio-economic and general social situations of Chinese people with hearing loss are in all likelihood substantially different from those of people in another country.

## METHOD

*Participants*

Students with hearing loss were recruited from a vocational college in Hangzhou, China. The students were being trained for careers in areas such as massage, computers, and drawing. Each curriculum was 2 or 3 years in duration, the students in the same courses staying with the same people throughout their studies. At random, six out of tuenty four physical education classes were chosen from. From the sampled classes, four were randomly assigned into the experimental group and two into the control group. The was distribution unequal because a restricted randomization trial procedure was employed. Although this procedure may result in some selection bias, it was preferred due to the clustered nature of the students' curricula and the desire to obtain a large enough sample of participants in the intervention group in particular. Participants($N = 150$; $M$ age $= 18.72$; $sD = 1.57$; 55.1% male) completed a baseline survey that tapped into their stage of change for exercise in accordance with the transtheoretical model; 14 students were removed due to their unclear responses on this measure. Of the remaining participants, those in the intervention group($n = 92$) were somewhat younger than those in the control group($n = 44$; $M$ age $= 18.3$ a., $sD = 1.5$ VS $M$ age $= 19.5$ a., $sD = 1.2$, respectively; $t_{134} = 4.40, p < .01$).

*Measures*

The stages of change, processes of change, self-efficacy, and decisional balance were measured at baseline and again 12 weeks later in written Mandarin.[①] The measures(Reed et al, 1997; Plotnikoff et al, 2002) had been translated into Mandarin and successfully used in prior studies(Si, 2005, 2006; Si *et al.*, 2011). During pilot work(see the Appendix, pp. 905-906), the translated measures were reevaluated using focus groups of students with hearing loss to assure the materials were clear, readable, and relevant, and the results supported the measures' psychometric adequacy(e.g., Cronbach's α ranged from 0 .60 to 0.89).

*Stage of change.*—The stage of change for exercise behavior was assessed using the algorithm approach recommended by Reed and his colleagues (1997). On the measure, exercise was defined as engaging in behaviors such as walking, jogging, swimming, biking, playing basketball, playing table playing tennis, badminton, or aerobic dance three or more times per week for 30 minutes or more each time. Participants responding, "I have been exercising for more than 6 months" were classified as being in the maintenance stage. Those responding, "I have been exercising for less than 6 months" were classified as being in the action stage. Those responding, "I am planning to start in the next 30 days" and "I'm planning to start in the next 6 months" were classified as being in the preparation and contemplation stage respectively. Those responding, "I don't plan to start exercising" were classified as being in the precontemplation stage.

*Change process.*—The processes of change were assessed using a 40-item measure (Nigg & Riebe, 2002). Twenty items assessed the behavioral processes of change (i.e., contingency management, counterconditioning, helping relationships, self-liberation, and stimulus control), and 20 items assessed the cognitive processes

---

① The students' usual mode of communication in China is sign language. There is standard sign language and dialect sign language as well, like Cantonese. If children with hearing disabilities cannot get good rehabilitation and education when they are young, which might be possible in a couple of very big cities such as Beijing or Shanghai, learning oral reading skills and speech will be difficult. There was no previous research showing the literacy level of mainland Chinese students with hearing loss. Moores(2001) indicated that the literacy level of high school students with hearing loss was at a fourth grade level. According to observation and interaction with these students, they had achieved limited literacy in written Chinese (see the Appendix, pp. 905-906). One coauthor with sign language ability explained the research purpose and survey procedures and informed consent was obtained from all participants. These students could use a dictionary, and they were given enough time to answer the survey.

of change (i.e., consciousness raising, dramatic relief, environmental reevaluation, self-reevaluation, and social liberation). A sample item is, "I read articles about exercise in an attempt to learn more about it." Participants responded to each item using a 5-point Likert-type scale(1: Never, 2: Seldom, 3: Occasionally, 4: Often, and 5: Repeatedly). In this sample, the measure's internal consistency reliability was 0.85.

*Decisional balance.*—Decisional balance was assessed using five perceived positive(i.e., pros) and five perceived negative(i.e., cons) consequences of exercise involvement(Plotnikoff *et al.*, 2001). A sample pro item is "I would feel more confident about my health by getting exercise." A sample con item is "I am too tired to get exercise because of my other daily responsibilities." Participants responded to each item using a 5-point Likert-type scale(1: Not at all, 2: Somewhat, 3: Moderately, 4: Very, and 5: Extremely). In this sample, the internal consistency reliabilities of pros and cons subscales were 0.69 and 0.52 respectively.

*Self- efficacy.*—To assess self- efficacy for exercise, an 18- item measure was used(Nigg & Riebe, 2002). A sample item is "When I'm feeling tired . . ." Participants responded to each item using a 5-point Likert-type scale(1: Cannot do at all, 2: Cannot do, 3: Moderately certainly can do, 4: Can do, and 5: Certainly can do). In this sample, the measure's internal con-sistency reliability was 0.77.

Procedure

All study surveys were completed in a class setting and administered by a trained research assistant with sign- language skills. Participants were informed of the nature of the study and given the opportunity to ask questions regarding their participation. Informed consent was obtained from all participants. A flow chart summarizing the research procedures is shown in Figure. 1.

Intervention

At the start of the intervention, a stage-matched printed leaflet was given to the experimental group participants. It included important theoretical behavioral change guidance(Cardinal & Sachs, 1995), which was updated every 3 weeks by the investigators on the basis of the participants' current stage of exercise. The intervention was designed to help participants:(1) increase their awareness and knowledge of exercise benefits,(2) overcome common barriers to exercise,(3) set realistic, achievable exercise goals, (4) enhance their self-efficacy for exercise, (5) recognize and encourage their exercise efforts and achievements, and (6) apply cognitive and behavioral strategies that would advance them through the stages of change for exercise. Table 1 provides a summary outline of the 12-week intervention. Participants in the control group only completed baseline and post-intervention assessments.

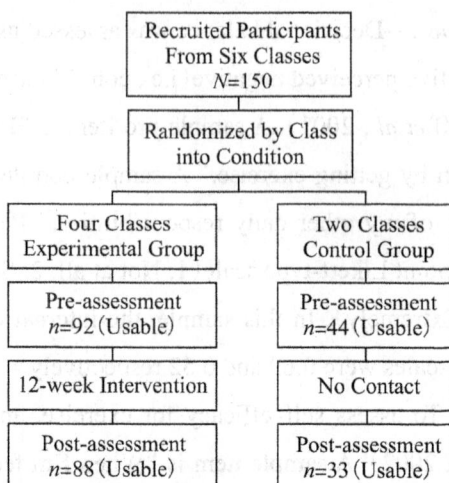

Fig. 1.Research flow chart

*Analysis*

The effect of intervention on transtheoretical model constructs was analyzed using 2 (condition) × 2 (time) repeated-measures multivariate analysis of variance (MANOVA), or 5 (pre-intervention stage of change) × 5 (post-intervention stage of change) $\chi^2$ tests. Analyses were based on a list-wise sample ($n=121$) with four participants excluded from the intervention group and 11 from the control group. The Statistical Package for the Social Sciences (SPSS Version 16.0, SPSS, Inc., Chicago, IL) was used for all data analysis.

## RESULTS

Descriptive data (means, standard deviations) and results of the intervention analyses are presented in Table 2, with the main focus being on the interaction effects. Significant interaction effects favoring the intervention group were observed for decisional balance (i.e., partial $\eta^2$ for pros is 0.065 and for cons is 0.065) and processes of change (partial $\eta^2=0.059$), with no effect on self-efficacy (ns).

# TABLE 1

OVERVIEW OF THE STAGE-TAILORED INTERVENTION CONTENT BASED ON THE TRANSTHEORETICAL MODEL

| Stage of Change | Type of Intervention | Content | | | |
|---|---|---|---|---|---|
| | | 1–3 week. | 4–6 week. | 7–9 week. | 10–12 week. |
| Precontemplation | Printed leaflet | Pros | Consciousness raising and Pros | Consciousness raising and Pros | Consciousness raising, Pros, and Overcoming barriers |
| Contemplation | Printed leaflet | Cons and Pros | Consciousness raising and Helping relationships | Consciousness raising and Helping relationships | Consciousness raising, Helping relationships, and Self-evaluation |
| Preparation | Printed leaflet | Pros and Self-efficacy | Self-reevaluation and Helping relationships | Self-reevaluation, Self-efficacy, and Helping relationships | Self-efficacy, Helping relationships, and Social liberation |
| Action | Printed leaflet | Self-efficacy | Self-reevaluation and Social liberation | Self-liberation, Social liberation, and Self-efficacy | Self-liberation, Social liberation, and Self-efficacy |
| Maintenance | Printed leaflet | Self-efficacy and enjoyment | Self-reevaluation, Social liberation, and Reinforcement management | Self-reevaluation, Social liberation, and Reinforcement management | Self-reevaluation, Social liberation, and Reinforcement management |

**TABLE 2**

INTERVENTION EFFECTS ON TRANSTHEORETICAL MODEL CONSTRUCTS AND
EXERCISE BEHAVIOR BY CONDITION

| Variable | Time | Intervention($n$＝0.88) | | | | | Control($n$＝0.33) | |
|---|---|---|---|---|---|---|---|---|
| | | $M$ | $SD$ | $\eta^2$ | $F_{1,119}$[a] | $p$ | $M$ | $SD$ |
| Pros | Pre | 3.66 | 0.54 | 0.065 | 8.32 | 0.005 | 3.87 | 0.60 |
| | Post | 3.66 | 0.52 | | | | 3.42 | 1.15 |
| Cons | Pre | 3.39 | 0.58 | 0.065 | 8.32 | 0.005 | 3.41 | 0.64 |
| | Post | 3.45 | 0.57 | | | | 3.85 | 0.42 |
| Self-efficacy | Pre | 3.13 | 0.41 | 0.009 | 1.08 | 0.302 | 3.30 | 0.46 |
| | Post | 3.27 | 0.48 | | | | 3.55 | 0.65 |
| Processes of change | Pre | 3.23 | 0.46 | 0.059 | 7.52 | 0.007 | 3.57 | 0.50 |
| | Post | 3.35 | 0.55 | | | | 3.39 | 0.41 |

[a]$F$ reported for the condition by time interaction. There were no statistically significant changes from pre- to post-intervention for the control group.

Likewise, no pre- to post-intervention changes were observed for the control group in terms of their stage of change distribution ($\chi^2$＝.001, $p$＞.98). In contrast, the distribution for the experimental group participants was favorably improved following the intervention ($\chi^2$＝3.98, $p$＜.05, Cramér's phi＝0.21). These results are summarized in Table 3.

**TABLE 3**

PARTICIPANTS' DISTRIBUTION ACROSS THE STAGES
OF CHANGE PRE-/POST-INTERVENTION

| Condition | PC | | CO | | PR | | AC | | MA | | Total |
|---|---|---|---|---|---|---|---|---|---|---|---|
| | $n$ | % | $n$ | % | $n$ | % | $n$ | % | $n$ | % | |
| Experimental | | | | | | | | | | | |
| Pre-test | 9 | 9.8 | 7 | 7.6 | 53 | 57.6 | 17 | 18.5 | 6 | 6.5 | 92 |
| Post-test | 8 | 9.1 | 3 | 3.4 | 44 | 50.0 | 20 | 22.7 | 13 | 14.8 | 88 |
| Control | | | | | | | | | | | |
| Pre-test | 7 | 15.9 | 3 | 6.8 | 22 | 50.0 | 8 | 18.2 | 4 | 9.1 | 44 |
| Post-test | 3 | 9.1 | 2 | 6.0 | 22 | 66.7 | 3 | 9.1 | 3 | 9.1 | 33 |

*Note*: In reference to the stages of change where PC＝Precontemplation, CO＝Contemplation, PR＝Preparation, AC＝Action, and MA＝Maintenance.

## Discussion

Consistent with initial expectations, the intervention resulted in significant improvements being observed in decisional balance (i.e., pros and cons) and the processes of change among students with hearing loss. This implies the intervention helped participants to increase their awareness and knowledge of the benefits and barriers to exercise participation, as well as to learn cognitive and behavioral skills that further assisted them to progress through the stages of change.

Also supportive of the initial hypothesis, participants receiving the intervention were reported to have advances in their stage of change for exercise, whereas control participants did not. Whether such changes were sustained remains to be seen, as this was only a pre-/post-intervention study with no additional follow-up. Given the participants' self-efficacy did not improve, refining the intervention, including possibly employing alternative delivery formats (e.g., internet-based, social media platforms), may be explored in future research.

Limitations of this study include the use of self-report data, the restriction to a single college, an unexpected although probably unimportant age difference between the experimental and control groups, and the participant assignment occurring at the class level, whereas the analyses were completed at the individual level. Additionally, because all students were attending the same special college, experimental contamination remains a possibility, which is to say that the experimental group participants might have shared some of the information they were learning from the intervention with others at the college, though the authors did try to discourage this. Lastly, because the principal investigator had oversight of all the facets of the study, experimental bias cannot be fully ruled out.

A notable strength of this study is the application of the transtheoretical model framework to a unique, understudies population in need of exercise intervention (Barnett et al., 2011). Moreover, the intervention seemed to have a positive effect on important mediators of exercise behavior (i.e., decisional balance, processes of change) and helped the participants improve their stage of exercise behavior.

## REFERENCES

Barnett, S., McKee, M., Smith, S. R., et al. (2011) Deaf sign language users, health inequities, and public health: opportunity for social justice [J]. *Preventing Chronic Disease,* 8(2):A45.

Cardinal, B. J., & Sachs, M. L. (1995) Prospective analysis of stage-of-exercise movement following mail-delivered, self-instructional exercise packets [J]. *American Journal of Health Promotion,* 9, 430–432.

Kim, Y-H. (2008) A stage-matched intervention for exercise behavior change based on the transtheoretical model. *Psychological Reports,* 102, 939–950.

Kim, Y-H., & Cardinal, B. J. (2009) Effects of a transtheoretical model-based stage-matched intervention to promote physical activity among Korean adolescents. *International Journal of Clinical and Health Psychology,* 9, 259–273.

Kosma, M., Cardinal, B. J., & McCubbin, J. A. (2005) A pilot study of a web-based physical activity motivational program for adults with physical disabilities. *Disability and Rehabilitation,* 27, 1435–1442.

Kruk, J. (2009) Physical activity and health. *Asian Pacific Journal of Cancer Prevention,* 10, 721–728.

Loprinzi, P. D., Lee, H., Cardinal, B. J., et al. (2011) Objectively measured physical activity and hearing sensitivity. *The Hearing Journal,* 64(4), 40–46.

Moores, D. F. (2001) *Educating the deaf: psychology, principles, and practices.* (5th ed.) Boston: Houghton Mifflin.

Nigg, C. R., & Riebe, D. (2002) The transtheoretical model: research review of exercise behavior and older adults [J]. // P. M. Burbank & D. Riebe (Eds.). *Promoting exercise and behavior change in older adults: interventions with the transtheoretical model.* New York: Springer. Pp. 147–180.

Plotnikoff, R. C., Blanchard, C., Hotz, S. B., et al. (2001) Validation of the decisional balance scales in the exercise domain from the transtheoretical model: a longitudinal test. *Measurement in Physical education and exercise Science,* 5, 191–206.

Prochaska, J. O., Redding, C. A., & Evers, K. E. (2008) The transtheoretical model and stages of change [J]// K. Glanz, B. K. Rimer, & K. Viswanath (Eds.), *Health behavior and health education.* (4th ed.) San Francisco, CA: Jossey-Bass. Pp.

97-122.

Reed, G. R., Velicer, W. F., Prochaska, J. O.,et al.(1997)What makes a good staging algorithm: examples from regular exercise. *american Journal of Health Promotion*, 12, 57-66.

Si, Q. (2005)Study on phase change and mental decisive factors of sport exercise be-havior of college students. *China Sport Science*, 25(12), 76-83.

Si, Q. (2006)Path analysis on exploring the relationship between psychological de-terminants in stage transition of college students. *China Sport Science*, 26(8), 29-32.

Si, Q., Yu, K., Li, F.,et al. (2011) Examining exercise behavior among Chinese students with hearing impairments: application of the transtheoretical model. *Medicine & Science in Sports & exercise*, 43 (Suppl. 5), 223.

Spencer, L., Adams, T. B., Malone, S., et al.(2006) Applying the transtheoreticalmodel to exercise: a systematic and comprehensive review of the literature. *Health Promotion Practice*, 7, 428-443.

## Appendix

A preliminary study resulted in the development of this intervention.In that study, the research was divided into four steps, and it lasted about a year. The authors went to one hearing loss vocational special college, attended the physical education classes, talked with faculty and psychological counselors there to get to know them, and learned basic sign language,which took about 6 months. There is no published paper reporting the literacy level of mainland Chinese students with hearing loss, so a random open-ended survey was done among the students to make initial assessments.In the preliminary study, only 29.7% of the college students with hearing loss were sufficient exercisers.

The survey addressed the students' basic attitudes toward exercise, their exercise ability, and all of the transtheoretical model scales were administered as well. Thirty college students with hearing loss participated in this pilot study. One co-author with sign language ability explained the research purpose and survey procedure. Informed consent was obtained from all participants as well. Then, they were given enough time to thoroughly answer the survey questions. One co-author was available to answer any questions participants had regarding the survey. After the survey, the principal investigator, Dr. Si, revised the transtheoretical model scales based on the quantitative analyses of the students' responses.

Then, 18 students from the same college answered the revised transtheoretical model scales before and after one week. This was done to establish the test-retest reliability, which was excellent $(r=0.83, p < 0.01, 95\%, CI=0.73, 0.91)$. Two weeks later, 296 students with hearing loss answered the transtheoretical model scales. The sample comprised 78 vocational college students（26.3%）, 145 technical students（49%, all from the same hearing loss vocational special college）, and 73 high school students（24.7%）. There were 149 males（50.4%）and 146 females（49.3%）with one missing value. The mean age was 19.4 a.$(sD=2.0)$. The study showed that the transtheoretical model scales were clear, readable, and relevant for those with hearing loss, and the reliability and validity of scales were acceptable.

The data from the preliminary study and this intervention study were from different samples but at the same vocational special college for students with hearing loss. The definition of exercise is "planned, structured, repetitive, and performed with the goal of improving health or fitness, having fun, making one look toned, etc." Exercise was not measured in this study, but the stage of change scale can tell us which exercise stage the participant identified with. Stage of change for exercise behavior was assessed using the algorithm approach recommended by Reed and his colleagues. Participants were asked "Please indicate which of the following best describes your present level of exercise behavior. Exercise includes behaviors, such as walking, jogging, swimming, biking, playing basketball, playing table tennis, aerobic dance, etc., three times or more per week, 30 minutes or more per time, with moderate intensity." Participants who responded "I have been exercising for more than 6 months," were classified as being in the maintenance stage. Those responding "I have been exercising for less than 6 months" were classified as being in the actionstage. Those responding "I am planning to start in the next 30 days" and "I'm planning to start in the next 6 months" were classified as being in the preparation and contemplation stage respectively. Those responding "I don't plan to start exercising" were classified as being in the precontemplation stage. The construct validity and test-retest reliability of this methodology have received strong support in previous research. The participants classified as being in the maintenance and action stages were considered as sufficient exercisers.

# 附录5

## 影响青少年参与身体活动的个体因素综述[①]——基于社会生态模型

**摘要:**我国青少年的近视率和肥胖率居高不下,久坐时间不断增加,身体活动严重不足。针对这一现象,本研究将以社会生态模型为理论基础,对国内的54篇文献进行综述,结果显示影响青少年身体活动的个体因素是性别、年龄、态度、动机、自我效能感、兴趣、学业压力、运动技能和锻炼习惯。根据结果构建青少年身体活动的个体系统,为后续干预策略的制定奠定基础。

**关键词:**青少年;身体活动;个体因素;社会生态模型;综述

## A Review on Factors Influencing Physical Activity in Adolescents: Based on the Intrapersonal Level Factor of Social Ecological Model

**Abstract:** The myopic rate and obesity prevalence of adolescents in China are keeping rising; the sedentary time of them is increasing as well. Physical inactivity becomes the public health concerns. This research is to review the works on adolescents' physical activity based on the social ecological model intrapersonal level. 54 articles published before April, 2015 including criteria and analysis results showed that gender, age, attitude, motivation, self-efficacy, enjoyment, academic stress, motor skill and exercise habits influenced adolescents' physical activity, which lay the foundation for a formulation of follow-up intervention strategies.

**Key words:** adolescent, physical activity, intrapersonal factors, social ecological model, review

① 原载于《浙江体育科学》2016年第5期,第101~105页。本文略有修改。

## 1. 前言

世界卫生组织(WHO)网站公布:身体活动不足被认为是全球第四大死亡风险因素,由此引发的死亡人数占全球死亡总人数的60%[1]。Steven认为身体活动不足是21世纪人类面临最大的公共健康问题[2]。由于身体活动不足引起的非传染性疾病高居死亡率和发病率的首位[3],美国的疾病控制与预防中心(CDC)专门制定了相应的身体活动指南。中国的教育部等部门也在全国各大中小学校开展了阳光体育活动,要求在校学生每天锻炼一小时。国内外一系列措施的制定和实施,就是为了促进青少年的身体活动。美国国家健康和营养检查委员会的数据显示,在12～15岁阶段仅有8%的青少年能够达到每天60分钟的中等到高强度的身体活动,16～19岁阶段仅有7.6%的青少年能够完成这一目标[4]。我国青少年身体活动的情况也不容客观。1985年以来我国学生体质健康状况呈下降趋势。通过近年全国"青少年学生"体质监测情况可以发现学生身体素质每况愈下;超重及肥胖检出率持续上升,已成为青少年学生首要的健康问题;学生视力不良检出率居高不下[5]。造成上述结果的重要原因之一就是身体活动不足。青少年中坚持规律性身体活动的人群越来越少。

本研究计划选用社会生态模型的五层次论,即个体、人际、组织、社区和政策。模型包含的层次多,内容丰富,运用该模型对所有层次进行研究具有一定的难度。本研究将从个体层次入手,构建青少年身体活动的个体系统,并为后续综合干预策略的制定奠定基础。

## 2. 研究方法

在中国知网上对国内文献进行了系统检索。以主题中包含"青少年＋锻炼＋影响因素"或"青少年＋身体活动"或者"青少年＋体力活动"为关键词。第

---

[1] WORLD HEALTHY ORGANIZATION. Global strategy on diet, physical activity & Health [EB/OL].2013-11-08.http://www.who.int/dietphysicalactivity/pa/en/.

[2] Blair S.N. Physical inactivity: the biggest public health problem of the 21st century[J]. Br J Sports Med. 2009,43:1-2.

[3] (WHO(2004). World strategy about daily diet, physical activity and health. Geneva, Switzerland: Author.)同P207第17条

[4] Patnode C D, Lytle L A, Erickson D J, et al. The relative influence of demographic, individual, social, and environmental factors on physical activity among boys and girls[J]. Int J Behav Nutr Phys Act, 2010, 7(1): 79.

[5] 徐云霞,方向丽.论健康促进——来自国民体质监测的思考[J].体育文化导刊,2007,08:23-25.

二次又用人工检索的方法对首次漏检的论文进行增补。

入选本研究的论文必须符合以下标准:(1)经过盲审的中文期刊论文;(2)论文发表于2015年4月之前;(3)以青少年为研究对象,研究体力活动或身体活动或体育锻炼的影响因素。符合以下标准的论文会被排除在本综述之外:①会议论文、英文论文、研究报告和未正式发表的论文;②经验总结,没有研究对象、没有实验结果依据的论文;③没有涉及青少年个体因素的研究。

论文首先按照正式发表的年份进行了排序。对前期研究结果中的数据、资料和观点进行归纳、整理、分析、总结和评价的研究:研究涉及人口统计学、生理学变量的,被编码为"人口统计学因素";研究中涉及心理学和情感认知方面变量的,被编码为"心理学因素";研究中涉及行为学方面变量的,被编码为"行为学因素"。

最后入选国内研究综述的文章共有54篇,并按照发表的年份进行了排序(见表1)。

对每个变量出现次数的多少进行了统计,并记录下出现的频次(见表2)。由于人口统计学因素和行为学因素出现的变量较少,所以选取出现次数前两位的变量作为青少年身体活动的影响因素。心理学因素出现的变量较多,选取出现次数前五位的变量作为青少年身体活动的影响因素。

**表1 影响青少年身体活动文献汇总**

| 编号 | 作者 | 发表年份 | 题目 | 刊物 |
|------|------|----------|------|------|
| 1 | 蒋晓珍 | 2004 | 影响义务教育阶段学生体育锻炼习惯形成的外在因素调查 | 内蒙古师范大学学报(自然科学汉文版) |
| 2 | 杨明陶 | 2005 | 中学生体育锻炼态度与习惯的特征及影响因素研究 | 福建师范大学硕士论文 |
| 3 | 张河川 | 2005 | 云南青少年有氧锻炼的影响因素分析 | 中国校医 |
| 4 | 王洪 | 2005 | 青岛市中学生参与课余体育活动现状的调查与影响因素分析 | 山东师范大学硕士论文 |
| 5 | 盛昌繁 | 2006 | 山东农村中小学生体育锻炼习惯的影响因素调查 | 体育学刊 |
| 6 | 张玉景 | 2008 | 河南农村中小学生的体育锻炼习惯影响因素调查 | 林区教学 |
| 7 | 雷兴华 | 2008 | 太原市中学生体育锻炼态度与锻炼行为的现状及相关性研究 | 山西大学硕士论文 |
| 8 | 王安东 | 2008 | 山东省高中生体育态度和体育锻炼行为的调查与分析 | 广西师范大学硕士论文 |

续表

| 编号 | 作者 | 发表年份 | 题目 | 刊物 |
|---|---|---|---|---|
| 9 | 张庆文 | 2009 | 影响上海市中学生体育锻炼行为缺失的因素 | 上海体育学院学报 |
| 10 | 刘洋 | 2009 | 河南省中学生业余体育锻炼状况及影响因素的调研 | 内蒙古体育科技 |
| 11 | 何毅鹏 | 2009 | 泉州市中学生体育锻炼现状及影响因素的调查研究 | 福建师范大学硕士论文 |
| 12 | 王秀香 | 2010 | 大连市中学生课外体育锻炼的现状调查与分析 | 辽宁师范大学学报(自然科学版) |
| 13 | 杨旭 | 2010 | 影响高中生学生课外体育锻炼因素的调查研究 | 才智 |
| 14 | 曹慧 | 2010 | 体力活动、视屏时间与青少年心理健康关系研究 | 安徽医科大学硕士论文 |
| 15 | 张洪亮 | 2010 | 大连市高中生课外体育锻炼现状与对策研究 | 辽宁师范大学硕士论文 |
| 16 | 洪茯园 | 2010 | 上海市部分中学生体育活动和静态生活现状调查及影响因素的研究 | 上海体育学院硕士论文 |
| 17 | 曹佃省 | 2010 | 长沙市2所中学学生课外锻炼现状调查 | 中国学校卫生 |
| 18 | 卢峰 | 2010 | 绵阳城区高中生体育锻炼习惯现状与影响因素调查研究 | 重庆大学硕士论文 |
| 19 | 马亮亮 | 2011 | 滨州市高中生课余体育锻炼的现状调查与对策研究 | 山东师范大学硕士论文 |
| 20 | 刘海仁 | 2011 | 六安市普通高中女生体育锻炼习惯形成的影响因素研究 | 广西师范大学硕士论文 |
| 21 | 陈林会 | 2011 | 江苏省中小学生体力活动及影响因素研究 | 体育成人教育学刊 |
| 22 | 李海燕 | 2011 | 上海市青少年体力活动现状与体质健康相关性研究 | 上海预防医学 |
| 23 | 钱锋 | 2011 | 高中生参加课外体育活动影响因素分析 | 湖北体育科技 |
| 24 | 宫舒 | 2011 | 大连市14-17岁城市青少年参加课外体育锻炼的现状调查与分析 | 体育科技文献通报 |
| 25 | 刘威 | 2011 | 初中学生课余体育锻炼的影响因素与分析——以沈阳市为例 | 浙江体育科学 |

续表

| 编号 | 作者 | 发表年份 | 题目 | 刊物 |
|---|---|---|---|---|
| 26 | 戈莎 | 2012 | 生态因素对我国城市青少年身体活动行为影响的研究 | 北京体育大学博士论文 |
| 27 | 樊超 | 2012 | 延边地区中学体育锻炼态度与体育行为关系研究 | 延边大学硕士论文 |
| 28 | 宋荣凯 | 2012 | 皖北地区农村中学课余体育锻炼现状及其影响因素分析 | 咸宁学院学报 |
| 29 | 仲崇霞 | 2012 | 南京市中学生进行"每天锻炼一小时"活动的现状及影响因素分析 | 南京体育学院硕士论文 |
| 30 | 刘永磊 | 2012 | 初中生体育锻炼现状及影响因素分析 | 时代教育 |
| 31 | 宋军 | 2012 | 常州市中学生体育锻炼主体意识影响因素的回归分析 | 运动 |
| 32 | 宋逸 | 2012 | 2010年全国中小学生体育锻炼行为现状及原因分析 | 背景大学学报（医学版） |
| 33 | 程艺 | 2012 | 成都市城区青少年日常体力活动的行为模式及体能状况调研 | 成都体育学院硕士论文 |
| 34 | 章建成 | 2012 | 中国青少年课外体育锻炼现状及影响因素研究报告 | 体育科学 |
| 35 | 任亚锋 | 2012 | 新疆石河子市中学生运动锻炼的影响因素分析 | 当代体育科技 |
| 36 | 罗炯 | 2012 | 西南地区青少年课外体育锻炼行为现状及妨碍因素研究报告 | 北京体育大学学报 |
| 37 | 陈久玉 | 2012 | 西安市中学生体育锻炼现状与影响因素研究 | 西安体育学院硕士论文 |
| 38 | 付道领 | 2012 | 初中生体育锻炼行为的影响因素及作用机制研究 | 西南大学学博士论文 |
| 39 | 赵洪朋 | 2013 | 辽宁省青少年体育锻炼特点及其影响因素分析 | 辽宁体育科技 |
| 40 | 殷小标 | 2013 | 中学生参与体育锻炼的影响因素及对策 | 运动 |
| 41 | 邵秀菊 | 2013 | 烟台市初级中学学生课外体育锻炼现状研究 | 山东师范大学硕士论文 |

续表

| 编号 | 作者 | 发表年份 | 题目 | 刊物 |
|---|---|---|---|---|
| 42 | 郑攀 | 2013 | 武汉市远城区中学生课余体育锻炼现状调查及对策研究 | 华中师范大学硕士论文 |
| 43 | 阿斯亚阿西木 | 2013 | 成都市中小学生日常生活身体活动情况 | 中国学校卫生 |
| 44 | 公立政 | 2013 | 西南地区中小学"阳光体育运动"开展现状与制约因素研究 | 西南大学硕士论文 |
| 45 | 王哲 | 2013 | 上海市青少年学生体育锻炼心理特征及其形成原因 | 河北体育学院学报 |
| 46 | 赵洪朋 | 2013 | 辽宁省青少年体育锻炼特点及其影响因素分析 | 辽宁体育科技 |
| 47 | 王国营 | 2014 | 滨州市农村中小学生体育锻炼影响因素分析及对策的研究 | 山东体育学院硕士论文 |
| 48 | 刘晶晶 | 2014 | 秦巴山区中小学生体育锻炼习惯和现状调查分析——以安康地区为例 | 西安体育学院硕士论文 |
| 49 | 齐晓 | 2014 | 镇江市青少年体力活动与体质关系研究 | 南京师范大学硕士论文 |
| 50 | 陈培友 | 2014 | 青少年体力活动促进的社会生态学模式构建——基于江苏省中小学生的调查 | 上海体育学院学报 |
| 51 | 杨海燕 | 2014 | 江苏省中小学生体力活动及影响因素研究 | 天津体育学院硕士论文 |
| 52 | 杨珂 | 2014 | 赣南苏区儿童青少年体力活动现状及干预政策研究——以兴国县中小学为例 | 华东交通大学硕士论文 |
| 53 | 姜焕饶 | 2014 | 山东省初中生体质健康影响因素研究 | 鲁东大学硕士论文 |
| 54 | 易军 | 2014 | 青少年体育锻炼行为及影响因素的实证分析 | 西南师范大学学报(自然科学版) |

**表2 影响青少年身体活动各因素出现次数汇总**

| 个体影响因素 | 所在文章编码 | 出现次数 |
|---|---|---|
| 人口统计学因素 | | |
| 年龄 | 3、5、7、8、11、18、21、24、26、27、30、32、33、34、36、38、44、46、47、48、51、52 | 22 |
| 性别 | 1、3、7、11、14、18、22、23、24、26、27、36、38、46、48、52 | 16 |

体育健康促进研究的行为理论与方法

| 个体影响因素 | 所在文章编码 | 出现次数 |
|---|---|---|
| 家庭经济情况 | 8、12、14、19、34、36、39 | 7 |
| 城乡差异 | 24、53 | 2 |
| 学校性质 | 34 | 1 |
| 心理学因素 | | |
| 学业压力 | 3、6、8、10、13、15、19、24、27、28、35、36、37、40、41、46、47、51 | 18 |
| 兴趣 | 4、9、11、13、15、20、24、25、28、29、31、34、36、39、40、41、44、50 | 18 |
| 态度 | 2、3、7、8、9、10、13、17、18、20、27、20、42、45、49、50 | 16 |
| 动机 | 10、13、20、25、34、38、42、45、50、53 | 10 |
| 自我效能感 | 3、16、38、48、49、50、53 | 7 |
| 体育锻炼认识和认知 | 15、30、34、36、44、45 | 6 |
| 体育价值观 | 4、34、38、49、53 | 5 |
| 锻炼需要 | 11、20、45 | 3 |
| 完成锻炼的信心 | 20、26 | 2 |
| 抑郁 | 3、14 | 2 |
| 体育锻炼得到的益处 | 31 | 1 |
| 焦虑 | 14 | 1 |
| 参加活动的结果预期 | 26 | 1 |
| 目标定位 | 27 | 1 |
| 行为学因素 | | |
| 锻炼习惯 | 2、9、21、27、31、34、44、45、46、47、52 | 11 |
| 运动技能 | 8、9、13、15、23、24、39、41、47、48 | 10 |

## 3. 研究结果

有54篇公开发表的文献进入到本综述中,发表年限从2004年到2014年。2004至2010年期间发表的文章较少,每年文章的发表量都不超过3篇。从2010年开始,文章的发表量逐年增多,每年关于青少年身体活动的文章都达到7篇以上。2012年文章的发表量达到最多,达到13篇之多。2010年之后发表的文章达到43篇之多,占总数的79.6%。2010年之后青少年身体活动的有关研究成为学者关注的热点。54篇文章中以学位论文形式发表的研究有26篇,占48.1%。学位论文中以硕士学位论文为主,有24篇,占92.3%。所有文章中出现变量的个数从1个到7个不等,平均变量个数为3.4个。研究对象中既包括初中生也包括高中生的文章共有32篇,占59.3%。仅以初中生为研究对象的文章有14篇,占25.9%。仅以高中生为研究对象的文章有8篇,占14.8%。54个研究中,最大的样本量为103664人,最少的样本量为170人,样本的平均人数为3470人。

在人口统计学因素中,共涉及5个变量。性别因素出现在16篇文章中,研究者普遍认为男生身体活动的情况要好于女生。年龄因素在22篇文章的研究中涉及,绝大多数研究结果随着年级的增高,青少年的身体活动减少,年级与青少年的身体活动呈负相关。家庭经济情况与青少年身体活动呈正相关,共出现7次。少数研究者关注于青少年的学校性质和城乡差异。重点学校和传统学校的青少年身体活动情况好于一般学校,共出现1次。城区学校的青少年身体活动情况好于农村学校青少年身体活动情况,共出现2次。

在心理学因素中,共涉及14个变量。兴趣、学业压力、态度、动机和自我效能感是出现频次最高的五个变量。兴趣和学业压力的关注度最高,各出现18次。当今青少年进行身体活动的兴趣明显不足。课业负担过重,学业压力过大导致青少年进行身体活动的时间不足。态度出现16次,动机出现10次,自我效能感出现7次。还有9个变量被研究者关注,体育锻炼的认识和认知(6次),体育价值观(5次),锻炼需要(3次),完成锻炼的信心、抑郁(各2次),体育锻炼得到的益处、焦虑、参加活动的结果预期和目标定位(各1次)。

在行为学因素中,共涉及2个变量。锻炼习惯出现11次,运动技能出现10次。没有养成良好的锻炼习惯和没有相关的运动技能都是青少年缺少身体活动的原因之一。

## 4. 分析与讨论

### 4.1 与国外综述结果比较

青少年的身体活动是一种极其复杂的行为,受多种因素影响[1]。找出影响青少年身体活动的有关因素对于公共健康领域来说意义重大,因为形成一个与健康有关的身体活动方针指南对于提高青少年参与身体活动的人数比例有积极作用[2]。在此之前,国内并没有关于青少年身体活动影响因素的综述。国外研究

① 司琦. 阶段变化模型的现场应用及启示:以体育锻炼行为为例[M]. 杭州:浙江大学出版社,2012.
② U. S. DEPARTMENT OF HEALTH AND HUMAN SERVICES. Physical Activity and Health: A Report of the Surgeon General. Atlanta, GA: U.S. Department of Health and Human Services, Centers for Disease Control and Prevention, National Center for Chronic Disease Prevention and Health Promotion, 1996: 234-235.

中，Surgeon General[①](1996)、Sallis[②](2000)、Horst[③](2007)、Uijtdewilligen[④](2011)四位学者先后发表了关于青少年身体活动影响因素的综述。

在影响青少年身体活动个体系统的影响因素中，Surgeon General(1996)的研究结果与本研究结果相一致的因素包括性别、年龄、自我效能感和态度。Sallis(2000)的研究结果与本研究结果相一致的因素包括性别和年龄。Horst(2007)的研究结果与本研究结果相一致的因素包括性别、态度、自我效能感和动机。Uijtdewilligen(2011)的研究结果与本研究结果相一致的因素只有年龄。

## 4.2 结果不一致原因分析

### 4.2.1 综述中因素筛选的方法和条件

Sallis(2000)、Horst(2007)等人在综述中使用的是半定量的研究方法。Sallis(2000)的综述中因素出现三次以上并且与超过60%的实验结果相一致的时候，此因素才被认为是青少年身体活动的影响因素。由于国内研究中往往只报告呈现相关关系的实验结果，鲜有报告无关关系的实验结果，所以本研究仅以因素出现多少的次数进行筛选。

### 4.2.2 测量工具

研究结果出现不一致的原因还可能来自测量工具。测量青少年的身体活动情况本身就是一个巨大的挑战。而我们所用的测量工具本身存在误差和局限性。绝大部分研究采用的方法都是问卷调查法。心理学中问卷和量表几乎全部来自国外。在量表本土化的改造中，又会出现新的误会和局限性。身体活动情况方面采用自我报告的形式，自我报告的身体活动情况往往要高于加速度计客观测量的身体活动量。

### 4.2.3 样本

样本量也可能直接关系到结果是否具有统计学上的意义。样本量的大小和

① U. S. DEPARTMENT OF HEALTH AND HUMAN SERVICES. Physical Activity and Health: A Report of the Surgeon General. Atlanta, GA: U.S. Department of Health and Human Services, Centers for Disease Control and Prevention, National Center for Chronic Disease Prevention and Health Promotion, 1996; 234-235.

② Sallis J F, Prochaska J J, Taylor W C. A review of correlates of physical activity of children and adolescents[J]. Medicine and science in sports and exercise, 2000, 32(5): 963-975.

③ Van D H K, Paw M, Twisk J W R, et al. A brief review on correlates of physical activity and sedentariness in youth[J]. Medicine and science in sports and exercise, 2007, 39(8): 1241.

④ Uijtdewilligen L, Nauta J, Singh A S, et al. Determinants of physical activity and sedentary behaviour in young people: a review and quality synthesis of prospective studies[J]. British journal of sports medicine, 2011, 45(11): 896-905.

取样的比例对结果都有影响。样本中被试的情况对实验也会有影响。同样的样本量,同样的测量工具,被试自身的情况不同,实验结果可能也就不同。比如被试的家庭经济情况、被试所在的学校性质、被试所在地区经济情况等等。虽然国内已有此类研究出现,但篇数较少。

## 4.3　结果分析

在人口统计学因素中出现次数排前两位的因素是年龄和性别。国内外的绝大部分研究都显示男生的身体活动情况好于女生,在未来需要针对女生身体活动不足的现象进行专门的研究。人口学的研究结果也印证了这一现象[1]。随着年龄的增长,年级不断增加,青少年的身体活动情况不断下降。这种情况在中国尤为突出。张玉景[2](2008)、何毅鹏[3](2009)、宫舒[4](2011)、任亚峰[5](2012)等在研究中都指出随着年龄增加身体活动减少的原因是进行身体活动的时间不足。要想提高高年龄段青少年身体活动量,首先要保证他们进行身体活动的时间。至于家庭经济情况、城乡差异和学校性质在本文中并不认为是青少年身体活动的影响因素,是因为本研究以变量出现次数为筛选标准,这些变量并没有出现在大部分的文章中。

在心理学因素中,出现次数排前五位的因素是学业压力、兴趣、态度、动机和自我效能感。在14个因素中,学业压力和兴趣最受学者关注,这也是影响青少年身体活动影响因素中我国所独有的,在国外的研究中并未出现这两个因素。虽然国内进行了大量的体育课程改革工作,但是高考这个指挥棒并未改变,体育仍处于说起来重要、做起来不要的尴尬地位。

在行为学因素中,出现次数排前两位的因素是锻炼习惯和运动技能。张庆文[6](2009)、宋逸[7](2012)等都认为有些学校每天锻炼一小时的实施工作并不到

① PATE, R. R., B. J. LONG, & G. HEATH. Descriptive epidemiology of physical activity in adolescents[J]. Pediatr. Exerc. Sci. 6:434-447, 1994.

② 张玉景. 河南农村中小学生的体育锻炼习惯影响因素调查[J]. 林区教学,2008,02:91-93.

③ 何毅鹏. 泉州市中学生体育锻炼现状及影响因素的调查研究[D].福州:福建师范大学,2009.

④ 宫舒,李爽,韩中丰,等. 大连市14-17岁城市青少年参加课外体育锻炼的现状调查与分析[J].体育科技文献通报,2011,09:93-95+99.

⑤ 任亚锋,周里. 新疆石河子市中学生运动锻炼的影响因素分析[J].当代体育科技,2012,32:6-7.

⑥ 张庆文. 影响上海市中学生体育锻炼行为缺失的因素[J].上海体育学院学报,2009,02:88-90+94.

⑦ 宋逸,张芯,杨土保,等. 2010年全国中小学生体育锻炼行为现状及原因分析[J].北京大学学报(医学版),2012,03:347-354.

位,体育课堂仍有"放羊"现象,课堂效益不高,甚至有些体育课时间仍被挤占。这些都导致青少年未养成良好的锻炼习惯和掌握基本的运动技能。

## 5. 结论

（1）影响青少年身体活动的个体因素是年龄、性别、学习压力、兴趣、态度、动机和自我效能感。

（2）本研究筛选的青少年身体活动个体系统影响因素,可以为下一步促进青少年身体活动的干预研究奠定理论基础。有些因素国内研究的数量不足,导致未进入本综述结果中,在下一步的研究中还应加大对相关因素的研究。进入本综述结果的因素,还应进一步进行验证。

（3）个体层面只是社会生态模型的最基础层面。下一步还应进一步对人际、组织、社区、环境和政策层面进行研究。

## 6. 本研究的不足之处

1. 进入本综述的文章年限从2004年到2014年,虽然作者使用了国内较主流的搜索平台和方法,可能由于搜索词使用不当或者人工检索的不到位,在此期间发表的文章可能有所遗漏。

2. 各位学者研究方法和借鉴的理论模型不同,导致在心理学因素和行为学因素中,某些因素在概念上类似。当没有足够多的文章对相似的因素进行分别研究时,本研究对相似的概念进行了合并,例如对体育锻炼的认识和对体育锻炼的认知;将锻炼效能、计划效能和身体效能都归为自我效能感。

3. 在影响因素筛选的标准上存在不足。国外类似的综述中都以比例的形式作为筛选标准。例如在Sallis的综述中,出现同向相关关系的因素次数在因素出现总次数中所占比例超过60%,此因素才被认为是影响青少年身体活动的因素。在Horst的综述中,此比例标准被提高到了75%。但是由于国内研究往往仅报告相关关系的结果,一些无关结果并不报告。所以此标准在国内并不适用,本研究仅以此因素出现次数的多少作为筛选依据。

参考文献

[1] 宫舒,李爽,韩中丰,等. 大连市14-17岁城市青少年参加课外体育锻炼的现状调查与分析[J].体育科技文献通报,2011,09:93-95.

[2] 何毅鹏. 泉州市中学生体育锻炼现状及影响因素的调查研究[D]. 福州:福建师范大学,2009.

［3］任亚锋,周里.新疆石河子市中学生运动锻炼的影响因素分析[J].当代体育科技,2012,32:6-7.

［4］司琦.阶段变化模型的现场应用及启示:以体育锻炼行为为例[M].杭州:浙江大学出版社,2012.

［5］宋逸,张芯,杨土保,等.2010年全国中小学生体育锻炼行为现状及原因分析[J].北京大学学报(医学版),2012,03:347-354.

［6］徐云霞,方向丽.论健康促进——来自国民体质监测的思考[J].体育文化导刊,2007,08:23-25.

［7］张庆文.影响上海市中学生体育锻炼行为缺失的因素[J].上海体育学院学报,2009,02:88-90.

［8］张玉景.河南农村中小学生的体育锻炼习惯影响因素调查[J].林区教学,2008,02:91-93.

［9］Blair S.N. Physical inactivity: the biggest public health problem of the 21st century[J]. Br J Sports Med. 2009,43:1-2.

［10］Margetts B WHO global strategy on diet, physical activity and health. Editorial[J].Pnblic Nutrition, 2004,7(3):361-3.

［11］PATE, R. R., LONG B. J., & HEATH G.Descriptive epidemiology of physical activity in adolescents [J]. Pediatr. Exerc. Sci., 1994, 6:434-447.

［12］Patnode C D, Lytle L A, Erickson D J, et al. The relative influence of demographic, individual, social, and environmental factors on physical activity among boys and girls[J]. Int J Behav Nutr Phys Act, 2010, 7(1): 79.

［13］Sallis J F, Prochaska J J, Taylor W C. A review of correlates of physical activity of children and adolescents[J]. Medicine and science in sports and exercise, 2000, 32(5): 963-975.

［14］U. S. DEPARTMENT OF HEALTH AND HUMAN SERVICES. Physical Activity and Health: A Report of the Surgeon General[R]. Atlanta, GA: U.S. Department of Health and Human Services, Centers for Disease Control and Prevention, National Center for Chronic Disease Prevention and Health Promotion, 1996 :.234-235.

［15］Uijtdewilligen L, Nauta J, Singh A S, et al. Determinants of physical activity and sedentary behaviour in young people: a review and quality synthesis of prospective studies[J]. British journal of sports medicine, 2011, 45(11): 896-905.

[16] Van DHK, Paw M, Twisk J W R, et al. A brief review on correlates of physical activity and sedentariness inyouth[J]. Medicine and science in sports and exercise, 2007, 39(8): 1241.

[17] WORLD HEALTHY ORGANIZATION. Global strategy on diet, physical activity & Health[EB/OL]. 2013-11-08.http://www.who.int/dietphysicalactivity/pa/en/.

# 后 记

1999年准备硕士毕业论文时,当时的指导教授姒刚彦老师希望我就老年人参与体育锻炼的情况与其医疗费用开支之间的关系进行探索。初接触题目时,觉得完全无从下手,因为当时国内关注体育锻炼行为和健康之间关系的研究甚少。困难即挑战!1999年的夏天是在北京国家图书馆和北沙滩中科院心科所的图书馆里度过的,那时才第一次开始接触健康行为、健康促进、健康教育以及流行病学。"学海无涯",也是那时才第一次感受到研究体育锻炼行为的魅力以及做跨学科研究的艰辛。

2005年回浙大工作后,有幸在学校大力促进跨学科交叉研究的环境下,从2006年至2009年在我校医学院公共卫生系参加了为期三年的"青年骨干教师专业交叉学习",再一次近距离与健康的"亲密接触",以及2010年赴美访学期间,俄勒冈研究中心的Fuzhong Li首席研究员对我手把手教授、指导,为2011年以后正式踏上体育健康促进行为研究打下了基础。

近七年时间里,与研究生团队一起不懈努力,终于在基于社会生态模型的青少年体育健康促进干预理论、方法与实践应用,以及干预项目的评价乃至推广等方面有了一定的理解和积累,因此也才有了动手撰写《体育健康促进的行为理论与方法》这一专著的念头。

"运动是良医"(exercise is medicine)理念的提出,是基于学者对体育锻炼促进健康越来越深刻的理解和研究,如何在国内探索出一条体育锻炼促进青少年健康,尤其是心理健康的路来?一直是我苦思冥想的问题。学术不是"闭门造车",尽管解决实际问题存在这样那样的困难,但我坚信:一定有可以解决问题的办法和途径;而在其中,一定有更好的解决问题的办法和途径。在体育健康促进行为的研究领域内,正如杨廷忠教授所言,"我国的许多研究还没有建立在对事物本质属性的理解之上,缺乏理论指导";同时,面临解决普适性问题时,如我国青少年体质健康水平普遍下降,也没有更好的研究方法。在与杨教授进行过多次深入沟通和学习之后,决定从理论和方法两方面入手,并结合自身团队的研究经历,就体育健康促进的行为理论与方法,谈一点浅薄的理解和认识,为后续跨学校交叉研究抛砖引玉。无奈自身才疏学浅,而杨教授则是研究控烟(tobacco control)的世界级专家,是世界卫生组织(WHO)在全球范围内控烟的专家组成员,对健康行为的理论和方法研究有自己独到的见解。有幸在书稿准备和撰写过程中得到杨教授的指点,乃人生之幸事。

跨学科研究不是在体育学科里懂一点儿健康,在健康相关研究里懂一点儿体育;而是以研究问题为导向,以理论为基础,以适当的研究方法为抓手进行的长期不懈的探索。我也仅有不到十年的研究经历,才疏学浅,但我愿以自己的理解和实践为索引,供学界批判,为后续努力积累一些方向和方法上的经验。

最后,我想在这里再次感谢引导我在体育健康促进行为研究领域进行探索的姒刚彦教授、Fuzhong Li首席研究员、Cardinal Bradley教授以及杨廷忠教授。同时,还要感谢一直在身边理解和支持我的家人、朋友和同事。谢谢!

司 琦

2017年7月于浙大紫金港

# 索 引

**C**

创新扩散理论　93,127

**D**

定性研究　38,104—109
定量研究　76,104,105,107,110

**F**

方法　5,11,12,15,24,37—39,41,51,54,55—57,59—61,62,64,68,69,
　71,73,93,94,97,98,101,104—114

**G**

个体理论　51
干预　2,5,6,8,15,16,20,16—27,32,37,39,40,43,44,50—55,65—75

**J**

健康行为　1,2,5—8,14,16,21—24,27,28,34—37,39,43,44,51—53,66—68,
　70—72,74,75,77,79,93—96,154,207,208
阶段变化模型　6—8,15,20,27,40,52—54,65,67—70,72,73,116,120

**L**

理论　1,5—8,12,15—17,20,21,26—45

**Q**

群众理论
青少年儿童　4,5,113,116—120,140,153,155,160

**S**

社会认知理论　6,8,34,35,44,56,120,154,167
社会生态模型　6,7,15,71—80,95,123—126

**T**

体育健康促进　1
体育健康促进行为　1,3,16,17,20,26,50,51,71,72,74,76—78,101,116,
　　122—124,126,127,207,208

**X**

行为　1—8,11—31
行为改变　2,6,8,11,12,15—17,27,28,37—40,51,42—44,50—54,
　　64—68,70
信息—动机—行为模型　70

**Y**

应用研究　39,134

**Z**

组织发展理论　99,101

**图书在版编目（CIP）数据**

体育健康促进研究的行为理论与方法 / 司琦
著. — 杭州 : 浙江大学出版社, 2017.8
　ISBN 978-7-308-17369-8

　Ⅰ.①体… Ⅱ.①司… Ⅲ.①体育保健学 Ⅳ.①
G804.3

　中国版本图书馆CIP数据核字（2017）第216887号

## 体育健康促进研究的行为理论与方法
司 琦 著

| | | |
|---|---|---|
| **责任编辑** | 冯社宁　赵　静 | |
| **责任校对** | 韦丽娟 | |
| **封面设计** | 续设计 | |
| **出版发行** | 浙江大学出版社 | |
| | （杭州市天目山路148号　邮政编码310007） | |
| | （网址：http://www.zjupress.com） | |
| **排　　版** | 杭州兴邦电子印务有限公司 | |
| **印　　刷** | 浙江印刷集团有限公司 | |
| **开　　本** | 710mm×1000mm　1/16 | |
| **印　　张** | 13.5 | |
| **字　　数** | 235千 | |
| **版印次** | 2017年8月第1版　2017年8月第1次印刷 | |
| **书　　号** | ISBN 978-7-308-17369-8 | |
| **定　　价** | 30.00元 | |

**版权所有　翻印必究　　印装差错　负责调换**

浙江大学出版社发行中心电话（0571）88925591；http://zjdxcbs.tmall.com